JN410956

직필(直筆)과 객설(客說)

金容燮教授停年記念文集

지은이 김용섭

직필(直筆)과 객설(客說)

초 판 인 쇄 2024년 8월 6일
초 판 발 행 2024년 8월 13일
지 은 이 김용섭 교수
발 행 인 이수형
발 행 처 (주)법률신문사
출 판 등 록 1980. 4. 22. 제6-46호
주 소 서울특별시 서초구 서초대로 396, 1402호
대 표 전 화 02-3472-0602~5
팩 스 02-3472-0606
홈 페 이 지 www.lawtimes.co.kr

I S B N 979-11-5919-033-9(03810)
정 가 18,000원

金容燮教授停年記念文集
서예가: 하산 서홍식

직필(直筆)과 객설(客說)

김용섭 교수·변호사

지은이 소개

지은이 김용섭 교수는 서울대 대학원에 재학중인 1984년 제26회 사법시험에 합격하였다. 사법연수원과 육군 제2군사령부 수사장교를 마치고 법제처에서 근무하던 중 독일에 공무원파견 유학을 떠나 1994년 12월 만하임대 법과대학원에서 게어드 로엘레케(Gerd Roellecke) 교수의 지도하에 법학박사(Dr. iur) 학위를 취득하였다.

김 교수는 경희대 법대와 전북대 로스쿨에서 행정법 전임교원으로 후학을 양성하였다. 그는 전공인 행정법과 스포츠법 및 ADR에 정통하고 있다. 이에 그치지 않고 법과 인문학을 넘나드는 폭넓은 독서와 집필 활동을 하고 있다. 그는 법학자로서의 전문성을 바탕으로 법과 인문학의 접점을 탐구하는 글을 많이 써왔다. 한때 추사(秋史) 김정희에 빠지기도 하였다, 김 교수의 법명은 경월(鏡月), 아호는 가산(佳山), 동하재(東河齋), 허정(虛靜), 무우락(無憂樂), 송천(松泉) 등 다수이다.

그의 취미인 바둑이 아마 4단의 실력이다. 한국불교문학의 시인으로도 등단하여 서정시와 철리시(哲理詩)를 발표하는 등 문학적 필력을 발휘하고 있다. 김 교수는 현재 한국행정법학회 회장, 국회 입법지원위원, 법제처 법제편집위원장, 대한변협 법제위원(공법검토소위원장) 및 한국의료분쟁조정위원회 비상임조정위원 등으로 활동하고 있으며, 행정법학 분야에서도 중요한 역할을 하고 있다. 그의 연구와 저술은 법과 인문학의 융합을 통해 사회적, 윤리적 문제에 대한 깊이 있는 통찰을 제공하고 있다. 그는 스스로 호고(好古)주의자를 표방하고 있다. 법학계와 법조계에서 활동하고 있는 독자들에게 새로운 시각과 관점을 제시하고 있다. 저서로는 <행정법이론과 판례평석> , < 행정판례평석>이 있고, 공저로는 <행정조사의 사법적 통제방안 연구>, <법학전문대학원 판례교재 행정법> 등이 있다.

머리말에 대신하여

이 책은 바람부는 법(法)의 언덕에서 세상을 바라보고 인문학(人文學)의 숲이 있는 오솔길을 따라 걸으며 사색하고 성찰한 삶의 여적(餘滴)이다.

필자는 1984년 사법시험에 합격한 이래 변호사로 활동한 3년 반의 기간을 제외하고 공직과 대학에서 35년 8개월 이상 근무하고 65세 정년을 맞이하게 되었다. 필자는 정년을 앞둔 시점에서 교수정년기념문집을 법률신문사에서 발간하면서 새로운 법조인생의 이정표를 바라보고 있다. 필자의 전공 분야는 법학이고, 주된 전공은 행정법학이다. 행정조직, 행정절차, 행정작용과 이에 대한 법적 통제를 위한 법규범의 총화라고 할 수 있는 행정법을 법치주의와 법정책학적 관점에서 일생(一生)의 화두로 삼아 연구해왔다.

필자의 관심분야는 행정법학에 그치지 않고, 헌법학 뿐만 아니라 새로운 법학영역인 스포츠법과 조정 등 *ADR*에 관심을 갖게 되었다. 1999년 한국스포츠법학회를 창립하는 과정에 적극 참여하여 연구이사를 비롯하여 학회 부회장을 20년 이상 맡기도 하였다. 또한 2009년 이래 한국조정학회에 참여하면서 *ADR* 중에서 조정에 관한 연구를 수행하였고 연구이사와 부회장을 거쳐 학회 회장을 2년간 역임하기도 하였다. 이러한 과정에서 법학 뿐만 아니라 문사철(文史哲)이라고 할 수 있는 인문학에 관심을 가지고 연구와 독서를 병행하였다.

이 책은 필자가 주로 전북대 로스쿨 교수로 재직하는 동안 인권과 정의·법률신문·법조신문·리걸타임즈·뉴스퀘스트·신문·고시잡지 등에 기고하였던 글을 모으고 새롭게 분류하여 만든 것이다.

법과 인문학의 상호 관계를 규명하는 학문이 '법과 인문학'이라면 이 책에서는 학문적 차원이 아니라 법률과 인문학에 관한 칼럼, 다시 말해 법과 인문학에 관한 아카저널리즘적인 글이라고 할 것이다. 법학자이면서 변호사인 필자는 가치관이 혼탁한 사회현상을 목도하며 인문학적인 글쓰기를 통해 스스로를 반성하고 성찰하며 우리 사회를 보다 밝고 건강한 사회가 되기를 염원하였다. 필자는 인문학을 법학과 연결을 지으려고 하였으나 초보적인 단계에 머무르고 있다. 이 분야를 지속적으로 탐구하여 학문적으로 발전시키는 것이 정년 이후 필자의 포부이자 과제이다.

이 책의 발간 동기는 필자가 2018년부터 1년간 혈액암의 투병을 하면서 그동안 읽고 생각한 내용을 정리해 두어야겠다고 생각한 것에서 비롯된다. 그때 이후 매달 한편 이상의 칼럼을 쓰면서 병마를 극복하였고 집 근처인 북한산으로 자주 산책을 다니고 숲에 오래 머물다 보니 시를 쓰게 되어 한국불교문학을 통하여 시인으로 등단하게 되었다. 이 책의 말미에 필자의 시세계와 등단과정에 관하여 부끄럽지만 소개하였다.

이 책의 제목을 김용섭교수정년기념문집 <직필(直筆)과 객설(客說)>로 필자 스스로 정하였다. 조선의 대학사 우암(尤庵) 송시열이 그의 스승인 사계(沙溪) 김장생으로부터 전해 받은 직(直)이라는 한 글자를 평생 흉중(胸中)에 품어 이를 제자에게 전수하였다고 한다. 필자는 이러한 우암의 일화에 감동을 받아 거짓이 난무하는 세상에 직(直)이라는 글자가 오롯이 제 기능을 하면 좋겠다는 바람이다. 그래서 <직필(直筆)>이라고 책 제목을 정하고 싶었다. 그러나, 이 글의 상당 부분이 이에 한참 못 미치고 잡다한 이야기를 늘어놓은 것에 불과하여 객설(客說)을 제목에 추가한 것이다. 그렇다고 <객설(客說)>로 책 제목을 정하는 것도 법철학자 이항령(李恒寧) 선생의 수필집 <객설록>이라는 제목과 겹치는 문제가 있어 단념하였다.

필자는 인물 탐구를 하면서 훌륭한 법률가의 삶과 학문세계를 되짚어 볼 수 있었다. 필자의 학문적 성장에 영향을 준 추사 김정희 선생, 현민 유진오, 목촌 김도창에 그치지 않고, 운제 고병국과 무애 서돈각은 물론 독일 은사인 게어드 로엘레케(*Gerd Roellecke*) 박사의 삶과 학문세계를 소개하였다. 그동안 시사적인 이슈나 삶의 지혜와 관련되는 내용에 대하여 필력이 부족하지만 칼럼 형식을 빌어 소견을 밝혔다. 이 책 속에서 필자의 삶의 과정에서 겪은 경험과 관심사 및 취미 등이 자연스럽게 드러날 것이다. 필자는 배재중학교 시절부터 숭조돈목(崇祖敦睦)의 정신을 실천한 아버지와 자비정신을 실천한 어머니의 영향으로 유교와 불교의 전통문화에 깊이 관심을 갖게 되었다. 이러한 필자의 삶의 배경이 여러 글 속에 드러날 것이다. 필자는 스스로 옛것을 좋아하는 호고(好古)주의자를 표방하고 있다.

필자는 지칠줄 모르는 열정으로 종횡무진 달려왔다. 종적(縱的)으로 가능하면 전공분야에 깊게 천착하면서도 횡적(橫的)으로 다방면에 관심을 갖고 지적 호기심을 키워왔다. 취미에 속하는 여행, 독서, 음악, 바둑, 산책 등 스포츠에 지나치게 몰두하기도 하였다. 학술적 논문 이외에 바둑 등에 대하여 칼럼을 쓰거나 관심사를 글로 남기도 하였다. 아마 4단의 바둑의 취미에 더하여 바둑진흥법을 만드는데 적지 않은 기여를 하였다. 필자는 수년 전부터 동료 교수와 함께 국내 서원을 중심으로 여러 곳을 방문하면서 인문학적 기행문을 남기기도 하였다. 이 책이 잡동사니 형태의 글 모음이 되었으나 법조계와 법학계에서 왕성하게 활동하고 있는 관심 있는 분들께 선한 영향력을 미칠 수 있게 된다면 망외(望外)의 기쁨이 아닐 수 없다.

이 책을 발간하는 과정에서 법률신문사 이수형 대표님과 이재열

부사장님 그리고 편집에 수고를 아끼지 아니한 최효선 차장님께 깊이 감사드린다. 표지의 한자로 기념문집을 써주신 서예가 하산(荷山) 서홍식 선생님과 교정의 수고를 해주신 한국법제연구원의 왕승혜 박사님께도 고마움을 표하고 싶다.

그동안 많은 가르침과 깨우침을 전해 준 여러 스승과 삶의 여러 경로에서 마주한 소중한 인연의 고마움을 잊을 수 없다. 어린 시절부터 필자에게 따뜻한 사랑을 베풀어 주시고 돌아가신 부모님인 김갑수(金甲洙) 일죽거사(一竹居士)님과 조순자(趙順子) 자혜정(慈慧淨) 보살님의 보살핌과 기대에 작은 보답이 되면 좋겠다. 그동안 바쁘다는 이유로 가족과 시간을 많이 보내지 못하였다. 건강을 잃고 나서 더욱 더 가족의 소중함을 느끼게 되었다. 동고동락(同苦同樂)하고 있는 사랑하는 아내 최교선(崔教善)과 큰 딸 세희(世熹) 사위 김민기(金旼期)와 외손자 김건우(金建旴), 아들 세중(世中) 자부 정유현(鄭有玹)과 막내 딸 세림(世林)에게 고마움을 전하고 싶다.

끝으로, 새로운 인생의 전환점에서 법조인의 삶을 살아가며 인문학에 관한 내공을 쌓음과 동시에 부족한 필력을 더욱 연마하여 보다 좋은 글을 써야 겠다는 다짐을 하면서 부끄러운 마음으로 머리말에 대신한다.

2024. 8.

김용섭

차 례

제1편 직필(直筆)의 대로에서

제1장 법률 시론

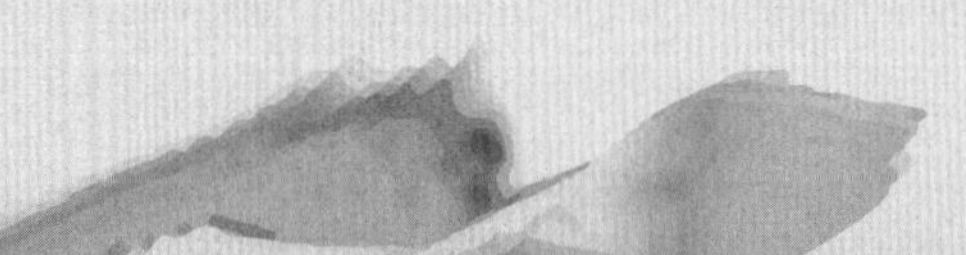

제2편 법과 인문학 산책길에서

제1장 법조인물탐구

제2장 동서양 고전인문학

제3편 객설(客說)의 오솔길에서

제1장 자화상

제2장 가치관과 관심사

춘풍대아능용물 추수문장불염진

봄바람은 큰 아량으로 능히 만물을 포용하고, 가을 물과 같은 깨끗한 문장은 티끌에 물들지 않는다.

(추사 춘풍추수 대련)

제1편
직필(直筆)의 대로에서

제1장
법률 시론

Ⅰ. 국회 영역

1 제헌절 공휴일 지정, 헌법의 가치와 이념의 소중함 되새겨야

오는 17일 제헌절 75주년을 맞이하게 된다. 이번에도 제헌절을 무휴(無休)의 국경일로 맞이하게 되어 유감(有感)이 아닐 수 없다.

1945년 8월 15일 광복을 맞이하였다. 작가 심훈이 〈그날이 오면〉이라는 시에서 "삼각산(三角山)이 일어나 더덩실 춤이라도 추고, 한강물이 뒤집혀 용솟음칠" 그날이 온 것이다. 이러한 광복의 순간은 일제 강점의 엄혹한 환경에서의 독립운동과 연합국의 승리에 따른 일본 패망의 산물이라면, 국가재건을 위한 헌법제정은 국민의 지지하에 국가지도 그룹의 집단적 지성이 만들어 낸 이성(理性)의 결과물이다.

역사를 거슬러 올라가면, 광복 이후 과도기적 미군정하에서 대한국민은 유엔의 감시하에 1948년 5월 10일 인구비례에 입각한 자유 총선거를 실시하여 제헌국회를 성립시켰다. 198명의 국회의원으로 구성된 제헌국회는 그해 5월 31일 개원하였고, 6월에 헌법 및 정부조직법 기초위원회를 발족시켜 40일간의 심의를 거쳐 1948년 7월 12일에 대통령중심제와 단원제를 주요 내용으로 하는 제헌헌법을 의결하였다. 그해 7일 17일 이승만 국회의장이 서명·공포하여 대한민국 헌정사의 이정표가 되는 제헌헌법을 제정하였다. 헌법의 아버지들은 해방 후 극심한 정치적 혼란상황에서 독일 바이마르공화국헌법 등을 참고하여 대한민국 국가체의 근간이 되는 제헌헌법을 탄생시키는데 크게 공헌하였다.

> "제헌절 7월 17일은 제헌국회 이승만 국회의장이 1948년 7월 12일 국회에서 의결된 대한민국 헌법의 서명과 공포식을 조선 태조 이성계가 건국한 7월 17일에 맞추어 거행하여 연속적으로 이어지는 국가공동체의 최고규범인 헌법을 제정하고 시행한 국가재건의 날의 의미를 지닌다.
>
> 국회와 정부는 「공휴일에 관한 법률」과 「관공서 공휴일에 관한 규정」을 개정하여 입헌국가의 초석(礎石)을 놓은 제헌절을 법정공휴일로 재지정해야 한다. 이를 계기로 자유민주주의와 법치국가의 헌법이념과 자유·평등, 기본적 인권 및 사회적 시장경제를 지향하는 헌법가치의 소중함을 되새기는 국경일로 그 위상을 높일 필요가 있다."

국회는 매년 7월 17일 제헌절 기념행사를 해오고 있다. 그러나, 공휴일이 아니라서 다른 국경일에 비해 상대적으로 국민적 관심이 떨어진다. 그동안 양식 있는 여러 국회의원이 제헌절의 법정공휴일 재지정을 위한 입법적 노력을 지속해 온 것은 사실이다. 국회와 지난 정부는 광복절과 취지와 이념이 겹친다는 궁색한 반대 논리로 2021년 7월 7일에 「공휴일에 관한 법률」을 제정하면서도 제헌절의 공휴일 재지정의 국민적 요구를 외면하였다.

제헌절 7월 17일은 제헌국회 이승만 국회의장이 1948년 7월 12일 국회에서 의결된 대한민국 헌법의 서명과 공포식을 조선 태조 이성계가 건국한 7월 17일에 맞추어 거행하여 연속적으로 이어지는 국가공동체의 최고규범인 헌법을 제정하고 시행한 국가재건의 날의 의미를 지닌다.

독일의 경우 국가 최고의 국경일은 독일통일의 날 (*Tag der Deutschen Einheit*)인 10월 3일이다. 역설적으로 우리의 개천절이 독일이 재통일을 이룩한 날이다. 동서독으로 분단된 독일은 동독주민의 민주화운동으로 베를린 담벼락이 붕괴된 1989년 11월 9일 이후 1년이 채 안되는 햇빛이 내려쬐는 절호의 기회에 조약(*Vertrag*)의 방식을 적극 활용하여 1990년 10월 3일 법적인 통일을 이룩하였다. 그날은 통일조약에 따라 동독의 5개 주가 서독기본법 제23조에 따른 서독 연방에 가입하는 독일 기본법(*GG*)의 개정의 효력이 발생하는 날이다. 매년 10월 3일 독일은 재통일의 국가적 과업을 이룩한 것을 성대하게 기념하고 있다. 독일 연방 상원의장이 주관하는 독일통일의 날 기념행사에는 독일 하원의장이 참석하거나 연방 총리 또는 연방 대통령이 참석하여 경축사를 하는 등 매년 주최도시를 달리하며 다채롭게 기념행사를 갖고 있다. 독일통일의 날은 법정휴일이다. 따라서 그날 원칙적으로 근로금지가 오전 0시부터 24시까지 적용된다(독일 기본법 제140조, 근로시간법 제9조 제1항).

일본의 경우 1948년「국민의 축일에 관한 법률 (약칭 축일법(祝日法)」을 제정하였다. 일본은 축일법에서 일본국 헌법을 공포한 날이 아니라 그 시행일인 5월 3일을 헌법기념일로 정하고 있다. 또한 축일법 제3조 제1항에서 "국민의 축일은 휴일로 한다"고 규정하여 헌법기념일을 포함하여 모든 국민의 축일이 법정 공휴일에 해당한다.

우리는 1949년「국경일에 관한 법률」의 제정 당시부터 제헌절은 4대 국경일의 하나로 정해져「관공서의 공휴일에 관한 규정」에서 국경일인 제헌절이 공휴일로 지정오다가 2005년 노무현 정부시절 위 대통령령을 개정하여 공휴일에서 제헌절을 제외하여 2008년부터 달력에서 제헌절은 평일과 마찬가지로 검은색으로 표시되었다. 19대 국회 이래 여야 국회의원이 제헌절을 공휴일에 포함시키는 내용으로 여러 차례 공휴일에 관한 법률안과 2차례 제헌절 공휴일 재지정 촉구결의안을 제출하였으나, 국회는 이를 외면하였다. 더구나 행정부는「관공서의 공휴일에 관한 규정」을 개정하여 손쉽게 제헌절을 공휴일로 재지정을 할 수도 있었는데 수수방관하며 이를 사실상 방치하였다. 현재 우리의 국경일은 3·1절, 제헌절, 광복절, 개천절 그리고 한글날이다. 한글날도 대통령령인「관공서의 공휴일에 관한 규정」에서 공휴일에서 빠졌다가 2014년부터「국경일에 관한 법률」에 포함하여 법정공휴일이 되었고 제헌절만 국경일 중에 외톨이로 남아있다. 이로써 현대적 입헌국가의 헌법제정을 기념하는 제헌절의 의미는 반감되었고 그 위상은 축소의 내리막 길을 걸었다.

국회와 정부는 독일과 일본의 외국 입법례를 참고하여「공휴일에 관한 법률」과 「관공서 공휴일에 관한 규정」을 개정하여 입헌국가의 초석(礎石)을 놓은 제헌절을 공휴일로 재지정하여야 한다. 이를 계기로 자유민주주의와 법치국가의 헌법이념과 자유·평등, 기본적 인권 및 사회적 시장경제를 지향하는 헌법가치의 소중함을 되새기는 국경일로 그 위상을 높일 필요가 있다.

(출처: 뉴스퀘스트 법과 인문학 단상, 2023.07.13)

❷ 국회의 검사에 대한 탄핵 소추를 둘러싼 법적 논의

대한민국의 법치주의와 민주주의는 새로운 시험대에 올라있다. 최근 국회의 검사에 대한 사상 최초의 탄핵소추안 의결과 2인의 차장검사에 대한 탄핵소추안 안건 철회 여부를 둘러싼 법적공방 논란은 헌정사에 있어 이례적인 사건이다.

탄핵제도는 통상의 징계절차로 퇴출하기 어려운 사법부와 행정부 고위 공직자에 대하여 법적인 책임을 물어 공직에서 강제적으로 퇴출하는 헌법재판의 일종이다. 국회의 탄핵소추는 헌법재판소의 탄핵심판의 선결요건이다. 그러나, 파면이나 해임에 이를 정도의 탄핵사유가 되지도 않음에도 정치적 보복수단이나 당파적 공격무기로 검사 등에 대하여 이를 남발할 경우 의회민주주의에 역행할 수 있다.

탄핵제도를 통하여 고위 공무원을 파면하는 것은 주권재민의 입헌주의에 기초한 것으로 헌법상 국회와 헌법재판소에 그 권한을 부여하고 있다. 국회의 탄핵소추와 헌법재판소의 탄핵심판의 2단계 절차로 이루어져 있다.

헌법 제65조 제1항에서 "대통령·국무총리·국무위원·행정각부의 장·헌법재판소 재판관·법관·중앙선거관리위원회 위원·감사원장·감사위원 기타 법률이 정한 공무원이 그 직무집행에 있어서 헌법이나 법률을 위배한 때에는 국회는 탄핵의 소추를 의결할 수 있다"고 되어 있다. 국회에서 탄핵소추의 의결을 하려면 파면이나 해임에 이를 정도로 중대한 헌법이나 법률위반이 있어야 하며, 이를 정치적 수단으로 활용하는 것은 허용될 수 없다.

탄핵제도에 관한 입법적 불비는 도처에서 확인된다. 우선 탄핵의 대상과 관련하여 헌법재판소법 제48조에서 '그 밖에 법률이 정하는 공무원'을 헌법의 위임에 따라 구체적으로 규율하여야 하는데, 헌법 조문을 그대로 옮겨 놓고 있어, 과연 검찰청법 등에서 검사가 탄핵대상인지를 명확하게 규정하고 있지 않고 신분보장에 관한 규정에서의 탄핵이라는 문구에 의해 검사를 탄핵소추의 대상으로 취급하고 있다.

나아가 국회에서 탄핵소추의 의결을 하기 전에 국회의 본회의에 보고한 경우에는 조사위원회를 구성하여 조사하는 절차를 마련하고 있지 않은 점을 지적할 수 있다. 법제사법위원회를 통한 탄핵소추절차를 진행하는 경우에는 국정조사의 예에 준하여 조사절차를 마친 후에 본회의에 상정할 수 있는 길이 있다. 즉, 국회법 제130조(탄핵소추의 발의) 제1항에서 "탄핵소추가 발의되었을 때에는 의장은 발의된 후 처음 개의하는 본회의에 보고하고, 본회의는 의결로 법제사법위원회에 회부하여 조사하게 할 수 있다"고 규정하고 있다.

이러한 회부된 탄핵소추사건의 조사와 관련하여는 국회법 제131조 제1항에서 "법제사법위원회가 제130조제1항의 탄핵소추안을 회부받았을 때에는 지체 없이 조사·보고하여야 한다"고 규정하고 있고, 동조 제2항에서는 "제1항의 조사에 관하여는 「국정감사 및 조사에 관한 법률」에 따른 조사의 방법 및 주의의무 규정을 준용한다"고 규정하고 있다. 이러한 원칙적인 소추절차는 적어도 조사를 충실히 하여 본 회의에 보고하여 탄핵소추의결을 신중하게 하는데 기여한다.

그런데, 국회법 제130조 제2항에 따른 긴급절차는 객관적이며 실체적인 내용의 조사없이 탄핵소추의결을 할 우려가 있다. 즉, "본회의가 제1항에 따라 탄핵소추안을 법제사법위원회에 회부하기로 의결하지 아니한 경우에는 본회의에 보고된 때부터 24시간 이후 72시간 이내에 탄핵소추 여부를 무기명투표로 표결한다. 이 기간 내에 표결하지 아니한 탄핵소추안은 폐기된 것으로 본다"고 규정하고 있기 때문이다. 국회가 제대로 된 조사절차 없이 탄핵소추 여부를 무기명투표로 의결할 경우 자칫 '부실소추'라는 국민적 비난을 면하기 어렵다. 이러한 부실소추 내지 정치적 술책으로 전락하는 것을 막기 위해서 본회에 바로 상정하여 의결하도록 할 것이 아니라 법사위원회 회부하여 조사를 거치도록 하거나 국회내 조사위원회를 별도로 구성하여 안건을 상정하도록 하는 것이 필요하다.

더구나, 국회에서 탄핵소추를 할 경우 아무런 기간의 제한이 없이 아무 때나 소추할 수 있는 것이 아니라 일본의 재판관탄핵법 제12조에서 탄핵소추사유가 있는 날로부터 3년이 경과한 후에는 파면의 사유로 탄핵소추할 수 없도록 하는 소추기간에 관한 규정을 마련할 필요가 있다.

헌법 제65조 제3항에서 "탄핵소추의 의결을 받은 자는 탄핵심판이 있을 때까지 그 권한행사가 정지된다"고 규정하고 있고, 헌법재판소법 제50조와 국회법 제134조 제2항에서도 헌법과 동일하게 규율하고 있다. 국회의 탄핵소추의결 만으로 사안의 경중을 구분하지 않고 권한의 정지를 인정하는 제도는 다수당에 의하여 악용될 소지가 있다. 따라서 헌법재판소가 탄핵심판의 본안 인용가능성 여부를 고려하여 그 권한 행사의 정지 여부를 판단하도록 입법개선을 할 필요가 있다. 국회에서의 탄핵소추 사유가 중대한 헌법이나 법률위반이 아님에도 헌법재판소에서 심리를 늦춰 기각결정이 내려지게 되면 사실상 중징계처분을 받는 것과 같은 불합리한 결과가 초래될 수 있기 때문이다.

이와 관련하여, 검사는 검사징계법에 따른 징계절차에 의하여 해임에 이를 수 있는 반면에 법관의 경우에는 법관징계법에 따라 해임할 수 없고 1년 이하의 정직, 감봉 및 견책을 할 수 있는데 그친다. 일본의 경우에는 검사에 대한 탄핵제도는 마련되어 있지 않는 반면에, 우리의 법관에 해당하는 재판관의 경우에는 징계의 종류가 계고(戒告)와 1만엔 이하의 과료를 부과할 수 있는데 그치고 있다. 일본은 1948년 이래 재판관탄핵법이 제정되어 재판관소추위원회와 양원(兩院)의 의원으로 조직된 재판관탄핵재판소가 설치·운영되고 있다.

그런데 우리나라 검사의 탄핵과 관련된 규정은 검찰청법 제33조(결격사유) 제3호에서 "탄핵결정에 의하여 파면된 후 5년을 경과하지 아니한 자는 검사로 임용될 수 없다"는 조항과 검찰청법 제37조(신분보장)에서 "검사는 탄핵 또는 금고이상의 형을 받거나 징계처분 또는 적격심사에 의하지 아니하면 파면·퇴직·정직 또는 감봉의 처분을 받지 아니한다"는 조항이 있을 뿐이다. 이러한 조항이 과연 검사에 대하여 탄핵을 할 수 있다는 근거규정인지는 논란의 여지가 있다. 이 부분은 보다 명확히 입법적으로 규율할 필요가 있고 만약에 현행 검찰청법이 검사의 탄핵제도를 간접적으로 명시한 것이라면 검사의 징계의 종류에 해임을 삭제하는 것이 법논리적으로 맞다.

탄핵제도는 적법절차와 법치주의의 원칙에 입각하여 운용될 필요가 있다. 따라서 국회의 다수당이 특정 수사에 대한 보복 차원에서 탄핵소추를 결의하는 것은 사법시스템의 붕괴를 초래하고 정치체제에 대한 국민의 신뢰를 손상시킬 수 있다.

국회의 탄핵소추절차는 고위공직자로서 중대한 헌법과 법률위반의 사유가 있으며, 파면이나 해임에 해당하는 사유로 통상적인 징계절차를 통하여 공직에서 퇴출할 수 없는 경우에 활용될 수 있는 헌법수호수단이다. 따라서 국회가 중대한 비위혐의가 있는 검사에 대하여 탄핵소추를 하려면 법제사법위원회를 통한 충실한 조사와 합당한 증거를 토대로 신중하게 이루어 질 필요가 있다. 결론적으로 검사에 대한 탄핵소추의 발의는 수사권한을 무력화하고 탄핵절차를 통한 파면에 의한 위축효과(*chilling effect*)로 인해 엄정한 수사를 통한 실체적 진실을 규명하려는 검찰권에 대하여 악영향을 미칠 수 있다.

(출처: 뉴스퀘스트 법과 인문학 단상, 2023.11.13.)

3 검사탄핵제도의 쟁점과 개선과제

1. 처음에

탄핵은 영국에서 발전한 제도로 세계 각국에서 형태를 달리하여 이를 도입하고 있다. 우리의 탄핵제도는 1948년 건국헌법에서 처음 도입된 이래 오늘에 이르고 있다. 우리 전통 법사상에서 대간(臺諫)제도를 통하여 고위 관리에 대한 탄핵이 이루어졌다. 조선시대에도 탄핵주체는 스스로 허물이 없어야 남을 책하는 합법성과 무흠결성을 유지하고, 신중하고 공정한 절차와 비(非) 사소한 위법행위라는 탄핵의 요건을 갖춰야 한다는 것이다.[1)]

현행 탄핵제도는 국회의 탄핵소추와 헌법재판소에 의한 탄핵심판의 2단계로 구성된 헌법재판의 일종이다. 탄핵제도는 국민의 신임에 의해 선출되거나 임명된 공직자를 재직 중에 파면을 정당화할 정도의 중대한 법위반이 있을 경우에 그 신임을 철회하는 제도이다. 현행 탄핵관련 법적 규율은 치밀하게 마련된 것이 아니다. 따라서 탄핵에 관한 실체적 및 절차적 규율의 공백을 입법적으로 보완하고 정비하는 것이 당면한 국가적 과제이다.

2. 헌법상 탄핵제도 운영 현황

우리 헌정사에서 최초의 탄핵소추의 사례는 1985년 10월 당시 유태흥 대법원장의 인사권 남용에 대하여 사법권독립 훼손을 이유로 탄핵소추결의안이 발의되었으나 정족수 미달로 국회 본회의에서 부결되었다, 2004년 대통령 노무현에 대한 탄핵소추안이 국회에서 최초로 원안의결되었으나 헌법재판소 기각결정이 내려졌다. 2017년에 대통령 박근혜에 대한 국회에서 가결된 탄핵소추안이 헌법재판소에서 인용되어 박 대통령에

1) 김재문, "한국전통법의 정신과 법체계(57)-조선왕조 개혁사상·이론· 탄핵제도-고위공직자의 탄핵과 문제점 및 율곡선생등에 대한 중도(中度)를 잃은 탄핵에 대한 상소-", 사법행정, 한국사법행정학회, 2004. 4, 22면 이하.

대하여는 파면 결정이 내려졌다.

역대 국회에서 탄핵소추안 발의된 안건 38건 중 원안 가결되어 헌법재판소에서 심판절차를 거친 탄핵심판사건은 위 2건을 포함하여 모두 7건이다. 2021년 법관 임성근에 대하여 탄핵소추가 원안가결되었으나, 각하결정이 내려졌다. 2023년에 행정안전부장관 이상민에 대한 탄핵소추와 2024년 검사 안동완에 대한 탄핵소추는 각각 기각결정이 내려졌다. 헌법재판소에 검사 손준성과 검사 이정섭, 방송통신위원회 위원장 이진숙에 대한 탄핵심판사건이 계류 중에 있다. 이제 탄핵제도는 헌법의 장식물이 아니라 위험한 정치적 공격무기가 되고 있다.

최근 더불어민주당 장경태 의원 등 170인이 발의한, 검사(강백신)탄핵소추안(제1277호), 검사(김영철) 탄핵소추안(제1278호), 검사(박상용) 탄핵소추안(제1279호) 및 검사(엄희준) 탄핵소추안(제1280호)이 국회 본회의를 거쳐 국회법사위원회의 회부되어 있다. 이와 관련하여 특정수사를 한 4인의 검사를 지목하여 객관적 사실에 부합하지 않거나 증거자료가 부실한 상태에서 제출한 탄핵소추안에 대하여 검찰과 대한변호사협회 등 법조계를 중심으로 법치주의의 파괴와 사법시스템의 붕괴로 이어질 수 있다는 경고와 우려를 표하고 있다.

3. 국회 검사탄핵소추의 법적 쟁점

(1) 헌법상 탄핵의 가장 큰 문제의 하나는 국회의 탄핵소추의결로 권한 행사가 정지된다고 규정한 헌법 제65조 제3항, 국회법 제134조 제2항 및 헌법재판소법 제50조의 규정이다. 헌법개정을 하기 전이라도 권한정지의 예외를 국회법이나 헌법재판소법에 두는 것이 법이론적으로 가능하

다고 보여진다. 따라서 탄핵소추의결로 권한정지를 규정한 헌법 제65조 제3항의 규정에도 불구하고 국회법 등에서 예외를 두는 것이 반드시 위헌이라고 볼 수는 없다. 그 이유는 위 규정이 권한정지에 관한 예외를 허용하지 않는 강행규정이라고 보기 어렵고, 선진 외국의 입법례에서도 보기 힘든 이른바'유죄추정'으로 이어지는 독소조항이기 때문이다.

(2) 국회 탄핵소추권 남용은 국회에서 정치적으로 해소할 수 있는 문제를 권한정지제도를 악용하여 이를 사법부인 헌법재판소로 넘겨 정치의 사법화를 초래하는 문제가 있다. 최근 국회 다수당이 주도하는 탄핵러시는 비정상적인 의회활동에 속한다. 이러한 정치활동은 정치적 행위주체인 국회의원의 책임성(*Verantwortlickeit*)과 국민에 대한 신뢰(*Vertrauen*)의 문제이다.[2] 따라서 헌법재판소의 탄핵심판에서 파면가능성이 없는 사안에 대하여 국회는 탄핵소추권의 행사를 자제할 필요가 있다. 소추대상자인 검사는 국회 탄핵소추권 남용이 있을 경우 국민의 지위에서 위법한 공권력행사인 탄핵소추의결에 대한 항고소송과 집행정지신청을 행정법원에 제기하고 국회의 공권력행사로 인한 공무담임권의 침해를 이유로 헌법소원과 가처분 신청을 헌법재판소에 동시에 제기하여 다투는 방법을 검토할 필요가 있다. 실질적 법치주의의 실현을 위해 행정법원과 헌법재판소는 적극적인 사법통제가 요망된다.

(3) 헌법재판소는 대통령 탄핵사건에서 국회의 탄핵소추의결이 국가기관과 국민과의 관계가 아니라는 이유로, 입법작용 및 행정작용 등 모든 국가작용에 적용되는 적법절차원칙이 적용되지 않는다는 자기모순적

---

2) Katrin Stein, "Die Veranwortlichkeit politischer Akteuere", Mohr Siebeck, 2009, S. 2.

결정을 내린 바 있다. 그러나 검사에 대한 탄핵소추와 심판제도의 본질은 중대한 비위행위를 한 고위공직을 수행하는 자연인의 파면여부를 결정한다는 점에서 징계적 성질을 지닌다. 이러한 측면에서 헌법재판소는 국회의 탄핵소추의결에 있어 고지와 자료제출 및 청문 등 적법절차원칙이 적용된다고 해석하여야 한다.[3]

더구나 국회의 다수당에 의한 4인의 검사에 대한 객관적인 조사와 증거가 부실한 상태로 탄핵소추안을 발의한 것은 헌법수호의 기능을 수행하려는 것과는 거리가 멀다. 이처럼 국회의 다수당이 국민의 의사와 유리된 당파적 이익으로 탄핵소추의결을 강행할 경우 법치주의와 민주주의 그리고 권력분립을 지향하는 대한민국 헌법체계와 법질서를 훼손하게 되어, 국민적 분노와 저항의 부메랑에 직면할 수 있다.

4. 검사탄핵제도의 개선과제

(1) 탄핵제도는 통상의 징계절차로 퇴출하기 어려운 사법부와 행정부의 고위 공직자에 대하여 법적인 책임을 물어 강제적으로 퇴출하는 징계적 성격의 헌법재판의 일종이다.[4] 법적 규율의 미흡에도 불구하고 탄핵제도가 활성화되고 있는 현 단계에서 가칭 '탄핵심판법'을 제정하여 체계적이고 정치하게 탄핵제도를 규율하는 것이 급선무이다.

(2) 권한정지제도로 인해 탄핵소추가 정치적으로 남용되고 있으므

---

3) 同旨 정주백, "탄핵심판의 당사자", 헌법논총 제33집, 20-22, 249면 이하.

4) 김용섭, [김용섭 박사의 법과 인문학 단상] 국회의 검사에 대한 탄핵소추를 둘러싼 법적 논의, 뉴스퀘스트 2023. 11. 13.

로, 자동적인 권한정지제도의 폐해를 시정하기 위해 국회법 등을 시급히 개정하여야 한다. 아울러 국회가 중대한 비위혐의가 있는 소추대상자에 대하여 탄핵소추를 하려면 충실한 조사와 객관적 증거를 토대로 신중하게 이루어 지도록 국회 탄핵소추의결에 앞서 조사의무를 명문화할 필요가 있다.

(3) 헌법재판소의 심리기간이 늘어나는 것은 바람직하지 않다. 국회의 탄핵소추의결 만으로 권한정지가 되므로 헌법재판소는 신속하면서도 신중하게 절차를 진행하지 않으면 안된다. 따라서 현재 180일의 헌법재판 심리기간을 60일로 줄이고 1회에 한하여 30일을 연장할 수 있도록 제도개선이 필요하다. 이를 통해 업무공백으로 인한 정치적 불안정을 해소하고 기각결정이 내려지면 빨리 현업에 복귀할 수 있도록 헌법재판소에서 집중심리제를 활용할 필요가 있다.

(4) 따라서 우리의 경우에는 탄핵제도가 파면에 처하는 징계처분적 성질을 감안하여 시효제도를 도입할 필요가 있다. 각부 장관의 경우나, 대통령의 경우에는 재직 중의 사안이라 시효의 문제가 부각되지 않는다. 오랜 기간 재직하고 있는 검사나 법관의 경우 오래 전의 탄핵사유를 이유로 탄핵소추하는 것은 회기불계속의 원칙이나 징계시효에 관한 국가공무원법 유추적용의 필요성, 법적 안정성 차원에서 자제할 필요가 있다. 일본의 재판관탄핵법 제12조에서 규정하고 있는 입법례처럼 탄핵소추는 탄핵에 의한 파면사유가 있는 날로부터 3년이 지난 시점에는 할 수 없도록 시효제도 도입을 적극 검토할 필요가 있다.

(5) 검사에 대한 탄핵을 하는 외국의 입법례는 거의 없다. 검사는 탄핵소추의 대상으로 하기 보다 징계의 대상으로 하여 검사징계법에 징계

의 종류에 '파면'을 추가하고, 검사에 대한 탄핵제도를 유지하려면 법관의 경우처럼 징계의 종류에서 해임을 삭제하는 것이 타당하다. 따라서 검찰청법을 개정하여 검사에 대한 탄핵제도는 폐지하고 임기제로 강한 신분보장을 하고 있는 검찰총장에 한정하는 것이 바람직하다. 아무쪼록 국가체 발전을 위한 좋은 법률의 제정을 위해 여야간의 상생협력과 행정부와의 건강한 긴장관계가 유지되기를 기대한다.

(출처: 법조신문 2024. 08.12.)

4 국회 세종의사당 설치법 통과 의미와 과제

최근 세종시에 국회 분원으로 세종의사당을 설치하는 것을 주된 내용으로 하는 국회법 개정안이 여야 합의로 통과돼 시행을 앞두고 있다. 정부세종청사에 입주한 정부 부처들이 국회와의 업무를 상시로 수행해야 함에도 물리적 거리의 제약으로 상당한 시간과 비용이 소모되고 있고, 공무원들의 잦은 국회 출장으로 인한 정책의 질 저하 등 많은 불편과 비효율이 발생하고 있는 점을 그 제정 이유로 들고 있다. 이 법률안이 여야 합의로 통과된 점과 국회와 정부 부처의 근거리성을 확보해 시간과 비용을 절약할 수 있는 계기를 마련했다는 점에서 긍정적 측면이 없지 않다.

국회에서 여야 간에 대안을 마련하는 과정에서 부대의견으로 국회사무처는 2021년도 세종의사당 건립 설계비 예산을 활용해 건립에 관한 기본계획을 조속히 수립하고, 기본계획 수립 시에 국회 운영의 비효율 최소화 방안을 마련하도록 하고 있다. 문제는 기본계획 수립의 전제가 되는 것으로, 국회의 기능 중에 어느 부분을 어느 시점까지 세종시 국회 분원으로 넘길 것인지에 관한 것이라고 할 수 있다. 국회 기능 이관의 범위가 국회 규칙에 명확하게 규정되고 난 후에 기본계획과 건축 규모, 공사 완공 일정 등이 마련될 수 있기 때문이다. 주요 정당이 서울에 있고 국회의원이 회의를 위해 세종시를 오고 가는 것이 용이하지 않아 의사당 건물을 크게 지어놓은 후 본회의가 세종의사당에서 개최되지 않게 될 경우 국민의 세금이 낭비되는 문제가 지적될 수 있다.

세종시 근무 행정부처 공무원들이 국회를 오고 가는데 소요되는 시간과 비용의 낭비가 심한 것은 사실이다. 그러나 이 부분은 국회가 불필요하게 공무원을 오고 가도록 하며 기다리도록 할 것이 아니라 전자적 화상회의를 개최하는 등 비대면 방식을 적극적으로 활용할 필요가 있다.

국회 분원 형태로 의사당 설치가 가능하게 됐지만, 국회 기능의 핵심 영역을 세종시로 이전하는 것은 헌법재판소 결정례에 비춰 수도 분할의 결과가 초래될 수 있다. 따라서 국회 기능 중 중요하지 않고 비본질적인 기능만 이관이 가능할 것으로 보이며, 이런 점을 염두에 두고 국회 규칙을 제정하고 기본계획을 수립할 필요가 있다. 국회사무처는 무리하게 기본계획을 서두를 것이 아니고, 국회 분원이 들어설 부지와 규모가 국회 기능의 이전 규모 및 시기와 맞물려 있으므로 국회 규칙으로 기능 이관에 따른 세종의사당 설치와 운영 등에 관해 명확히 규정할 필요가 있다.

국회의 상임위원회 전부를 옮기는 것은 국회의 핵심적 기능이 이관되는 것이므로 일각에서는 상임위원회 가운데 세종시에 두고 있는 정부부처 상황을 고려해 분할 이관하는 방안을 제시하기도 한다. 그러나 국회법에 상임위원회 상호 간 연석회의와 전원위원회를 할 수 있는 근거 조항을 두고 있으며, 국회 본회의에 안건을 상정하는 유기적 연관성 속에서 업무를 처리하므로 상임위원회 일부를 분리해 이관하는 것이 오히려 국회의 기능을 원활하게 작동하지 못하게 하는 결과를 초래할 수 있다.

무엇보다 국회법에서는 국회 분원으로 세종의사당 설치만을 정하고 있을 뿐 세종의사당 설치와 운영에 관해서는 국회 규칙으로 정하도록 폭넓게 위임하고 있다. 그렇다고 의회가 법률에서 정해야 하는 본질적 사항을 하위 법령 형식인 국회 규칙으로 정할 수는 없다. 국회 규칙을 마련하면서 다양한 각계의 의견을 수렴하고 공청회를 개최해 국회 기능 이관의 범위와 시기 등의 문제를 신중하게 정할 필요가 있다. 국회의 본질적이며 중추적인 기능이 분원에 이관되지 않는 헌법합치적 방식으로 국회의 기능 원활화와 국가의 행정 효율성이라는 두 마리 토끼를 잡게 되기를 기대한다.

(출처: 국민일보 시론, 2021.10.05.)

5 국가정책의 조율장치 입법평가

좋은 입법은 국민에게 품질 좋은 행정을 위한 전제이다. 도예가가 도자기를 만들다 마음에 안 들면 이를 깨트려 버려도 되지만, 국가의 법령은 도자기와는 다르기 때문에 신중하게 제·개정될 필요가 있다. 정부의 정책은 법률로 제정되면 지속성을 갖는다. 국가정책의 입법화가 실현되면 정책에 문제가 있더라도 폐지나 개선이 어렵기 때문이다. 국회에서 국민생활에 큰 영향을 미치는 제도를 새로 도입할 경우 법률에서 평가와 검토를 의무화하게 되면 법률시행 후 일정 기간이 지난 후 국가정책을 새롭게 디자인 할 수 있는 동력을 확보할 수 있는 장점이 있다.

최근에 정부는 입법영향분석을 위한 법령 관련 수요조사 등의 근거를 마련하고, 입법영향분석의 수행기관을 한국법제연구원에서 정부출연기관으로 확대하는 내용의 행정기본법 시행령 개정안을 성안하여 입법예고 중에 있다. 입법영향분석의 수행기관을 정부출연 연구기관에 한정하는 것은 기관의 성격상 법령에 대한 비판적 검토에 제약이 있을 수 있어 입법평가의 객관성이 우려된다. 좀 더 다양한 기관이 포함될 수 있도록 하거나 평가위원회를 구성하여 실시하는 방안도 고려할 필요가 있다.

입법평가와 관련하여, 독일은 2012년 '조정법(*Mediationsgesetz*)' 제8조에서 5년이 된 시점까지 연방정부에서 연방하원에 이 법률의 영향과 조정인 교육에 관한 사항을 보고하는 내용의 평가(*Evaluation*)에 관한 규정을 두고 있다. 이에 따라 독일의 법무부는 슈파이어에 있는 공행정연구소에 연구를 위탁하여 보고서를 제출받았다. 이 보고서는 법률적 분석, 설문조사 등 경험적 분석, 조정을 촉진하기 위한 가능한 법적 규율의 목차로 상세하게 기술되어 있다. 연방정부는 2017년 7월에 연방하원에 위 보고서를 제출하였고, 독일 연방변호사회 등 27개 유관 단체는 보고서에 대한 입장표명을 한 바 있다.

다음으로 일본은 일부 개별 법률의 부칙에서 검토(見直し)조항을 마련하여, 법률 제정시에 남겨진 과제나 장래의 상황의 변화에 대한 입법조치를 포함하여 적절한 대응을 취할 것을 강구하고 있다. 가령 재판외 분쟁해결절차의 이용촉진에 관한 법률(*ADR*법) 부칙 제2조(검토)에서 "정부는 이 법률의 시행 후 5년이 경과한 경우 법률시행의 상황에 관하여 검

토하고 필요가 있다고 인정되는 경우 그 결과에 기초한 소요 조치를 강구하여야 한다"고 규정하고 있다. 일본의 법무부는 교수, 판사, 변호사, 관련 분야 전문가 9인으로 구성된 *ADR*법에 관한 검토회를 설치하여 인증*ADR*의 매력을 높이기 위한 시책 등을 포함하는 검토회 보고서를 2014년에 마련한 바 있다.

우리의 행정기본법령상의 입법영향분석은 정부 주도하에 행정분야 법제도 개선을 위하여 필요한 경우에 실시하는 것으로 국가정책 조율과는 다소 거리가 있다. 입법평가는 개별 법률에 입법평가를 하도록 의무화한 경우에 한정하여 충실하게 실시하는 것이 바람직하다. 끝으로 국민생활에 큰 영향을 미치는 법률을 제·개정할 경우 독일과 일본의 입법례를 벤치마킹하여 입법평가가 명실상부하게 국가정책의 조율장치로 기능하도록 할 필요가 있다.

(출처: 법률신문 서초포럼, 2022.04.11.)

6 동물의 법적지위 향상과 동물보호를 위한 법정책적 과제

최근 반려인구 1500만 명 시대를 맞이하여 반려동물 보호에 대한 사회적 공감대가 높아지고 있다. 우리 사회 일각에서 무차별적인 동물 학대와 유기 및 비인도적 도살 등이 횡행하여 심각한 사회 문제로 부각되고 있다. 우리나라도 동물보호법이 제정되어 시행되고 있으나, 동물보호에 관한 법제도적 미비점과 동물을 물건처럼 권리의 객체로 파악하고 있어 수많은 동물들이 고통 속에 죽어가고 있다.

우선 전세계적으로 동물의 법적 지위 향상을 위한 논의가 활발하다. 동물해방 운동가인 피터 싱어(*Peter Singer*)는 도덕적 고려의 대상에서 동물을 제외하는 것은 종차별주의에 입각한 것으로 지적하면서, 벤담(*Jeremy Bentham*)의 공리주의의 영향을 받아 '이익동등고려의 원리(*principle of equal cosideration of interests*)' 의 관점에서 동물해방을 위한 인간의 윤리적 인식 전환을 촉구하였다. 최근 동물권 보호 논쟁이 반려동물의 차원을 넘어 인간과 정서적으로 교류하는 생명체의 관점으로 이행하면서 동물의 권리 주체성을 인정하는 방향으로 논의가 전개되고 있다. 동물에 대하여 단순한 물건으로 파악하던 단계에서 물건이 아닌 권리의 객체를 넘어 권리 주체로서의 지위를 부여하기 위한 시도와 노력이 진행되고 있다. 동물에 대하여 인간의 재산으로서 취급되지 않을 권리를 부여하여야 한다는 주장도 같은 맥락이다.

미국의 유명한 동물학자인 데이비드 파브레(*David S. Favre*) 교수는 동물을 단순한 권리의 객체가 아니라 객체적 성격과 주체적 성격을 함께 가질 수 있는 살아있는 재산(*living property*)으로 파악하고 있다. 이에 반하여 미국 *Rutgers* 대학 로스쿨의 개리 프란시온(*Gary L. Francione*) 교수는 권리주체인 자연인, 법인과 더불어 동물을 인(人)의 일종으로 분류하면서 권리의 객체인 물건이 아닌 권리주체로 파악하여야 한다는 주장을 펼치고 있다. 동물에 대하여 권리주체를 인정하자는 개리 프란시온 교수의 주장은 현행 법체계의 관점에서 무리가 없지 않으나, 동물보호를 위한 법정책 과제를 모색함에 있어 시사하는 바가 크다.

헌법적 차원에서 동물보호 조항과 관련하여 독일은 2002년 기본법(*GG*)에 동물보호에 관한 명문의 조항을 마련하고 있는 점에 주목할 필요가 있다. 독일 기본법 제20*a*조 (자연적 생활기초의 보호)에서 "국가는 미래세대들에 대한 책임을 인식하고 헌법적 질서의 범위내에서 입법을 통해, 그리고 법률과 법에 정해진 바에 따라 행정 및 사법을 통해 자연적 생활기초와 동물을 보호한다"는 국가목표조항을 두고 동물보호에 국가가 적극 나서고 있다.

우리 헌법 제35조 제1항에서 "모든 국민은 건강하고 쾌적한 환경에서 생활할 권리를 가지며, 국가와 국민은 환경보전을 위하여 노력하여야 한다"는 환경권에 관한 규정을 두고 있으나, 동물보호에 관한 규정을 헌법 차원에서 명시적으로 두고 있지 않다. 우리 민법에서는 동물을 물건의 일종으로, 형법 역시 민법과 같이 동물을 권리의 객체인 물건으로 취급하여 동물을 다치게 한 경우 재물 손괴죄로 처벌하고 있다.

정부는 동물은 물건이 아니라는 내용의 민법 일부개정법률안을 국무회의의 심의를 거쳐 지난 10월 1일 국회에 제출하였다. 정부의 민법개정안의 제안이유는 반려동물을 양육하는 인구가 지속적으로 증가하고 있고, 동물 학대·유기 방지, 동물에 대한 비인도적 처우 개선 및 동물권 보호 강화 등을 위한 국민들의 변화된 사회적 인식을 반영하고 동물의 법적 지위를 개선하려는데 있다. 민법개정안 제98조의2(동물의 법적 지위)에서 "① 동물은 물건이 아니다. ② 동물에 관하여는 법률에 특별한 규정이 있는 경우를 제외하고는 물건에 관한 규정을 준용한다." 아울러 민법개정안 제252조(소유자 없는 물건 등의 귀속)의 제3항에 "야생(野生)하는 동물은 소유자 없는 동물로 하고, 기르던 야생동물도 다시 야생 상태로 돌아가면 소유자 없는 동물로 한다"는 조항을 신설하려는 것이다.

정부의 민법개정안은 그동안 동물을 물건으로 취급하던 로마법 이래의 전통에서 벗어나 1990년 8월 20일 독일이 민법(*BGB*)을 개정하여 민법 제90*a*조에 "동물은 물건이 아니다(*Tiere sind keine Sachen*)"라는 명시적 조항을 두고 있고, 이어서 "동물은 특별한 법률에 의하여 보호된다. 달리 특별히 규정이 없는 한 동물에는 물건에 관한 규정이 준용된다"고 규정되어 있다. 이와 동시에 신설된 독일 민법 제903조 후단에서 "동물의 소유권자는 그 권능을 행사함에 있어 동물보호를 위한 특별규정을 준수하여야 한다."라고 규정하고 있는 것과는 달리 정부 제출 민법개정안에는 이러한 내용이 담겨있지 않다. 따라서 정부의 민법개정안의 방향성에 공감하면서도 2015년 프랑스 민법에서 "동물은 감정을 지닌 생명체'로 적극적으로 규정하는 방식을 검토하고, 독일 민법처럼 소극적으로 규정하더라도 보다 완결된 형태로 입법할 필요가 있다.

(출처: 인권과 정의 시론 통권 502호, 2021.12.01.)

7 행정입법에 대한 국회통제를 둘러싼 법적논의

현행 국회법 제98조의2에서 국회의 행정입법 검토제도를 마련하고 있다. 즉, 중앙행정기관의 장은 법률에서 위임한 사항이나 법률을 집행하기 위하여 필요한 사항을 규정한 대통령령·총리령·부령·훈령·예규·고시 등이 제성·개정 또는 폐지되었을 때에는 10일 이내에 이를 국회 소관 상임위원회에 제출하도록 하고, 상임위원회는 그 소관 중앙행정기관이 제출한 대통령령·총리령·부령의 법률위반여부를 검토하도록 되어 있다. 우선 대통령과 총리령이 법률의 취지 또는 내용에 합치되지 아니한다고 판단되는 경우에는 검토의 경과와 처리의견 등을 기재한 검토결과보고서를 국회의장에게 제출하여 본회의 의결로 이를 처리한 후 정부에 송부하고, 정부는 송부받은 검토결과에 대한 처리여부를 검토하고 그 처리결과를 국회에 제출하도록 하고 있다. 다음으로 상임위원회는 검토결과 부령이 법률의 취지 또는 내용에 합치되지 아니한다고 판단되는 경우에는 소관 중앙행정기관의 장에게 그 내용을 통보할 수 있고, 검토내용을 통보받은 중앙행정기관의 장은 그 처리계획과 그 결과를 지체없이 소관 상임위원회에 보고해야 한다고 규정하고 있다.

최근 조응천 의원이 대표발의하여 국회에 계류중인 국회법 일부 개정안은 현행법은 대통령령과 총리령은 본회의 의결로, 부령은 상임위원회의 통보로 단순히 처리 의견을 권고하는 수준에 불과하고 정부가 이를 수용하지 않거나 회피하는 경우 마땅히 구속할 수단이 없다는 전제하에, 우리 국회는 상임위원회 중심주의를 채택하고 있어 각 상임위원회가 소관 법률과 행정입법에 대한 고도의 전문성을 갖고 있음에도 통제 주체와 방법을 상임위원회 통보에서 본회의 의결로 격상시킨 것은 부적절하다고 보면서 상임위원회는 소관 중앙행정기관의 장이 제출한 대통령령·총리령 및 부령이 법률의 취지 또는 내용에 합치되지 아니하다고 판단되는 경우 소관 중앙행정기관의 장에게 수정·변경을 요청할 수 있도록 하고, 이 경우 중앙행정기관의 장은 요청받은 사항을 처리하고 그 결과를 소관 상임위원회에 보고하도록 함으로써 국회의 행정입법에 대한 통제를 강화하려는 것이다(안 제98조의2제3항, 제98조의2제4항부터 제8항까지 삭제).

일반적으로 행정입법이란 행정부에서 제정하는 법률 하위의 규범형식으로 그 제정권자를 중심으로 대통령, 총리령 및 부령으로 구분할 수 있다. 이와 같은 헌법이 예정하는 법규명령의 형식이 아닌 중앙행정기관에서 제정하는 훈령·예규·고시 등도 행정입법에 포함된다. 국회에 제출된 국회의 행정입법에 대한 통제강화를 내용으로 하는 국회법 제98조의2 개정안은 그 입법취지에는 찬동하나 다음의 문제점을 지적할 수 있다.

첫째로, 국회 상임위원회가 독자적으로 소관 중앙행정기관의 장이 제출한 대통령령·총리령 및 부령이 법률의 취지 또는 내용에 합치되지 아니하다고 판단되는 경우 중앙행정기관의 장에게 수정·변경을 요청할 수 있도록 하고, 중앙행정기관의 장은 요청받은 사항을 처리하고 그 결과를 소관 상임위원회에 보고하는 내용의 국회법 개정안은 이와 유사한 내용으로 되어 있는 2015년 유승민 의원 대표발의 국회법 개정안이 박근혜 대통령의 법률안 거부권 행사에 의하여 국회에서 재의결되지 않고 폐기된 바 있는 점을 감안할 필요가 있다. (이에 관하여 자세한 사항은 김용섭, "국회법 제98조의2 제3항 개정안을 둘러싼 공법적 쟁점 및 대통령의 법률안거부권 행사의 정당성 여부", 故 清江 류지태 선생 10주기 기념 현대 행정법의 이해, 박영사, 2018, 131-156면).

둘째로, 대통령령 등이 제·개정된 후에 수정변경 요청을 통하여 중앙행정기관의 장에게 구속력을 부여하려는 국회의 사후적 행정입법 통제제도는 대통령령과 총리령 및 부령의 규정을 신뢰하여 활동하는 국민의 법률생활에 혼란이 초래될 수 있고 행정의 계속성과 법적 안정성이 저해될 수 있다. 너구나 국회의 본회의가 아닌 소관 상임위원회가 중앙행정기관의 장에 대하여 대통령령 등 행정입법에 대한 수정변경요청을 하고 중앙행정기관의 장이 이에 따르도록 구속력을 부여하는 내용의 개정안은 행정부의 입법권을 침해하고, 권력분립의 원칙에 반하는 등 위헌의 소지가 있다.

헌법 제75조에서 대통령령의 제정에 관하여 규정하고 있고, 총리령 및 부령의 제정에 관하여는 헌법 제95조에서 규정하고 있어 위임명령은 법률에서 위임한 범위를 일탈할 수 없는 한계가 있다. 국회는 국민의 기본권의 중요하고 본질적인 사항은 위임이 금지되므로 국회 스스로 반드시 법률로 정하여야 하며 행정입법에 위임해서는 안되는 한계를 지켜야 한다. 이러한 점에서 의회와 행정부는 분업의 원리에 따라 입법을 적절히 안배하여 정할 필요가 있다.

현행 행정입법검토제도 중에 총리령을 대통령령과 같은 범주로 취급하여 규율하고 있는 부분은 개정할 필요가 있다. 왜냐하면 총리령은 기본적으로 국무총리 소속 기관인 법제처 등 처 단위에서 제정하는 법령의 형식이다. 처를 기준으로 하면 각부보다는 하위이고, 총리령이라는 형식을 놓고 보면 부령보다는 상위적 의미인데, 총리령과 부령은 기본적으로 동격으로 보는 것이 적절하다. 그 이유는 총리령은 국무회의의 심의를 거쳐야 하는 대통령령과는 달리 부령과 같이 법제처의 심사를 필하면 관보에 게재하여 공포할 수 있어 대통령령에 규정된 제재적 처분기준은 법규명령으로 보는데 반하여 부령에 규정된 제재적 처분기준은 행정규칙의 성질을 지니는 것으로 보는 것이 대법원 판례의 입장이기 때문이다.

헌법에서 국회에 법률제정권이 있다고 하여 입법권을 독점하는 것은 아니고 입법과 관련하여 국회와 행정부는 기능적 역할분담이 필요하다. 오늘날 현대국가에서 법률의 제·개정절차로는 새로운 환경과 정세변화에 적절히 대응할 수가 없어 국가적 과제에 행정부의 전문적 역량으로 신속한 대처를 위해 위임명령이 활용된다. 행정입법에 대한 의회의 통제를 어떻게 활성화하고 바람직한 행정입법 통제제도를 마련할 것인가를 심도있게 논의할 필요가 있다. 기본적인 입법적 개선방향은 우리 헌법에 합치되는 의회통제 방안을 모색하되, 의회와 행정부의 적절한 견제와 균형을 통하여 사후적 통제방식보다 행정의 혼란이 야기되지 않는 사전적 통제방식이 바람직하다. 또한 훈령·예규·고시 등 행정규칙 중에서 국민의 권리의무에 관한 사항을 규정한 법령보충적 행정규칙의 경우에도 부령의 경우와 마찬가지로 법령등 공포에 관한 법률을 개정하는 등 행정입법통제제도를 활성화할 필요가 있다.

결론적으로 국회에 계류중인 조응천 의원대표발의 국회법 개정안은 대통령령과 총리령·부령을 구분하지 아니하고 일괄적으로 규율하고 있고, 국회의 본회의가 아닌 소관 상임위원회를 수정·변경 요청의 주체로 하며, 중앙행정기관의 장은 요청받은 사항을 처리하고 그 결과를 소관 상임위원회에 보고하도록 함으로써 구속력을 미쳐 제반 법리적·법정책적 문제점이 있다. 제19대 국회 당시 대통령의 법률안 거부권 행사에 의하여 부결된 것과 대동소이하여 적절한 대안이 될 수 없는 국회법 개정안을 국회의 다수당이 무리하게 통과시킬 경우, 헌법수호자이며 행정부의 수반인 대통령은 법제처와 정부입법정책협의회의 심사를 거쳐 잠정적 거부권인 법률안의 재의요구를 통하여 '좋은 입법(*good laws*)'이 제정될 수 있도록 국회의 권한남용을 견제할 필요가 있다.

(출처: 고시계 시론, 2022년 8월호)

Ⅱ. 행정 영역

❶ 집행정지제도 취지 흔드는 건보법 개정안

행정소송은 위법한 행정처분으로 피해를 본 국민의 권리를 구제하기 위한 절차다. 그런데 판결 확정 때까지 오랜 시간이 걸린다. 이런 단점을 보완하기 위해 당사자인 국민은 행정소송과 별도로 집행정지를 신청해 행정처분의 효력이나 집행을 멈추는 일종의 임시 구제를 받을 수 있게 돼 있다.

최근 집행정지 제도와 관련한 국민건강보험법 개정안(제101조의 2)이 야당 주도로 국회 본회의에 상정돼 있다. 해당 개정안은 의약품 제조·판매자가 약가 인하 같은 행정처분에 대해 행정심판 청구나 행정소송을 하면서 집행정지를 신청하는 경우를 대상으로 한다. 집행정지가 법원에서 받아들여진 뒤 소송에서 질 경우 집행정지 기간 중 내리지 않은 약가 인하 부분을 손해로 보아 국민건강보험공단이 환수·환급할 수 있도록 했다.

이 개정안에 대해 법무부는 '잠정 절차(집행정지)를 본안소송과 구분하는 소송법 체계에 반하는 조항은 신중한 검토가 필요하다'는 입장이라고 한다. 법원행정처도 "본안소송에서 패소 판결이 나오더라도 처분의 효력이 집행정지 결정 당시로 소급해 부활하지 않는다"면서 집행정지 제도의 취지에 어긋난다고 지적하고 있다. 대한변호사협회 역시 '개정안이 국민 권익을 구제하는 취지로 만들어진 집행정지 제도를 무력화한다'는 의견을 국회 법사위원회에 제시했다. 법조계의 주축을 이루는 핵심 기관들이 모두 반대 입장인 셈이다.

물론 야당의 개정안은 "건강보험 재정의 악화를 해소해야 한다"는 이유를 들고 있다. 현행법으로는 법원이 집행정지 신청을 받아들이면 판결이 확정될 때까지 고가의 약값이 건강보험재정에서 빠져나간다는 것이다. 이런 야당 주장에 일리가 없는 것은 아니다.

하지만 국회가 제약회사와 보건복지 당국의 균형추 역할을 하기보다 행정기관에 일방적으로 치우친 정책을 법제화하려는 것은 문제다. 만약 약가 인하 고시와 관련된 개정안을 야당이 다수의 힘으로 밀어붙여 통과시킨다면 어떤 일이 벌어질까. 행정청의 위법한 처분에 대한 구제책인 행정소송 제기와 이에 따른 집행정지 신청이 위축될 우려가 있다. 이는 재판을 통한 국민의 권리 보호를 침해할 위험성으로 이어진다.

어떤 제도를 바꾸려면 그 제도가 왜 만들어졌는지 돌아볼 필요가 있다. 현행 행정소송법은 '행정소송의 제기가 처분의 효력이나 집행에 영향을 주지 않는다'는 원칙(집행부정지 원칙)을 택하고 있다. 다만 회복할 수 없거나 예측하기 어려운 국민의 손해를 예방하기 위해 예외적으로 법원을 통한 집행정지 수단을 마련해 놨다. 이는 사익 보호와 공익 추구의 균형을 위한 것이라고 할 수 있다.

집행정지는 본안 행정소송의 부수적 제도이지만, 엄연히 본안 소송과는 독립적이다. 설사 본안 소송에서 기각되거나 패소하더라도 집행정지에 직접 영향을 주는 건 아니다. 따라서 본안 패소를 이유로 집행정지 기간 정지됐던 약가 인하분을 소급해 환수하는 것은 법원의 집행정지 결정을 근본적으로 부정하는 결과가 된다.

따라서 개정안과 같은 입법 목적을 달성하려면 행정소송법에 약가

인하만이 아니라 과세 처분이나 금전 급부를 명하는 처분에 대해서도 동일하게 적용해야 한다. 그렇지 않고 야당 개정안과 같이 특정 처분만 제도적으로 규율하는 것은 입법의 형평성과 체계의 정합성에 어긋난다. 더구나 행정소송법상 집행정지는 '회복하기 어려운 손해'를 예방하기 위해 긴급한 필요가 있고, 본안에서 패소할 것이 명백하지 않거나 공공복리에 중대한 영향을 줄 우려가 없을 때 한해 허용되는 것이 일반적이다. 따라서 보건복지부 장관이 행정소송 당사자로서 적극적으로 주장해 다툴 수 있는 길이 열려 있다.

현행 행정소송법 체계에 비춰 볼 때 국민건강보험법의 영역에서만 집행정지에 관한 법리와 어긋난 규율을 하는 것은 자칫 교각살우(矯角殺牛)를 범할 수 있음을 경계해야 한다. 개정안의 입법 목적을 달성하려면 차라리 행정소송법을 개정해 독일의 입법 사례처럼 공과금 및 공적 비용 청구의 경우에는 집행정지의 예외 사유로 규정하는 것이 낫다. 그래야 법체계의 관점에서 무리가 없을 것이고 입법의 형평성 문제도 극복할 수 있다.

(출처: 중앙일보 시론, 2023.04.26.)

2 법치역량강화를 위한 법무담당관제도 활성화 방향

오늘날 행정현상의 국제규범화 요청과 법치행정의 정착 필요성 그리고 사전적인 분쟁예방의 관점에서 공공부문의 적법한 행정활동에 대한 국민적 기대가 높다. 행정법령은 매우 복잡하고 법적 문제가 서로 얽혀 있음에도 국가나 지방자치단체의 공무원이 정책 입안, 결정 및 집행 과정에서 사전에 충분한 법적인 자문과 검토 없이 무리하게 추진하는 사례가 적지 않다. 이로 인해 국민에게 적지 않은 피해가 발생할 뿐만 아니라 행정소송이나 국가배상청구소송에서 패소판결을 받아 국가 등이 막대한 재정적 부담을 지는 경우 역시 비일비재하다.

법무담당관제도는 국가기관이나 지방자치단체 등 공공부문에서 변호사를 의무적으로 채용하여 상시적으로 해당기관의 정책수립이나 법령입안 등에 관한 법적 자문을 담당하도록 하는 조직체계를 의미한다. 이러한 법무담당관제도의 도입을 참여정부시절 사법제도개혁추진위원회에서 적극적으로 논의하였으나, 행정부처 공무원의 반발과 더불어 국민적 공감대를 얻지 못하여 결과적으로 실패한 바 있다.

무엇보다 공공부문의 법치역량을 강화하기 위해서는 다수의 변호사가 중앙행정부처와 지방자치단체에 적극 진출할 수 있는 제도적 여건을 마련하여 저변을 확대하는 것이 급선무이다. 법무담당관제도의 도입을 중앙행정부처나 광역자치단체의 개방형 법무담당관의 직위에 변호사를 곧바로 보임하는 형태의 협소한 의미로 접근하는 것은 올바른 정책적 방향으로 보기 어렵다. 이보다는 중요 정책에 관하여 사전 또는 사후적으로 법적인 검토를 강화하는 방향으로 큰 그림의 새로운 법무행정조직을 구상할 필요가 있다. 이를 위해서는 장관급 부서에서 시행하고 있는 대통령령에 근거한 정책보좌관 제도를 개편하여 이를 정책법무보좌관제도로 확대하여 운영할 필요가 있다. 이와 더불어 지방자치단체의 적법행정을 보장하기 위하여 광역지방자치단체에 두는 정무부시장이나 정무부지사와 더불어 법무부시장이나 법무부지사를 새로이 신설하는 것을 검토할 단계가 되었다.

현재의 중앙부처 정책보좌관제도와 광역지방자치단체의 정무부지사제도는 별정직으로 장관이나 시도지사와 임기를 같이하도록 하고 있으므로, 일정한 경력을 갖춘 변호사 출신을 새로 신설되는 정책법무보좌관 등의 직에 기용하더라도 행정부처 공무원의 반발이 크지 않고 책임행정의 차원에서 그 활용도는 높게 된다. 이는 기존의 직제상 법무담당관의 제한된 역할과 기능을 넘어 각 부처 장관이나 시도지사의 법무참모로서 필수적으로 적법성 차원에서 법적인 검토를 거쳐 정책을 시행하게 되므로 우리 사회의 법치행정 역량을 더욱 높일 수 있다.

한편, 공공부문에서 활동하는 변호사를 양성하기 위해서는 로스쿨에서 송무 중심의 교육을 넘어서서 행정법, 입법학과 입법기술, 공공정책을 위한 실무교육을 강화하는 방향으로 로스쿨의 교육과정의 재조정과 개편이 필요하다. 국가적 차원에서 변호사시험 합격 후에 실시하는 대한변호사협회 6개월 연수제도를 발전적으로 개선하여 독일의 사례를 참고하여 행정부처에 진출하려는 변호사(*Verwaltungsjurist*)를 위한 연수 프로그램을 충실히 마련할 필요가 있다.

나아가 행정부처의 법치역량을 강화하기 위해서는 국가를 당사자로 하는 소송에 관한 법률을 개정하여 변호사 자격이 있는 자를 소송수행자로 지정하는 방향으로 제도개선을 하고, 행정절차법을 개정하여 변호사 자격을 가진 행정청의 소속 직원이나 법률전문가 등 외부 전문가에 한하여 청문주재자가 될 수 있도록 제도개선을 할 필요가 있다.

앞으로 공공부문의 법치역량강화를 위한 법무담당 행정조직의 활성화 방향은 변호사의 일자리 확보차원으로 접근할 것이 아니고 행정부처 공무원에게도 이익이 되는 방향으로 추진할 필요가 있다. 결국 적정한 공행정을 통한 국민의 권리보호를 최우선적으로 고려하면서 법무담당관 제도의 도입과 활성화를 행정부처 공무원과의 상생관계 속에서 추진한다면 큰 저항 없이 순항(順航)할 것으로 기대된다.

(출처: 법률신문 법조광장, 2017.08.08.)

3 정권교체와 대통령직 인수위원회

지난 9일 실시된 대통령 선거에서 법조인 출신의 윤석열 후보가 제20대 대통령에 당선되었다. 대통령 당선인은 대통령직 인수에 관한 법률에 따라 대통령직 인수위원회를 조속히 발족시켜야 한다. 대통령 당선인을 위한 한시적 자문기구인 인수위원회를 통하여 대통령 취임행사 등 관련업무의 준비도 중요하지만 정권교체를 원활하고 순조롭게 진행할 필요가 있다. 대통령직 인수는 국정의 연속성과 변화성을 동시에 추구하는 정치적 과정이다. 대통령직 인수기간은 대통령 당선 후 취임까지의 바둑의 포석단계와 같이 국정운영의 큰 방향을 기획하는 시기로 새로운 정부 5년간 국정의 성패여부를 결정한다.

인수위원회의 핵심 과제는 새 정부의 정책기조 설정과 정부 고위직 인사라고 할 수 있다. 새 정부 정책기조의 설정과 관련하여 선거과정에서 확인된 국민의 요구를 반영하여 취임 후에 실천할 수 있는 국정아젠다를 설정하는 것이 중요하다. 인수위원회에서 선거과정의 공약을 다듬으면서 새로운 정부의 국정기조의 청사진과 추진일정을 제시할 필요가 있다. 정부 고위직 인사와 관련하여 국무총리와 국무위원, 대통령 비서실장 등의 인선이 중요하다. 대통령 당선인은 대선과정의 논공행상을 가급적 억제하고 당면한 국가적 개혁과제를 해결할 수 있는 역량 있는 고위직 인선의 투명성과 공정성을 확보하는 것이 성공적 국정운영의 요체이다. 새로운 대통령에게 필요한 자질은 역량 있는 국가적 인재의 발탁이다. 무엇보다 정치와 행정의 분리 속에 관료시스템인 공무원조직이 법치행정을 준수하며 국가발전을 위하여 신명나게 일할 수 있도록 분위기를 만드는 일에 역점을 둘 필요가 있다.

대통령직 인수기간은 지난 정권의 인사실패와 정책실패를 교훈삼아 새로운 인재의 충원으로 국가적 당면과제를 실현하기 위한 준비기간이다. 현행 대통령직 인수에 관한 법률에 인수위원회의 발족 시기에 관한 규정이 없고, 활동기간도 대통령 취임 후 30일의 범위내에서 당선인이 존속기간을 정하도록 하고 있다. 미국은 1963년 대통령직 인수법(*Presidential Transition Act*)에서 대통령 취임 후 180일까지 인수위원회가 존속할 수 있도록 하였으나, 2019년 대통령직 인수 절차강화법(*Presidential Transition Enhancement Act*)을 개정하여 취임 후 60일 동안만 존속하도록 그 기간을 단축하고 있다. 우리의 경우 대통령직 인수를 충실하게 수행하도록 대통령 당선인은 당선 후 2주 내에 인수위원회를 설치하도록 의무화하고, 그 활동기간을 늘려 취임 후 60일 동안 존속하도록 대통령직 인수에 관한 법률을 개정할 필요가 있다.

대통령 당선인에 의하여 새로이 설치되는 인수위원회에서 지난 정부를 반면교사로 삼아 정부의 조직·기능 및 예산 현황과 문제점의 파악과 정책적 실패로 평가되는 부동산정책과 탈원전 정책에 대하여 종합적 개선대책을 마련할 필요가 있다. 대통령 당선인은 국민 통합적 리더십으로 선거과정에서 국민의 여론으로 확인된 시대정신을 국정 아젠다로 설정하고 적재적소의 원칙에 따라 유능한 고위직 인사의 발탁을 통해 대한민국 국가체의 발전과 국정의 성공적 운영을 기대한다.

(출처: 법률신문, 2022.03.14.)

4 국가상징과 대통령실 문장(紋章)

국가상징(*Staatssymbol*)이란 국제사회에 나라의 가치와 정체성을 공개적으로 드러내는 그림·문자·도형 등의 공식적인 표시이다. 국가상징의 대표적인 예로는 태극기, 무궁화, 애국가, 국새, 나라문장(紋章) 및 청와대 봉황문양 등을 들 수 있다. 이와 같은 국가상징은 대한민국 국가의 정체성과 국민의 자긍심의 징표로서 국민의 정신문화 제고에 기여한다.

대한민국의 국가상징에 관한 법제 현황을 살펴보기로 한다. 태극기는 1984년 대통령령 형식의 대한민국 국기에 관한 규정을 제정하여 운영하다가 법률 형식의 대한민국국기법이 2007년 1월 26일 제정된 바 있다. 무궁화와 애국가에 관하여는 법적 근거가 마련되어 있지 않고 관습법에 따른다. 국새는 1949년 5월 5일 대통령령 형식의 국새규정이 제정된 이래 여러 차례 개정된 바 있다. 나라문장은 1963년 12월 10일 나라문장 규정이 각령으로 제정된 후 2011년 12월 28일부터 대통령령에 근거하여 태극기와 무궁화 모양으로 도안되어 있다. 이러한 나라문장을 외국에 발신하는 공문서와 국가적 중요문서 등에 대한민국을 상징하는 휘장(徽章)으로 사용하고 있다. 한편 청와대의 봉황문양은 1967년 박정희 대통령 시절부터 법령상의 근거 없이 청와대의 대통령실 문장으로 사용하여 왔다. 좌우에 봉황과 중앙에 무궁화의 봉황문양은 청와대의 철대문, 대통령 집무실, 대통령의 전용기와 차량 및 문서 등에 새겨져 있다.

청와대가 국민에게 개방되면 청와대 봉황문양을 새로운 대통령실에서 그대로 사용하여야 하는지 논란이 야기될 수 있다. 봉황문양이 청와대를 상징하는 문양으로 대통령실을 용산으로 이전하는 마당에 이를 계속 사용할 이유가 없다. 봉황문양에 관한 중국의 문화와 조선왕조의 역사를 살펴보면 더욱 그렇다. 왕조시대 중국은 황제와 제후국의 왕을 구별하였다. 왕조시대 중국의 천자인 황제의 상징은 황룡이고, 황후의 상징은 봉황이었다. 동양에서 용은 양(陽)을, 봉황은 음(陰)을 상징하곤 한다. 제후국의 왕은 황제가 사용하는 용을 상징적 문양으로 사용하지 못하고 그 대신 봉황을 사용하였다.

조선 왕실 창덕궁 인정전과 경복궁 근정전 천장에 그려진 봉황도는 조선이 중국의 속국임을 증명하고 있다. 홍선대원군은 경복궁 중건을 하면서 천장에 있던 봉황도 대신에 칠조룡의 형상으로 바꾸었다. 그의 아들 고종은 대한제국 황제가 되어 덕수궁 중화전의 내부 천장에 봉황이 아닌 용을 장식하기도 하였다. 고종은 역대 조선의 왕이 붉은 색의 홍룡포를 입은 것과는 달리 중국의 황제처럼 황룡포를 입어 중국의 속국이 아니라는 것을 대외적으로 보여주었다.

국가상징의 일종인 대통령실의 문장은 새로운 시대를 여는 정치적 비전을 보여준다. 새로 출범하게 될 윤석열 정부가 공정과 상식에 터잡아 국민과 함께하는 국민 중심의 시대를 열려면 조선의 왕실과 중국의 속국문화의 이미지가 남아 있는 청와대의 봉황문양을 계속 사용할 것은 아니다. 대통령실 용산이전과 새로운 명칭에 걸맞게 권위주의 시대와 제왕적 대통령실의 잔재인 청와대 봉황문양을 대체하는 새로운 대통령실 문장이 탄생하기를 기대한다.

(출처: 법률신문 서초포럼, 2022.05.05.)

5 대통령의 법률안거부권

지난 27일 법무부가 헌법재판소에 이른바 검수완박법에 대하여 권한쟁의심판을 청구하고 효력정지가처분도 신청했다. 국회에서 법률안을 무리하게 통과했을 때 행정부의 수반인 대통령은 헌법수호자로서 법률안 거부권을 행사하였어야 했다. 법률안 거부권은 헌법에 따라 국회 통과 법률안을 대통령이 공포하지 아니하고 국회에 재의를 요구하는 권리로, 이는 잠정적 거부권(*suspensive veto power*)의 성질을 지닌다.

최근 야당의원 대표발의로 국회에 제출된 국회법 일부 개정안은 국회 상임위원회가 소관 중앙행정기관의 장이 제출한 대통령령·총리령 및 부령이 법률의 취지 또는 내용에 합치되지 아니하다고 판단되는 경우 중앙행정기관의 장에게 수정·변경을 요청할 수 있도록 하고, 중앙행정기관의 장은 요청받은 사항을 처리하고 그 결과를 소관 상임위원회에 보고하는 것을 주된 내용으로 하고 있다.

모법(*母法*)의 근거 없이 시행령을 무리하게 제·개정한 법치역행적 지난 정부를 되돌아볼 때 국회를 통한 행정입법의 통제를 강화하려는 개정안의 입법 취지에는 공감한다. 그러나 개정안은 소관 상임위원회가 시행령 등의 수정·변경 요청과 중앙행정기관의 장의 보고의무로 행정입법권을 실질적으로 침해하여 위헌의 소지가 있다. 또한 개정안은 국회 본회의가 아닌 상임위원회를 시행령 등 행정입법에 대한 수정·변경 요청의 주체로 하고 있고 법령 시행 후 행정의 혼란이 야기될 수 있어 법리적·법정책적 문제점을 내포하고 있다.

우리 헌법은 대통령의 법률안 거부권 행사의 기준에 관하여 '이의가 있을 때'라고만 규정하여 그 행사를 대통령의 재량에 맡기고 있다. 법률안 거부권 제도의 모국(母國)인 미국과 마찬가지로 우리의 경우 헌법에 규정된 헌법기관의 권한을 침해하거나 위헌적 입법을 하는 등 헌법적 사유는 물론 대통령의 정책적 판단 내지 재량에 따라 불합리한 법안에 대하여도 거부권을 행사할 수 있다고 본다.

통상적으로 법률안이 국회를 통과하여 정부에 이송되어 오면 법제처장은 법제업무운영규정에 따라 법률안에 대한 재의요구 여부 및 이유를 심사·검토함은 물론, 부처 간 협조 및 대책마련을 위해 필요한 경우 정부입법정책협의회에 부의하여 논의하도록 되어 있다. 이와 관련하여 법률안이 국회에서 통과되기 전이라도 논란이 되는 법률안에 대하여는 미국의 대통령실 관리예산처(*OMB*)에서 행정정책성명서(*Statement of Administration Policy, SAP*)를 작성하여 공표하는 제도를 도입할 필요가 있다. 이러한 제도가 도입되면 논란이 되는 법률안에 대한 대통령의 거부권 행사를 시사하는 행정정책의 성명을 통해 국회 다수당의 횡포에 의한 무리한 법률안 통과를 막게 되어 좋은 법률의 제정에 기여할 수 있게 된다.

대통령의 법률안 거부권은 입법부의 법률만능주의적 횡포에 대한 행정부의 자기방어의 수단이고, 국회의 부실하고 경솔한 악법(*bad laws*)

이 제정되는 것을 방지하기 위한 제도적 장치이다. 대통령의 법률안 거부권은 법률안 공포로 나아가지 않고 국회에 재의요구를 할 수 있다는 점에서 '한 사람의 의회(*Ein-Mann-Parlament*)'로서의 지위에서 행하는 대통령의 헌법상 고유한 권한이라고 할 수 있다.

(출처: 법률신문 법조광장, 2022.06.29.)

6 정부위원회의 통합과 분산

행정기관은 독임(獨任)제 기관과 위원회 형태의 합의제 기관으로 구분된다. 정부위원회는 행정부 산하의 합의제 행정기관이다. 행정안전부는 지난 9월 7일 각 부처 별로 장기간 구성되지 않고 실적이 저조하거나 그 기능이 유사 중복되는 정부위원회 636개 중 246개(39%)의 폐지·통합을 주된 내용으로 하는 위원회 정비방안을 확정하였다. 후속 조치로 행정안전부에서 행정기관 소속 위원회의 정비를 위한 법률개정안을 마련하여 정부안으로 다수 법률안을 9월 말에 국회에 제출하였다.

먼저, 이러한 위원회 중에는 중앙공동주택관리 분쟁조정위원회 등 폐지되는 분쟁조정기구가 보인다. 행정부처 소속의 행정형 분쟁조정위원회는 약 70개 정도가 있다. 그 중에 부처에서 판단하여 실적이 없거나 기능이 유사힌 것을 통폐합대상으로 분류한 것으로 보인다. 분쟁조정의 실적이 적어 통폐합을 하게 되면 앞으로 조정기구가 폐지되지 않도록 실적을 올리려고 조정위원이 적극 개입하게 될 가능성이 높게 된다. 행정형 분쟁조정위원회는 당사자가 자기결정권을 갖고 합의를 도출하는 것을 조력하는 조정(*Mediation*)제도의 본래취지와 달리 운영되는 것이 지적되고 있다. 차제에 국가는 정부위원회의 통폐합차원을 넘어 민간 조정인을 양성하여 자율적으로 분쟁해결을 도모할 수 있는 민간형 분쟁조정기구의 법제화에 적극 나설 필요가 있다.

기본적으로 정부위원회는 위원장이 위원회의 운영과 관련하여서는 위원 중의 한 사람으로 역할을 하여야 한다. 그것을 넘어 위원장이 과도하게 개입하는 형태로 운영하는 것은 위원회 제도의 취지에 반한다. 위원회에서 결의된 사항임에도 부처의 장이 개입하여 위원회의 회의를 다시 개최하면서 의사결정을 변경하는 것은 법적인 규정이 없는 한 일사부재의 원칙에도 반하고 책임회피와 정당성 확보를 위하여 위원회를 의사결정의 들러리로 세우는 것이 된다.

정부위원회는 각 분야의 전문가를 위원으로 위촉하여 상호 토론을 통하여 집단적 지성에 의한 신중한 의사결정을 도출하는 기구이다. 따라서 해당 분야의 전문적 식견과 경험이 있는 위원이 위촉될 수 있도록 하고, 조정위원의 경우에는 조정교육을 받거나 조정능력을 갖춘 사람이 위촉되도록 할 필요가 있다.

다음으로, 정부위원회의 개혁과 관련하여 이명박 정부 출범시 인수위원회를 통해 무리하게 통합한 국민권익위원회의 개혁 방향을 전망해보기로 한다. 국민권익위원회는 부패방지, 고충민원 및 행정심판이라는 상이한 기능을 수행하는 '한지붕 3가족'의 기형적 통합형 위원회 조직이다. 국민권익위원회 기능 중에 고충민원은 옴부즈만(*Ombudsman*)의 일종으로 그 기능을 계속 관장하는 것이 바람직한지 본격적인 논의가 필요하다. 고충민원은 종래 대통령 소속인 국민고충처리위원회에 바탕을 두고 있으나 유럽 행정법상 '좋은 행정(*good Administration*) 원칙'을 지향하는 옴부즈만의 특성상 국회 소속으로 하는 것도 무방하다. 부패방지와 고충민원은 상호 이질적이고 부패방지는 국민의 권익구제와 직접 관련이 없어 고충민원과 통합하여 국무총리소속의 국민권익위원회에서 관장하는 것이 타당하지 않기 때문이다.

이와 함께 중앙행정심판업무는 종래대로 법제처로 이관하는 것이 바람직하다. 중앙행정심판위원회는 종래 법제처장이 위원장이 되었으며 법제처 공무원의 순환보직을 통하여 행정심판업무와 법제업무의 연계성을 확보할 수 있는 장점이 있었다. 국민권익위원회에서 중앙행정심판기능을 관장한다고 해서 고충민원과의 시너지효과가 나타나거나 행정심판위원회의 독립성이나 중립성이 신장되는 것도 아니다. 중앙행정심판위원회의 소속을 법제처로 이관하는 법률안이 국회에 제출된 바도 있지만 행정심판법 제59조에서 불합리한 법령 등의 개선에 관한 규정이 있다. 이를 효과적으로 수행할 수 있는 기관은 국민권익위원회 보다는 법령심사를 맡고 있는 법제처가 적임 기관이라고 본다.

끝으로 정부위원회의 방만한 설치로 인한 '위원회 공화국'의 오명(汚名)을 벗기 위한 정부의 입법적 노력은 계속되어야 한다. 이에 더해 행정소송과 행정심판 등의 사후적 행정구제 보다는 행정기관에서 사실조사를 객관적으로 하고 충실한 이유를 제시하는 등 좋은 행정에 초점을 맞추는 영국 행정법상 개념인 '행정적 정의(*Administrative Justice*, 行政的 正義)'의 제도화를 벤치마킹할 필요가 있다.

(출처: 법률신문 법신논단, 2022.10.31.)

7 행안부 내에 경찰 민주적 통제 위한 부서 필요

국가체의 발전을 위해 정치와 행정의 적정한 거리유지와 상호 협력이 절실히 필요하다. 권부(權府)인 청와대 중심의 '정치우위적 예속행정'이 지속되어 행정각부를 통한 책임행정이 제대로 실현되지 못하였다. 윤석열 정부에서 청와대 민정수석이나 치안비서관을 통하여 경찰을 직접 통제하던 관행을 차단한 것은 의미있는 진전이다. 이에 따라 행정안전부는 직제를 개정하여 경찰업무부서를 신설하고, 현재 기획재정부 등 7개 부처에서 제정하여 운영하고 있는 소속청장에 대한 지휘규칙을 법령으로 제정하는 등 경찰에 대한 통제장치를 모색하고 있는 것으로 보도되고 있다.

그런데 정부조직법을 개정하지 아니하고 대통령령인 직제 개정으로 행정안전부내에 경찰업무부서를 설치할 수 있는지, 소속청장에 대한 지휘규칙을 행정안전부령으로 제정할 수 있는지 논란이 야기되고 있다. 정부조직법 제34조 제5항에서 치안사무를 행정안전부장관 소속의 경찰청을 통해 관장하도록 되어 있고 경찰법과 경찰공무원법의 관련 규정에 비추어 정부조직법을 개정하여야 행정안전부 내에 경찰업무부서를 둘 수 있는 것은 아니다. 따라서 현재의 비직제기구인 치안정책관을 직제상 기구로 재편하면서 경찰업무부서를 대통령령인 행정안전부와 그 소속기관 직제를 개정하여 설치하는 것은 법리적으로 문제될 것이 없다. 또한 헌법 제95조에 따라 행정안전부장관은 소관사무에 관하여 상위법령의 위임이나 직권으로 부령의 제정권이 있고, 정부조직법 제7조에 근거하여 중요 정책 수립에 관하여 경찰청장을 직접 지휘할 수 있도록 되어 있으므로 소속청장인 경찰청장에 대한 지휘규칙의 제정도 법리적으로나 법정책적으로 무리가 없어 보인다.

지난 정부 검찰 개혁이라는 미명하에 검경수사권 조정과 더불어 이른바 검수완박법의 제정으로 검찰의 수사권한이 경찰로 대폭 이양되어 경찰의 권한이 크게 확대되었다. 2024년 국가정보원의 대공수사권까지 이양되면 경찰은 공룡과 같은 무소불위의 권력기관이 될 수도 있다. 따라서 행정안전부 내에 경찰을 적정하게 제어할 수 있는 기구를 두어 대처하지 않으면 수사지연 등 국민의 인권이 방치될 위험성이 있다. 현재 경찰통제기구로 기능하는 우리의 국가경찰위원회는 연방내무부(*BMI*)의 직할하에 두고 4,300명의 직원(*Mitarbeiter*)이 활동하는 독일의 연방경찰지휘부(*Bundespolizeipräsidium*)나 내각의 외국(外局)으로 그 위원장이 국무대신인 일본의 공안위원회(公安委員會)에 비추어 볼 때 그 역할과 지위가 매우 미흡한 실정이다.

행정안전부장관의 경찰에 대한 지원과 통제는 경찰의 책임성의 강화와 인권의 부당한 침해를 억제하기 위해 법령의 근거하에 이루어질 필요가 있다. 이러한 관점에서 행정안전부가 경찰행정의 고유한 영역에 대하여 지나치게 간섭하여 정치예속적 경찰로 전락시켜도 안 되지만 경찰조직을 민주적 통제가 미치지 않는 폐쇄적 관료조직이 되도록 방치해서도 곤란하다.

행정안전부장관이 그의 소속하에 있는 경찰청에 대한 적정한 지원과 통제를 위한 부서를 두려는 것을 과거 내무부 산하 치안본부로 회귀한다는 주장은 침소봉대(針小棒大)의 주장으로 읽힌다. 또한 이로 인해 경찰의 독립성이 침해될 우려가 있어 경찰업무부서를 행정안전부 내에 설치할 수 없다는 주장도 경찰은 검찰과 같은 준사법적 기구도 아니고 사법부와 같이 독립성이 요구되는 조직은 아니라는 점을 간과하고 있다. 경찰이 국민으로부터 신뢰받는 조직이 될 수 있도록 행정안전부 내에 경찰을 지원하고 적절히 제어할 수 있는 경찰업무부서가 마련되기를 기대한다.

(출처: 법률신문 법신논단, 2022.07.04.)

Ⅲ. 사법 영역

1 사법권의 독립과 사법행정상 직무감독간의 긴장관계

사법권의 독립이 보장되고 있는지 여부는 자유민주적 법치국가의 시금석이다. 우리 헌법 제101조 제1항에서 "사법권은 법관으로 구성된 법원에 속한다"고 규정하고 있다. 이러한 사법권의 개념 속에는 사법재판권 뿐만 아니라 사법행정권이 포함되어 있다고 보아야 할 것이다. 법원과 헌법재판소의 이원적 구조를 취하고 있는 우리 헌법체제에서는 법원의 사법권 개념속에 헌법재판소의 재판권과 행정권이 포함되지 않음은 물론이다. 법관의 독립은 공정한 재판을 보장하기 위한 제도적 장치로, 다른 국가기관으로 부터의 독립이나 사회적 압력단체로 부터의 독립이 문제되었다. 사법행정권의 남용의혹의 문제가 대두되면서 사법권의 독립과 사법행정상의 직무감독간의 합리적 관계설정이 중요한 의미를 가지게 되었다.

무엇보다 사법행정권은 재판을 합리적으로 수행하기 위한 봉사적 기능을 수행하기 위해 존재하는 것이다. 헌법기관인 법관은 국민으로부터 수탁 받은 권력이기 때문에 자의적으로 직무를 수행해서는 안된다. 국민에게 헌법상 재판청구권이 보장되므로 사법행정권에 기하여 불충실한 직무를 하는 법관에 대한 직무감독은 불가피하고, 이는 국가적 사법보장 의무를 충족하기 위하여 필요한 조치이다.

최근에 대법원장의 사법행정권 행사와 관련한 조응천 의원 대표발의 법원조직법 개정 법률안이 국회에 제출된 바 있다. 제안이유와 법원조직법 제44조 제3항 신설규정안의 내용을 살펴보면, 현행 법원조직법은 대법원장의 법관 인사와 관련하여 파견근무 및 겸임 등을 규율하고 있는데, 비위행위에 연루된 법관의 인사와 관련한 규정을 두고 있지 않고 있기 때문에 법관이 자신의 직무와 관련된 사건으로 기소되었음에도 재판업무 등 해당 직무를 수행할 수 있어 이러한 직무수행은 재판의 공정성을 저해하고 사법부에 대한 국민적 신뢰를 떨어뜨릴 수 있다는 지적이 있다. 따라서 위 개정 법률안에서는 대법원장으로 하여금 법관이 직무와 관련된 형사 사건으로 기소(약식명령이 청구된 자는 제외한다)되어 직무 집행의 공정성을 해할 우려가 있다고 인정하는 경우에는 기간을 정하여 다른 법원이나 연수·연구 등을 담당하는 대법원 소속의 사법연수원 등으로 전보를 명할 수 있도록 하는 장치를 둠으로써 재판의 공정성 및 사법부에 대한 국민적 신뢰를 제고하려는 것이다.

이와 같은 제도적 장치의 마련은 법관의 직무와 관련된 형사사건으로 기소되어 올바른 재판이 보장되지 않을 가능성이 높은 법관에 대한 적절한 사법행정권의 행사로 평가될 수 있다. 물론 이와 같은 규정의 신설이 우리 헌법 제105조 제1항에서 "법관은 탄핵 또는 금고 이상의 형의 선고에 의하지 아니하고는 파면되지 아니하며, 징계처분에 의하지 아니하고는 정직·감봉 기타 불리한 처분을 받지 아니한다"고 규정하고 있는 법관의 신분보장규정에 반할 위험성이 있는 것도 사실이다. 그러나 사법권의 독립은 법관이 수행하는 판결이나 이와 관련된 직무영역에 있어 개별적인 간섭이나 지시로부터 보호를 내용으로 하고 있는 것일 뿐, 위와 같은 대법원장의 사법행정권의 행사는 오히려 공정한 재판을 받고자 하는 국민을 위한 제도적 장치가 될 수 있다. 헌법이나 법원조직법에서 법관의 신분보장 등 법관의 독립성을 유지하기 위한 여러 가지 제도적 장치가 마련되어 있고, 직무관련 비위행위에 연루되어 형사기소된 법관에 대한 전보명령의 발령에 대하여는 징계처분과 다른 처분으로 보아야 하므로 위 헌법 조항에 배치되는 것은 아니라고 해석될 여지도 있고, 국민의 재판청구권의 실질적 보장을 위해 이와 같은 제도신설은 전향적으로 검토할 필요가 있다.

이와 관련하여 보다 근본적인 제도적 장치는 사법행정상 직무감독에 관한 명문의 규정을 법원조직법에 마련하는 것이다. 사법행정상 직무감독을 통하여 법관의 독립이 침해될 가능성이 있지만, 법관의 독립이 법관의 독선, 막말, 이념편향, 잘못된 업무처리, 부당한 판결지연 등을 보장해주는 신분상 특권은 아닌 것이다. 따라서 독일법관법 제26조상의 직무감독(*Dienstaufsicht*)과 같은 명문의 규정을 두어, 사법행정상의 직무감독상 조치가 법관의 독립성을 침해한다고 생각할 경우 해당 법관은 법관직무법원에 제소할 수 있도록 권리구제장치를 마련하여 법관의 독립과 사법행정상 직무감독간의 긴장관계를 입법적으로 해결할 필요가 있다.

무엇보다 법관은 법과 양심에 따라 재판업무를 적정한 시간에 최선을 다하여 적법하게 처리해야 한다. 법관은 자신의 신념을 판결이라는 이름으로 포장할 수 없다. 그 이유는 법관은 이성의 법칙에 따라 이념적 편향을 극복하면서 중립적 입장에서 법이 무엇인지 이를 선언하고 확인하는 기능을 수행하기 때문이다. 법원내 특정 학회출신 법관의 중용은 편파성이 있는 인사로서 과거 해체된 바 있는 군대내 하나회와 같은 사조직의 폐해를 야기힐 수 있다. 그런 의미에서 법관은 강단에서 강의하고 논문을 통해 자신의 학설을 주장하며 자유롭게 학회에 가입하여 학회활동을 하는 교수와 다르다는 점을 인식할 필요가 있다.

여권 일각에서 사법농단의 핵심 원인이 대법원장에게 집중된 제왕적 사법행정권과 판사의 관료화, 판사 서열화를 강화하는 인사구조 등 관료적 사법행정구조에 있다고 보고, 법관 관료화를 해소하는 제도적 개혁을 위해 심의·의결 권한을 가진 총괄기구인 사법행정위원회(가칭)를 설치해 대법원장에게 독점된 사법행정권을 분산시키는 내용의 법원조직법 개정법률안을 국회에 제출하여 국회 사법개혁특별위원회에서 논의하였으나 대법원의 의견과 달라 답보상태에 있다. 위 법률안은 단순히 심의·의결 권한만이 아니라 현행 법원조직법상 대법원장이나 법원행정처장에게 부여되어 있는 집행권한까지 사법행정위원회에 이관하며 대법원장은 사법행정위원회의 의장으로서의 지위를 가지도록 개정하는 내용이다. 일부 권한 사항을 대법원장에 남겨두고 나머지 사항을 총괄기구인 사법행정위원회에서 관장하되, 그 위원을 법관 위원과 비법관 민간위원 중 민간위원의 다수로 구성하며 대법원장이 위원장이 되는 기구로 만들려고 하고 있다. 그러나 우리 헌법에 명문의 규정이 없는 상황에서 사법행정회위원회라는 의결 및 집행적 성격을 띠는 총괄기구를 두는 것은 헌법상 보장된 대법원장과 대법관회의의 의사결정체계를 변경하는 것으로 법원조직법의 개정만으로는 곤란하고 헌법개정이 선행되어야 한다.

김명수 대법원장은 사법개혁이라는 명분하에 법원조직법 통과 이전 단계에서 사법발전위원회의 건의를 바탕으로 사법행정자문회의를 2019. 9. 9. 출범시켰다. 이는 2019. 8. 19. 사법행정자문회의 규칙(대법원규칙 제2857호)의 제정·공포에 기초하고 있다. 이와 같은 대법원장 상설자문기구인 사법행정자문회의 설치의 법적 문제점에 대하여는 금년 8월에 발간된 인권과정의 제483호 시론에서 필자가 이미 밝힌 바 있다. 재차 강조하지만 법원조직법을 조속히 개정하여 대법원장에게 집중된 사법행정권을 분산하는 것이 올바른 개혁방향이라고 할 것이다. 현재 대법원장 자문기구인 사법행정자문회의 민간인 위원을 이찬희 대한변협회장 등 비교적 중도적 인사로 충원하여 특별한 우려가 없지만, 앞으로 법률개정을 한 후에 이념 편향의 비법관인 민간인이 다수 참여하여 심의·의결할 경우 사법부에 대한 민주적 통제라는 미명하에 사법이 정치적으로 흔들릴 수 있는 위험성이 있다고 할 것이다. 사법행정회의를 통한 의사결정은 대법원장의 실질적 권한 분산이 없는 상태에서 대법원장의 책임분산으로 이어져 오히려 사법권의 독립을 훼손할 여지가 있다.

법원조직법 개정 이전이라도 대법원장의 권한을 고등법원장 등 각급법원장으로 분산하는 것이 필요하다. 법원조직법 제9조 제2항에 따라 대법원장의 사법행정사무의 지휘·감독권한의 일부를 법원행정처장이나 각급법원장에게 위임하는 방식으로 해결하는 것도 가능하다. 사법의 정치화로 인한 사법농단이 문제라면 사법의 비정치화의 길에서 그 해결책을 찾는 것이 정석(定石)이다. 사법의 민주화라는 구실로 사법의 정치화가 재연될 위험성이 있다. 사법부가 올바른 역할을 하기 위해서는 사법부가 본래의 기능에 충실하게 독립적으로 운영될 필요가 있다. 사법부가 여론이나 정치권으로부터 독립하여 국민으로부터 수탁받은 제3의 중립적 권력 기관으로 분쟁을 공정하고 효율적으로 처리하고 위법한 공행정을 통제하는 기관으로 다시 태어날 필요가 있다. 이러한 점에서 법관의 독립은 재판과정에 지시와 간섭의 배제를 통한 재판의 공정성 확보장치이고, 법관의 독점적 지위를 보장해 주는 것이 아니라는 것을 간과해서는 안 될 것이다.

(출처: 인권과 정의 통권, 제486호[2019/12])

2 이유없는 판결은 판결인가

"법관은 판결문으로 말한다"는 법률격언이 있다. 판결이유는 결론에 이른 법적 추론 과정의 표출을 통하여 분쟁 당사자를 구속하거나 설득하는 권위(*authority*)를 갖는다. 그런데 '소액사건심판법'과 '상고심절차에 관한 특례법'의 규정에 터잡은 이유기재가 없는 판결문으로 인해 법원의 권위 실추와 사법 불신이 초래되고 있다. 이와 같은 이유 없는 판결은 사법의 야만성과 후진성을 드러내는 것이다.

대법원은 2017년 1월부터 소송 목적의 값이 3000만원을 초과하지 않는 사건을 소액사건으로 처리하고 있다. 그 금액이 소액인지도 의문이지만, 법률로 정해야 할 의회유보사항임에도 대법원규칙인 '소액사건심판규칙'에서 소액사건의 범위를 정하도록 위임한 국회도 문제이다. 독일과 일본은 법률에서 그 금액을 정하고 있으며, 독일은 750 유로(약 1000만원), 일본은 간이법원이 관할하는 사건은 소가가 140만엔(약 1400만원) 이하의 사건이지만 소액소송은 60만엔(약 620만원)이하의 금전지급청구를 목적으로 하는 소에 한정된다.

이러한 관점에서 여당의 국회의원이 발의한 '소액사건심판법' 개정안 중 소액사건에서 판결서에는 이유를 기재하지 아니할 수 있는 조항을 삭제하는 안과 특별한 사유가 없는 한 판결이유를 기재하도록 하는 안을 심도 있게 논의할 필요가 있다. 왜냐하면 판결이유의 기재를 생략할 수 있는 조항의 삭제나 원칙적으로 판결이유를 기재하도록 할 경우 제1심 법관의 업무량 급증이 초래되기 때문이다. 따라서 소액사건의 경우 필요적 조정전치주의 도입과 민간형 조정기구의 설치 등 법원의 업무부담을 획기적으로 경감하는 방안을 함께 연계하여 검토할 필요가 있다.

우리 헌법은 제1조 제2항에서 '대한민국의 주권은 국민에게 있고, 모든 권력은 국민으로부터 나온다'고 규정하고 있다. 소송물 가액 3000만원 이하인 민사사건에서 판결이유를 기재하지 않아도 되는 것이 정녕 국민을 위한 것인지를 되묻지 않을 수 없다. 법원에서 패소 판결을 받은 당사자가 이에 불복하여 다투려면 판결 이유를 알아야 하는 것은 너무도 당연하다. 사법절차에 속하는 재판은 결론만 도출하면 되는 것이 아니라 법을 적용하고 해석하여 올바른 법이 무엇인가를 선언하고 발견하는 과정인 것이다. 당사자가 그 이유도 제대로 알 수 없는 판결을 법원의 재판이라는 이유로 정당화될 수는 없다.

따라서 앞으로 '소액사건심판법'에서 소액사건의 범위를 명확히 규정하고, 당사자가 간이절차를 선택하는 경우에는 단심으로 종결하는 방안을 강구하여 상급법원의 사건처리 부담을 경감할 필요가 있다. '상고심절차에 관한 특례법'에 의한 심리불속행으로 이유 없이 상당수의 사건이 종결되는 것을 생각하면 대법관은 특정 사건에서 사건의 본질과 무관한 부수적 의견인 방론(傍論, *obiter dicta*)의 작성을 자제할 필요가 있다. 대법원은 제1심 법원과 제2심 법원의 판결의 결론이 다른 경우 국민의 알권리 측면에서 어느 판결이 타당한지 주된 판결이유(*ratio decidendi*)를 제시하여 판결의 결과에 승복하는 문화를 정착시킬 필요가 있다.

(출처: 법률신문 서초포럼, 2021.12.23.)

3 대법관 증원론

대한민국 건국 이후 사법부는 민주공화국의 기초를 튼튼히 하면서 국민의 권리구제와 기본권 신장을 위한 소임을 충실히 수행해 왔다. 그러나 대법원에 2015년 이래 매년 4만건 이상의 본안사건이 접수되고 있고, 2020년 한 해 동안에만 4만 6231건의 본안사건이 접수되어 3만 8890건을 처리한 바 있다. 그런데 4건 중 3건 가량을 판결이유 없는 심리불속행으로 처리함에 따라 대법원은 상고심으로서 국민의 권리구제에 있어서 충실하지 못하고, 법해석의 통일이라는 최고법원의 역할도 제대로 수행하지 못하고 있어 국민적 사법불신이 극에 달하고 있다.

이러한 관점에서 상고제도 개선 방안의 하나로 대법관의 수를 48명으로 증원하되, 개정안 부칙 단서에 34명의 대법관 증원을 공포한 날부터 3년의 시한을 두고 매년 12명(3년차에는 10명)씩 증원하는 것을 주된 내용으로 하는 여당의원이 발의한 법원조직법 개정안이 국회에 계류 중에 있다. 다음과 같은 문제점이 지적될 수 있다.

첫째, 대법관이 대폭 증원되면 임명과정에 국회나 정당의 정치적 영향력이 작용하여 대법원은 국민으로부터 수탁받은 중립적 제3권력이 아니라 이념적 편향성을 드러내는 정당사법(政黨司法)이 될 수 있다.

둘째, 대법관의 증원으로 인한 상고심 재판에 대한 기대상승으로 대법원은 그야말로 권리구제를 위한 사건처리의 종말 처리기관으로 전락할 수 있다.

셋째, 대법관의 임명시 인사청문회와 국회 동의절차를 거쳐야 하므로 경륜과 전문성을 갖춘 다양한 분야의 적임자를 충원하기가 용이하지 않다.

넷째, 대법관이 큰 폭으로 늘어나면 통일적 법 해석은 어려워지고 집단적 지성에 의한 합의체에 의한 판결이 아니라 재판연구관에 의존하는 1인의 대법관에 의한 판결과 재판불신의 진앙지인 심리불속행제도가 그대로 지속될 가능성이 있다.

다섯째, 대법관의 총 인원을 48명으로 할 경우 물리적으로 전원합의체를 구성하기 어려워지고, 장관급 대법관의 대량 증원에 따르는 하급심의 부실화와 과도한 사법비용을 유발시킬 수 있다.

이러한 관점에서 대법관을 4인 규모의 소폭 증원을 통하여 독일 연방헌법재판소의 경우처럼 독립된 관할과 권한을 가진 8인으로 각각 구성된 공법재판부와 사법재판부의 *Two bench*로 구성하고, 동일한 쟁점에 대하여 서로 다른 의견으로 법적 평가를 달리하는 경우에는 전체 대법관이 참여하는 전원합의체에서 법해석의 통일을 모색하는 방안을 강구할 필요가 있다.

한나라의 모든 정책과 제도는 바람직한 긍정적 측면이 있고 예상하지 못한 부작용과 역기능이 있게 마련이다. 따라서 대법관을 일부 증원하되, 상고제도의 개선 효과가 있는지를 중간 점검하기 위해 법원조직법의 부칙에 제도 시행 후 5년이 지난 시점에 국회에서 검토하는 시스템을 마련하는 것이 바람직하다.

대법원은 국민으로부터 신뢰받는 대한민국 최고법원의 위상을 견지할 필요가 있다. 따라서 대법관의 소폭 증원과 고등법원 상고허가제나 상고심사제를 결합하는 국민을 위한 사법시스템이 조속히 법제화되기를 기대한다.

(출처: 법률신문 서초포럼, 2022.01.17.)

4 재판지연과 입법대책

조선시대 재판지연은 체송(滯訟)이라고 하였고, "지체된 정의는 정의가 아니다(*Justice delayed is Justice deneid*)"라는 서양의 법언이 있다. 이처럼 재판지연은 동서고금(東西古今)의 중요한 사회문제이다.

재판은 공정성과 신속성을 그 핵심적 가치로 한다. 헌법 제27조 제3항에서 "모든 국민은 신속한 재판을 받을 권리를 가진다"고 규정하고 있다. 그러나 재판지연으로 인해 신속한 재판의 이념은 헌법의 장식적 문구로 전락하고 있다. 재판의 처리 기간이 늘어나게 되면 소송당사자의 불안정한 삶이 지속되고 사법비용이 늘어나며 사법 불신의 원인으로 작용한다.

전국 법원에서 민사소송의 경우 2년 안에 제1심 판결이 나오지 않은 이른바 '장기 미제'사건의 비율이 최근 5년간 약 3배로 증가하였고, 민사합의부의 경우 소제기일로부터 150일이 되어야 비로소 최초 기일이 잡히고 있다는 언론보도 기사는 재판지연의 심각성을 단적으로 보여주고 있다. 전국의 배석판사들이 주당 3건의 판결문만을 작성하겠다는 암묵적 담합에 관한 언론보도를 접하면서 그것이 사실이라면 사법행정상 직무감독의 적정한 행사를 통한 시정이 요망된다.

소송사건이 법원에서 적기에 처리되지 않고 누적될수록 사법적 정의의 실현이 지체되므로 재판지연을 최소화하고 헌법상 신속한 재판받을 권리의 실현을 위한 입법대책은 다음과 같다.

첫째로, 법원조직법을 개정하여 법관에 대한 실적제에 의한 인사관리시스템 마련과 사법행정상 직무감독권의 명문화가 필요하다. 국민을 위하여 신속하고 공정한 재판을 하는 우수한 법관이 법원의 조직 내에서 승진하고 보상받는 실적제에 기반한 인사 관리시스템을 조속히 마련할 필요가 있다. 아울러 사법권의 독립을 훼손하지 않으면서 사법행정의 감독권 행사를 규율하고 있는 독일 법관법(*DRiG*; *Deutsches Richtergesetz*)과 같은 법관의 직무범위와 한계에 관한 법률의 제정을 검토할 단계이다.

둘째로, 재판지연에 대한 제재수단을 마련할 필요가 있다. 민사소송법 제199조에서 소제기일부터 5월 이내의 판결선고기간이 규정되어 있다. 이 규정을 훈시규정으로 보아 법원이 이를 지키지 않아도 아무런 법적 효과가 없는 것은 문제이다. 이와 관련하여 헌법재판소가 민사소송법상 판결선고 기간 내에 판결을 선고해야 할 법률상 의무가 없다고 판시하고 있으나, 국민의 법감정에 비추어 앞으로 국민과 동일하게 법원도 그 기간을 지켜야 하는 법률상 의무규정으로 성격전환을 모색할 필요가 있다. 이를 위해 법률상의 판결선고기간을 재조정하되, 엄격한 강행규정으로 하게 되면 오히려 재판의 졸속이 초래되므로 정당한 사유와 같은 예외규정을 둘 필요가 있다. 이러한 전제하에 독일 법원조직법(*GVG: Gerichtsverfassungsgesetz*) 제198조에서 규정하는 바와 같이 소송절차의 당사자가 부당한 소송기간의 결과로 불이익을 입은 경우 지연기간에 상응하는 적정한 보상제도의 도입도 하나의 대책이 될 수 있다.

셋째로, 다양한 형태의 법관제도 도입을 모색할 필요가 있다. 법원은 재판절차를 통해 사법적 정의를 실현하고 국민의 권리를 구제한다. 국민을 위한 신속한 재판을 보장하고 효율적 권리구제 장치가 되도록 제도개선을 강구하지 않는 것은 법원의 책무 방기에 속한다. 산적한 사건 처리를 위해 대법관의 증원과 하급심 법관의 대폭 증원이 필요하다. 최근 대법원의 2023년 경력변호사 로클럭 선발계획은 우회적 임시처방으로 시니어판사 등 새로운 형태의 법관제도 도입이 바른 길이다.

끝으로 *ADR*(대체적 분쟁해결제도, *Alternative Dispute Resolution*) 법의 제정이 시급하다. 법무부는 *ADR*법 제정을 주도하여 중재와 함께 민간조정을 활성화할 필요가 있다. 조정인의 도움을 통하여 소송 전 단계에서 당사자간에 자율적으로 합의하여 분쟁을 원만히 해결하여 법원에 과도하게 소송사건이 몰리지 않도록 사전예방적 분쟁 해결시스템을 새롭게 구축할 단계이다. 왜냐하면 법원이 민사사건의 분쟁 해결을 독점하는 시대는 지났기 때문이다. 사법에 대한 국민적 불만의 원인으로 작용하는 재판지연을 극복하고 효율적인 분쟁 해결을 위해 *ADR*의 법제화에 국가가 적극적으로 나설 때이다.

(출처: 법률신문 법신논단, 2022.08.15.)

5 헌법개정이 전제되지 않는 사형(死刑)폐지의 위헌성

Ⅰ. 머리말

사형은 인간존재의 근원이 되는 생명 그 자체를 영원히 박탈하는 가장 중한 형벌의 일종이다. 이러한 사형의 집행은 형벌권을 독점하고 있는 국가에 의한 '합법살인' 또는 '제도살인'이라고 지칭하기도 한다.

사형수는 다모클레스(*Damokles*)의 칼처럼 하루하루 언제 집행될지 모르는 불안한 삶을 이어가고 있다. 흉악범죄자 스스로가 자초한 범죄에 대한 책임과 대가이므로 그 자체가 사형제도 존치가 갖는 불가피한 현상이라고 할 수 있다.

그럼에도 불구하고 국제엠네스티 등 각종 *NGO*단체들이 각국의 사형제도를 폐지하기 위한 운동을 벌이고 있다. 전세계적으로 70퍼센트의 국가는 사형을 집행하지 않는다.

그러나 이러한 사형 미집행 국가 중에 미국, 일본, 싱가포르와 대만 등은 이에 포함되어 있지 않다. 유엔총회는 2007년 12월 18일 결의를 통해 사형집행을 계속하는 국가에 대하여 사형집행을 받은 자의 수를 감소하고 사형제도 폐지를 향해 사형집행의 일시적 정지를 촉구하고 있다.

아울러 2016년 12월 19일 유엔총회는 사형제도를 유지하는 모든 국가에 대하여 '사형제도 폐지를 위한 사형집행 중단'을 촉구하는 결의안을 채택하였다. 이러한 유엔총회의 일련의 결의는 법적 구속력이 없다.

사형집행을 인도적 측면에서 잠정적으로 하지 않는 것과 사형제도를 완전히 폐지하는 것은 또 다른 문제이다. 한 나라의 형벌제도로서 사형의 존치여부는 범죄에 걸맞는 책임과 형벌에 대한 사회적 합의인 것이다.

우리나라의 경우에도 김영삼 정부 말기인 1997년 12월 30일 23명의 사형수를 사형집행한 이래 2023년 6월 기준으로 사형선고를 받고 집행되지 않은 사형수는 모두 59명이다. 올 연말 기준 30년을 넘겨 수감 중인 사형수도 있다. 극형(極刑)의 일종인 사형이 형법 등 각종 법률상의 제도로 존치하고 있음에도 국가가 이를 집행하지 않는 집행부전(*Vollzugsdefizit*)의 현상이 오래 지속되고 있다.

Ⅱ. 사형제도 찬성론과 폐지론

1. 양측 주장의 대립

사형제도 찬성론과 사형제도 폐지론의 문제가 형사사법정책의 문제라면, 사형제도가 위헌인가 합헌인가의 문제는 헌법적 쟁점에 속한다. 국민의 압도적 다수는 사형제도 찬성론을 견지하고 있다.

이론적으로 사형제도 폐지론과 사형제도 찬성론이 나름대로 논거를 갖고 팽팽히 맞서고 있다. 사형제도 폐지론자들은 기본적으로 사형제도가 갖고 있는 비인도적 측면과 오판가능성, 세계적인 추세를 강조하는 반면, 사형제도 찬성론자들은 국민감정, 사형의 형벌로서의 위하력과 범죄억제 효과, 응보적인 정의, 피해자 감정의 해소, 흉악범죄자의 재범가능성의 원천제거 등을 논거로 한다.

사형제도에 대한 찬반론은 그동안 우리사회를 뜨겁게 달구어온 사회적 논쟁에 속한다. 필자는 사형제도의 찬성론 내지 존치론, 보다 정확히 말하면 사형제도 폐지 위헌론의 관점에서 논의를 전개하기로 한다.

2. 사형제 폐지론의 오판가능성과 이에 대한 반론

사형제 폐지론 중에 오판가능성과 이로 인한 불가역성의 문제점 지적은 설득력이 없지 않다. 그 이유는 기본적으로 재판은 사람이 형사재판 절차의 특성상 잘못하여 범인이 아닌 무고한 사람을 처벌할 가능성을 부정할 수 없기 때문이다.

그러나 법의학과 과학기술의 발전에 따른 과학수사에 따라 사법 시스템이 오작동할 가능성은 크게 줄어들고 있는 것이 현실이다. 복잡한 현실에서 절차를 통한 정당성을 인정하여야 한다. 한정된 시간과 자원을 활용하여 신속한 재판을 도모하여야 하는 형사재판에 있어 오판의 가능성으로 인해 삼심제와 재심제도 등을 마련한 것이다.

헌법재판소도 "오판가능성은 사법제도의 숙명적 한계이나 사형이라는 형벌제도 자체의 문제로 볼 수 없으며 심급제도, 재심제도 등의 제도적 장치 및 그에 대한 개선을 통하여 해결할 문제이지, 오판가능성을 이유로 사형이라는 형벌의 부과 자체가 위헌이라고 할 수는 없다"고 적절히 판시한 바 있다.

이처럼 오판가능성의 문제는 1970년대 말 한국사회를 떠들썩 하게 한 사형수 오휘웅 사건에서 보는 바와 같이 이는 정당한 우려에 해당한다. 그러나 당시와는 비교할 수 없을 정도로 영장주의와 엄격한 증거법칙의 채용, 수사절차와 공판절차에 있어 정당성을 확보하도록 하고 있다. 대책없이 사형제도를 폐지하기 보다는 공정하고 적정한 수사절차와 재판절차의 확보를 위한 법제도 개선에 가일층 노력을 집중할 필요가 있다.

3. 사형제 찬성론의 논거

가. 사형제가 폐지될 경우 사적 해결로 인한 사회불안

사형제의 찬성 논거 중의 하나는 고도의 흉악범에 대하여 형법상 규정하고 있는 사형이라는 형벌을 부과하거나 집행하지 못하게 되면, 피해자의 복수심리를 국가의 형벌로 대체하는 것이 아니라 사적으로 해결하려고 한다. 복수(復讐)는 연기된 보복이다. 따라서 시간의 경과에 따라 보복의 내용이 증폭되기도 하고 감소되기도 한다. 이러한 사적인 제재를 통한 피해자의 복수심의 해소는 사회적 불안과 또 다른 새로운 범죄자를 만들어 낼 수 있다.

나. 흉악범죄에 대한 억지력

사형에 고유의 범죄억지력이 증명되지 않았다는 주장도 있다. 그러나, 비록 사형의 범죄 억지력을 과학적, 통계적으로 증명하는 것은 곤란하더라도 사형은 다른 형벌과 비교하여 특수성이 있다. 사형제도의 존치는 실제적 집행여부는 차치하고 그것이 집행될 수 있는 가능성이 있다는 사실만으로 국민의 규범의식의 유지에 유용하게 작용하여 흉악범죄를 억제하는 잠재적 효과가 있을 수 있다.

그 이유는 사형제도가 법대로 집행되어 자신의 생명이 단절될 수 있는 가능성이 있다는 시그널은 잠재적인 흉악범죄자들이 범죄행위로 나아가는 것을 단념시킬 수 있기 때문이다. 이처럼 중대한 흉악 범죄를 저질렀을 경우에 자신의 소중한 생명이 국가로부터 박탈될 수 있다는 두려움은 범죄를 억제하는 강력한 수단이 될 수 있다.

다. 응보적 정의 실현

형벌의 목적은 응보적 정의를 달성하는데 있다. 국가가 인간이기를 거부한 흉악한 범죄자에 대하여 온정주의에 따라 관대한 처벌을 하게 되면 사법적 정의가 무너지는 결과가 된다. 이와 같은 응보적 정의는 '눈에는 눈, 이에는 이 (*Auge um Auge, Zahn um Zahn*)'와 같은 동해보복(同害報復)의 사상에 뿌리를 두고 있다.

사형은 종종 가장 끔찍한 범죄에 대한 적절한 형벌로 간주되어 피해자 유족의 피해감정을 위무하고 범죄자에 대한 적법절차를 통한 강력한 처벌을 통해 사회적 경각심을 높일 수 있다. 억울하게 사망에 이르게 된 피해자에게 도덕적 질서의 균형을 회복하고, 인과응보(因果應報)의 원리에 따라 가해자도 상응하는 업보를 받아야 마땅하다고 할 수 있다.

라. 흉악범죄자 사회복귀의 원천 차단

사형은 범죄자의 생명을 박탈하는 것이므로 흉악한 범죄자를 사회로부터 영구히 분리하여 재범가능성을 완전히 절연하는 효과가 있다. 이러한 견해에 대하여 사형에 대체하여 가석방이 허용되지 않는 절대적 종신형을 통하여 그 목적을 달성할 수 있다는 반론이 제기되기도 한다.

그러나 사형에 대체하여 절대적 종신형의 성격을 띠는 무기징역형으로 변환되어 사형제도가 폐지되고 가석방이 허용되지 않는 종신형으로 될 경우 그 자체가 또 다시 위헌론의 공방으로 전환되어 국제규범상 종신형에 있어서 특별감형제도 창설 요청이 거세게 일어날 수 있다. 이렇게 될 경우 극단적인 경우를 상정하는 것이기는 하지만 흉악범죄자가 다시 교도소를 걸어나와 사회로 복귀할 가능성과 위험성을 전혀 배제할 수 없다.

Ⅲ. 사형제와 헌법적 쟁점- 사형제의 위헌논의

1. 2차례 합헌결정

헌법재판소는 사형제에 관하여 그동안 2차례의 합헌결정을 내렸다. 먼저 헌법재판소는 1996년 11월 28일 형법 제250조 등 위헌소원 사건에서 "생명권에 대한 제한은 곧 생명권의 완전한 박탈을 의미한다 할 것이므로, 사형이 비례의 원칙에 따라서 최소한 동등한 가치가 있는 다른 생명 또는 그에 못지 아니한 공공의 이익을 보호하기 위한 불가피성이 충족되는 예외적인 경우에만 적용되는 한, 그것이 비록 생명을 빼앗는 형벌이라 하더라도 기본권의 본질적 내용의 침해에 해당되는 것으로 볼 수 없다"는 취지로 밝히면서 "인간의 생명을 부정하는 등의 범죄행위에 대한 불법적 효과로서 지극히 한정적인 경우에만 부과되는 사형은 죽음에 대한 인간의 본능적 공포심과 범죄에 대한 응보욕구가 서로 맞물려 고안된 '필요악'의 측면에서 정당화될 수 있다. 따라서 사형은 헌법상의 비례의 원칙에 반하지 아니하고 우리의 헌법질서에 반하는 것은 아니다" 라는 취지로 판시하였다.

다음으로, 헌법재판소는 2010년 2월 25일 형법 제41조 등 위헌제청 사건에서 "사형은 무기징역형 등 자유형보다 더 큰 위하력을 발휘함으로써 가장 강력한 범죄억지력을 가지고 있고, 극악한 범죄의 경우에는 무기징역형 등 자유형의 선고만으로는 범죄자의 책임추궁이 미흡하고 피해자들의 가족 및 일반국민의 정의관념에도 부합하지 못한다"고 판시하면서 "사형제도에 의하여 달성되는 범죄예방을 통한 무고한 일반국민의 생명보호 등 중대한 공익의 보호와 정의의 실현 및 사회방위라는 공익은 사형제도로 발생하는 극악한 범죄를 저지른 자의 생명권이라는 사익보다 결코 작다고 볼 수 없을 뿐만 아니라, 다수의 인명을 잔혹하게 살해하는 등의 극악한 범죄에 대하여 한정적으로 부과되는 사형이 그 범죄의 잔혹함에 비하여 과도한 형벌이라고 볼 수 없다."고 판시하였다. 나아가, 헌법재판소는 "사형제도는 극악한 범죄를 저지른 자에 대하여 그 중한 불법 정도와 책임에 상응하는 형벌을 부과하는 것으로서 범죄자가 스스로 선택한 잔악무도한 범죄행위의 결과로서 범죄자를 오로지 사회방위라는 공익추구를 위한 객체로만 취급함으로써 범죄자의 인간으로서의 존엄과 가치를 침해한 것으로 볼 수 없고, 사형을 선고하거나 집행하는 법관 및 교도관 등이 인간적 자책감을 가질 수 있다는 이유만으로 사형제도가 법관 및 교도관 등의 인간으로서의 존엄과 가치를 침해하는 위헌적인 형벌 제도라고 할 수는 없다"는 취지로 합헌결정을 내린바 있다.

2. 헌법상 사형 관련 규정

우리 헌법 제12조 제1항 후문 후단에서는 "누구든지 법률과 적법한 절차에 의하지 아니하고는 처벌·보안처분 또는 강제노역을 받지 아니한다"라고 규정하고 있다. 여기에서 처벌에는 징역, 금고 등과 함께 사형도 당연히 포함된다. 그렇다면 반대해석상 법률과 적법절차에 의하면 형사처벌의 일종인 사형을 부과할 수 있다는 논리가 가능하다. 아울러 우리 헌법 제110조 제4항에서 비상계엄하의 군사재판을 단심으로 할 수 있으나, 그 조항 단서에서 " 다만 사형을 선고한 경우에는 그러하지 아니하다"고 명문으로 사형제도를 상정하고 있다.

이와 관련하여 헌법재판소는 "헌법 제110조 제4항은 법률에 의하여 사형이 형벌로서 규정되고 그 형벌조항의 적용으로 사형이 선고될 수 있음을 전제로 하여, 사형을 선고한 경우에는 비상계엄하의 군사재판이라도 단심으로 할 수 없고 사법절차를 통한 불복이 보장되어야 한다는 취지의 규정으로, 우리 헌법은 문언의 해석상 사형제도를 간접적으로나마 인정하고 있다."고 적절히 설시하고 있다. 이와 같이 우리 헌법은 사형제도를 전제로 하고 있고 헌법상 처벌의 일종으로서 사형제도를 염두에 두고 있는 상황에서 형법 등에 규정된 사형제도를 폐지하고 사형을 일괄적으로 형벌의 종류에서 제외하려면 헌법개정이 선행되어야 한다고 본다.

3. 독일과 일본의 사례

독일의 헌법에 해당하는 기본법(*GG*) 제102조에서 "사형은 폐지되었다 (*Die Todesstrafe ist abgeschafft*)"라고 규정하고 있다. 그러나 독일의 경우에도 기본법 제102조를 개정할 수 있는지, 즉 사형제도를 다시 도입할 수 있는지에 대한 논의는 항상 열려있다. 어떤 경우에도 국제법상 우려를 도외시 한다면 독일의 기본법 제146조에 입각한 완전히 새로운 헌법에서 사형제도의 부활이 불가능한 것은 아니다. 다만, 현재 독일의 다수 국민이 사형제도의 부활을 원하고 있지 않고 있을 뿐만 아니라 사형제 폐지 관련 국제규약에 가입하고 있는 실정이다.

일본의 경우 헌법 제36조가 잔학한 형벌을 절대로 금지하는 취지이고, 형법상 사형제를 두고 있는 규정은 헌법 제13조의 생명권 침해로 헌법위반이라는 주장이 제기된 바 있다. 이러한 위헌주장과 관련한 사형제 위헌여부와 관련된 판결에서 일본 최고재판소는 1948년 3월 12일, 1955년 4월 6일 그리고 1983년 7월 8일 3차례 사형제도는 합헌이라는 판결을 선고하였다.

아울러 일본의 경우 최근까지 법무대신에 의하여 사형을 실제로 집행하고 있다. 그럼에도 일본의 경우에는 100명이 넘는 집행되지 않은 사형수가 일본의 교도소에 수감되어 있다. 일본 최고재판소는 1983년 7일 8일 사형의 적용기준과 관련하여 "법행의 죄질, 동기, 태양 특히 살해의 수단방법의 집요성·잔학성, 결과의 중대성 특히 살해된 피해자의 수, 유족의 피해감정, 사회적 영향, 범인의 연령, 전과, 범행 후의 정상 등 제반정상을 함께 고찰하였을 때 그 죄책이 지극히 중하여 죄형의 균형의 견지에서도, 일반예방의 견지에서도 극형이 어쩔수 없는 경우에는 사형의 선택도 허용되는 것이다"라는 취지로 판시하고 있다.

참고적으로 미국의 경우에도 사형제를 합법적으로 유지하고 있으며 여러 주에서 사형이 최근까지 집행되기도 하였다. 이처럼 사형제도에 관하여는 각국이 처한 범죄의 실정과 국민의 법감정, 각국의 문화수준에 따라 다른 입장을 보여주고 있다. 그러나 우리나라의 경우에는 고도의 흉악범과 같은 천인공노할 범죄자의 경우에는 인간이기를 포기한 것이므로 일본의 경우와 마찬가지로 이에 대한 극형으로 대처하는 것을 다수의 국민이 지지하는 입장이라고 할 수 있다. 다만, 우리나라는 사형을 법대로 집행하지 않고 있는 것이 일본과 다른 점이다.

4. 사형제 폐지에 앞서 헌법개정의 필요성

헌법재판소에 2019년 2월에 형법 제41조와 제250조에 대한 위헌소원이 제기되었다. 헌법재판소에서 이에 관한 공개변론도 마친 상태여서 3번째로 사형제 위헌소원에 대한 판단이 내려질 것이다. 오늘날 흉악범이 난무하고 있어 사형제도가 갖고 있는 국가의 형사사법정책적 관점과 국민의 사형제도 찬성의 압도적 우위 등과 함께 국제사회의 사형폐지의 흐름을 종합적으로 고려하여야 한다.

이와 관련하여 앞서도 언급한 바와 같이 헌법재판소에 의한 형법 제41조, 제250조 등 사형 조항에 대한 위헌 여부의 문제와 사형제도의 폐지 여부의 법정책적 타당성의 문제는 별개의 문제이다. 우리 헌법이 사형제도를 전제로 하여 헌법 제12조와 제110조 제4항에 명문의 규정을 두고 있다. 사형제도는 헌법상 제도로 법률로써 이를 폐지할 수 없는 일종의 헌법상 제도보장으로 파악할 수 있다.

이러한 측면에서 사형제도를 폐지하려면 우리 헌법상 사형에 관한 명문의 규정을 삭제함과 아울러 독일 기본법과 같이 사형은 폐지되었다고 하는 규정을 둘 필요가 있다. 따라서 이와 같은 헌법개정이 전제되지 않은 사형제도의 폐지론은 그 자체가 위헌적이라고 할 것이다.

Ⅳ. 결론과 보론(補論)

1. 형법 제41조에서 형벌의 일종으로 사형(死刑)을 명문화 하고 있다. 우리나라의 경우 사형제도가 어느 정도 정착되었고 국민여론만 보더라도 사형제도 폐지론 보다는 찬성론이 우세한 실정이다. 극형의 일종인 사형이 집행으로 까지 나아가지 않더라도 국가가 사회의 안전을 위하여 필요하면 사형을 실제로 집행할 수 있는 가능성이 있다는 사실만으로도 흉악범죄를 억제할 수 있는 위하력을 지니게 된다. 이러한 흉악범죄에 대한 응보적 정의와 형벌과 책임의 비례성에 기초하여 소중한 생명을 파괴

한 범죄자에 대하여 국가에 의한 사법절차를 통하여 생명의 박탈을 염두에 둔 사형의 기능과 역할의 중요성을 간과해서는 안된다.

따라서 정부가 국회에 제출한 가석방이 허용될 수 없는 무기징역형제도 신설을 주된 내용으로 하는 형법 일부개정 법률안이 통과되더라도 헌법개정이 선행되지 않은 사형제도의 폐지는 허용될 수 없다. 사형제도 폐지에 관한 국민적 공감대와 이에 관한 헌법개정이 있기 전까지 국가는 가장 강력한 형벌인 사형제도를 존치하고 범죄를 억지하는 위하력을 확보하여 극악무도한 흉악범으로부터 국민의 생명과 신체의 안전을 지켜야 한다.

2. 최근 우리 사회에 '묻지마 흉기 난동' 범죄가 연이어 발생하는 등 각종 범죄가 흉포화 되고 있다. 이러한 흉악범죄 대응방안의 일환으로 윤석열 정부는 가석방을 허용하지 않는 종신형제도의 신설을 주요 내용으로 하는 형법 일부개정 법률안을 성안하여 2023년 10월 31일 국회에 제출하였다.

사회 일각에서 가석방이 허용되지 않는 무기징역형제도를 마련하게 된다면 사형제도를 폐지해야 한다는 주장이 있다. 그러나 사형이 사실상 집행되고 있지 않는 상황에서 흉악범이 늘고 있어 사형제도를 폐지하고 이를 대체하는 가석방이 허용되지 않는 무기징역형을 마련하는 것은 형사사법 정책의 관점에서 사회안전을 고려한 대응책이 될 수 없다. 따라서 이러한 법률안이 국회에서 통과되고 시행되더라도 사형제도를 대체할 수 있는지 사후적 입법평가를 한 후에 사형제도의 폐지여부를 신중히 논의하여도 늦지 않다고 할 것이다.

사형제도가 폐지를 전제로 한 가석방이 허용되지 않는 종신형이 형벌로 존속하게 될 경우 유엔 시민적·정치적 권리에 관한 국제규약(자유권규약)에 따라 종신형에 대하여 새롭게 특별 감형절차제도를 창설하여야 한다. 이러한 관점에서 사형제가 폐지되고 가석방이 허용되지 않는 종신형제도로 대체하게 되면 흉악범죄로부터 안전한 사회를 확보하는데 있어 형사사법정책적으로 예상하지 못한 새로운 문제가 야기될 수 있는 점을 사전에 세밀하게 검토할 필요가 있다.

(출처: 뉴스퀘스트 법과 인문학 단상, 2023.12.28.)

직필(直筆)과 객설(客說)

제2장 로스쿨 영역의 칼럼

1 로스쿨 시대의 변호사 직역갈등과 향후과제

제19대 대통령선거로 로스쿨 시스템의 도입과 밀접한 관련이 있는 참여정부의 정신을 계승하고 있는 문재인 정부가 출범하여 사회개혁의 시동을 걸고 있다. 법학전문대학원 설치·운영에 관한 법률이 참여정부 시절인 2007. 7. 5. 국회 본회의를 통과하여 금년으로 10년을 맞이하게 된다.

'10년이면 강산이 변한다'는 말이 있듯이 법조시장에 새롭게 진출한 신규 변호사의 수는 급증하였다. 2012년 로스쿨 1기부터 2017년 로스쿨 6기까지 변호사시험에 합격한 인원이 9,285명에 달하는 등 로스쿨 출신 변호사는 우리사회의 새로운 태풍의 눈으로 자리 잡게 되었다. 로스쿨 출신 변호사가 배출되면서 종전에 상상할 수 없는 다양한 분야의 직역으로의 진출은 법치사회에 있어 새로운 활력이 되는 긍정적 측면이 있는 반면, 로스쿨 입학에 있어 법학의 지식을 측정할 수 없도록 하여 속성재배와 같은 설익은 법률가가 양산될 토양을 제공하는 등 로스쿨 제도 본래의 취지에 맞게 소기의 성과를 달성하고 있는지와 같은 의구심이 드는 부정적 측면도 있어 로스쿨 시스템은 양날의 검(劍)으로 작용하고 있다.

그동안 로스쿨 시스템을 운영하는 과정에서 적지 않은 문제점이 노정된 바 있다. 변호사시험 성적공개 등 일부 제도개선이 있었으나, 10년이 경과하는 동안 한번도 국가적 차원에서 로스쿨 시스템과 운영 전반에 관한 종합적인 검토가 이루어진 바 없다. 더구나 특별한 사정이 없는 한 사법시험이 금년으로 종언(終焉)을 고하는 것이 현실화된 마당에 로스쿨에 의한 일원적 법조양성시스템은 문제점이 없는 것인지, 로스쿨 제도의 근본적인 보완대책을 새롭게 모색할 단계라고 할 것이다.

로스쿨이 일명 '돈스쿨'이라는 일각의 오명을 벗고, 낮은 자세로 사회 각층의 다양한 직역에서 저렴한 비용으로 법률서비스를 제공하는 점에서 종래 사법연수원을 통한 엘리트 법조인 양성을 지향하는 이원적 법조양성시스템에 비해 장점도 많이 있다. 그러나, 로스쿨에 의한 일원적 법조양성 시스템에서 법률시장 개방 등에 적절히 대처하고 국제경쟁력을 갖춘 양질의 우수한 법률가를 제대로 배출하고 있는지를 점검하여야 할 단계라고 할 것이다. 그리하여 문재인 정부는 결자해지(結者解之)의 정신으로 로스쿨의 제도운영의 성과를 점검하고 당초 설립취지대로 법조인양성이 이루어지고 있는지를 평가하여 법조양성의 제도개혁을 마무리하여야 한다.

변호사가 전통적인 송무중심에서 벗어나 다양한 분야를 개척하는 과정에서 비롯되는 직역갈등이 없지 않다. 로스쿨 시대를 맞이하여 변호사의 직역갈등은 2가지 차원에서 전개되고 있다. 하나는 변호사의 직역확대이고 다른 하나는 변호사의 직역에 대한 침범이 바로 그것이다.

첫째로, 공세적 관점에서 변호사의 직역확대의 문제는 다각적으로 논의되어 왔다. 변호사는 전 영역에 걸쳐 법률사무를 담당하기 때문에 완전한 법률가(*Volljurist*)이다. 전통적인 변호사의 직무로 파악되고 있던 분야인 세무사, 공인중개사 등 유사 법률직에 변호사의 진입을 봉쇄하는 경우가 이에 해당한다. 전통적 변호사직역분야에 대하여 유사 직역에서 자신의 직역을 보호하기 위하여 세무사법이나 공인중개사법 등 해당 법률을 개정하여 빗장걸기로 나오고 있다.

변호사를 특채 또는 공채의 방식으로 중앙행정부처와 지방자치단체 등 공적부문에서 채용하는 문제는 직역갈등에 해당하지 않는다. 그러나 법무담당관제도의 도입 등 법치국가의 실현을 위해 행정부처에 변호사자격자의 채용을 의무화하거나 소송수행자를 지정함에 있어서 변호사 자격자에 한하도록 의무화 하는 부분은 행정부처의 직역이기주의로 인하여 제도화가 이루어지지 못하고 있다.

둘째로, 수비적 관점에서 변호사의 전형적인 활동인 송무영역에 있어 유사 자격자의 행정심판 대리권 또는 소송대리권의 허용주장은 변호사의 직역에 대한 침범을 의미한다. 전통적인 변호사의 송무영역에 대한 인접 유사전문직의 잠식이 바로 그것이다. 지난해 행정자치부가 행정사에게 행정심판대리권을 부여하는 것을 내용으로 하는 행정사법 일부개정안을 입법예고하여 직역갈등이 초래되었으나, 변호사단체의 반발로 부결된 바 있다. 또한 변리사는 특허침해소송에 있어 공동대리권의 허용을, 법무사는 소액민사소송에서의 대리권의 허용을, 공인노무사는 노동분야 행정소송대리권의 허용을, 세무사는 조세소송에 있어서의 대리권의 허용을 각각 주장하면서 입법화 시도를 하고 있다. 로스쿨 시대에 있어 변호사의 범용적 송무역량에 한계가 노출되자, 다른 유사 직역의 각개전투식의 변호사 직역침범이 전방위적으로 이루어지고 있다.

이러한 변호사의 직역갈등의 문제는 고스란히 로스쿨의 성공 여부와도 직결된다. 로스쿨은 변호사의 배출기관이므로 변호사의 직역이 침범당하거나 새로운 직역을 확대하지 않으면 로스쿨의 위기가 초래될 수 있기 때문이다. 로스쿨 교육의 질적 수준을 제고하기 위해 실무교육을 내실화하는 등 변호사의 역량을 높이고 전문성을 강화하는 방향으로 나아갈 필요가 있다. 그 이유는 만약에 로스쿨에서 변호사의 역량을 강화하는 노력을 기울이지 않고 손쉽게 법조인이 되는 길을 택하게 되는 순간 인접 유사 직역으로부터 변호사직역에 대한 도전은 계속될 수 있기 때문이다.

당초 로스쿨 시스템을 도입하기에 앞서 다른 유사직역의 자격자의 배출에 대하여 충분한 논의를 한 후에 이러한 분야의 통폐합을 염두에 두고 로스쿨 제도를 설계하였어야 했는데, 당초 그러한 점을 고려하지 않고 성급하게 다른 유사자격을 존치한 채 로스쿨 제도를 설계한 문제점이 없지 않다. 이로 인해 로스쿨출신 변호사의 유사직역으로의 확장은 봉쇄되고 있는 반면에 다른 직역에 의한 전통적인 변호사 직역에 대한 침범시도는 가속화 되고 있다고 볼 수 있다.

이러한 관점에서 로스쿨 시대의 변호사 직역갈등과 관련하여 그 해법모색을 위한 향후과제에 대하여 검토해 보기로 한다. 첫째로, 로스쿨 시스템을 전반적으로 재정비하는 등 양질의 법률전문가를 양성하기 위한 경쟁력 있는 법조양성시스템으로 기능하도록 하여야 한다. 로스쿨시대에도 그와 같은 완전한 법률가상을 구현하려면 로스쿨 교육이 강화되어야 한다. 로스쿨에서 송무중심의 교육을 넘어서서 재판외 분쟁해결 수단(*ADR*)의 원형인 조정에 관한 교육을 강화하고, 협상과 소통능력을 배양하여 경쟁력이 있는 변호사를 양성할 필요가 있다.

둘째로, 선진국과 마찬가지로 전문변호사제도를 도입하여야 한다. 로스쿨에 의한 법률가의 대량배출시대에 있어 법률소비자의 관점에서 경쟁시스템은 바람직한 측면이 있다. 전문화시대에 변호사의 소송대리를 선진화하기 위해서는 전문변호사 제도를 정착시키는 것이 급선무이다. 대한변호사협회에서 2010년부터 본격적으로 변호사 전문분야 등록제도를 시행하고 있다. 그 운영과정의 문제점을 보완하고 이를 발전시켜 미국, 캐나다, 영국, 독일 등에서 시행하고 있는 전문변호사 제도를 도입하여야 한다. 변호사의 급증에 따라 법률수요자인 국민의 기대가 높아지고 있으므로 변호사의 전문화의 길은 불가피하다. 로스쿨 교육에 있어 특성화 내지 전문화 프로그램도 결국은 법률가의 대량배출에 따른 차별적이며 전문적인 법률서비스의 제공에 대한 국민적 기대에 부응하는 것이기 때문이다.

셋째로, 변호사와 유사 자격사 간의 동업제도(*MDP*)를 통한 종합적 법률서비스를 제공할 필요가 있다. 변호사법 제34조에서 전문자격사 동업제도를 금지하고 있으나, 대형로펌의 경우에는 변호사만이 아니라 변리사, 세무사 등 다양한 유사 자격사와의 협력하에 전문적인 법률서비스를 종합적으로 제공하고 있다. 이는 사실상 *MDP* (*de facto MDP*)라고 할 것이다. 앞으로 변호사와 유사자격자 간의 동업은 사실상 *MDP*의 양성화 내지 제도화에 무게를 두기보다는 중소형 로펌에 있어서 포괄적 서비스를 제공하는 등 개인법률사무소와 중소형 로펌의 경쟁력 확보와 법률서비스의 질 개선의 기회로 활용할 필요가 있다.

만약에 변호사와 유사자격자와의 동업을 허용하게 된다면, 특허침해소송에서 변리사의 소송대리권을 허용하지 않더라도 변호사와 변리사의 역할 분담을 통하여 소송내리 전문화의 요청에 부응할 수 있다. 변호사와 유사 자격사간의 동업(*MDP*)은 또한 분리된 지식이 아닌 포괄적이며 일괄적인 종합적인 법률서비스의 제공이 가능하게 되고, 복잡한 법률문제에 대하여 전문자격자가 함께 참여하여 단번에(*aus einer Hand*) 종합적이며 양질의 법률서비스를 제공하는 장점이 있다.

끝으로, 이상에서 살펴본 바와 같은 변호사의 직역갈등은 변호사 자격에 대한 규제완화와 경쟁력 강화 및 국민의 사법서비스의 개선과 맞닿아 있는 문제이다. 따라서 변호사와 유사 자격자와의 직역갈등의 문제도 이전투구(泥田鬪狗)의 밥그릇 싸움이 아니라 국민에게 양질의 법률서비스를 제공하는 차원에서 상호 역할분담과 상생관계(*Win-Win*) 속에서 합리적 해법을 찾게 되기를 기대한다.

(출처: 인권과 정의 시론, 2017.06.[통권 제466호])

❷ 사법시험존치, 어떻게 보아야 하나

- 사시 폐해 없애자는 로스쿨 취지에 역행한다

로스쿨의 성공적 정착에 거는 국민적 기대가 큰 반면 적지 않은 우려가 있는 것도 사실이다. 특히 최근 강하게 대두되고 있는 것이 사법시험 존치 주장이다. 이 주장이 과연 타당한 것인지, 어떤 문제점이 있는지 다각도로 살펴보기로 하자.

우선 로스쿨 제도는 국가적으로 오랜 기간 동안 숙의해 도입한 새로운 법조인 양성 시스템이다. 사법시험과 사법연수원을 통한 엘리트 법조인 양성 체제와의 결별을 전제로 한다. 로스쿨 제도가 제대로 정착된다면 사법연수원 기수 문화로 인한 폐해를 극복하고, 특권의식으로부터 탈피해 봉사하는 법조인상을 확립할 수 있다. 나아가 법조 비리나 전관예우에 따른 제반 문제를 막을 수 있다는 점에서 우리의 법률 문화를 한 단계 고양시킬 수 있을 것으로 전망된다.

특히 사법시험 존치 주장은 입법자의 결정과 로스쿨 제도의 도입 취지에 정면으로 역행한다는 사실을 지적하지 않을 수 없다. 로스쿨 제도는 사법시험의 폐단을 극복하기 위한 것이다. 사법시험을 존치시킬 경우 그동안 새로운 양성 시스템을 만들기 위해 투입했던 제반 노력을 물거품으로 만들게 된다. 더구나 이러한 주장이 현실화된다면 정부 정책에 대한 신뢰성이 훼손되고, 로스쿨 운영에 일대 혼란을 야기할 수 있다.

아울러 로스쿨은 다양한 지식과 경험을 갖춘 사람이 변호사가 되는데 유리하다. 로스쿨 시스템은 기존의 사법시험을 통한 법조인 양성 시스템보다 법치주의 확산이란 점에서 비교우위에 있다. 그 이유는 다양한 배경지식을 갖춘 학부 전공자들이 판사, 검사, 변호사로 구성되는 전통적인 법조삼륜(法曹三輪)을 넘어서서 다양한 직역으로의 진출이 기대되기 때문이다.

사법시험 존치를 주장하는 이들은 로스쿨과 사법시험의 이원적 통로를 마련하면 국민은 보다 양질의 법률 서비스를 제공하는 쪽이 어디인지 선택할 수 있어 소비자에게 유리하다는 점을 내세운다. 그러나 로스쿨과 사법시험이라는 이원적 양성 통로를 만들어놓으면 뿌리가 약한 로스쿨은 형해화될 가능성이 높다. 또 사법시험을 통한 사법연수원 출신과 로스쿨 출신 간에 자존심 경쟁이 치열하게 전개돼 법조계 내부의 갈등이 증폭될 소지가 많게 된다.

로스쿨 제도하에서는 사회·경제적 약자가 로스쿨에 진학하기 어렵다는 측면에서 서민층에게 진입 장벽으로 기능할 것이란 주장을 펴는 이들도 있다. 그러나 수업료 등 학비가 비교적 저렴한 국립대 로스쿨을 다니면서 얼마든지 변호사 자격을 취득할 수 있는 길이 보장돼 있다. 적은 비용으로 법조인이 될 수 있는 길이 사라진 것은 아니라는 얘기다. 더구나 로스쿨의 특별전형제도와 장학제도를 개선해 나가면 서민층의 법조직역 진출을 확대시킬 수도 있다. 오히려 사법시험이란 어려운 관문을 통과하는 것보다 더 용이한 일일 수도 있다.

로스쿨 역시 100% 완벽한 제도가 아니다. 로스쿨 운영 과정에서 나타난 제반 문제점에 대한 비판은 적극적으로 수용해 제도 개선을 해 나가는 것이 급선무이다. 향후 법조인 양성 시스템의 올바른 정책 방향은 변증법적 관점에서 사법시험의 긍정적 측면을 로스쿨 체제에 접목해 로스쿨의 위상 변화를 도모하는 데 있다. 제도에 일부 문제점이 있다고 해서 기본 틀을 허물려는 것은 국민을 위해서도 바람직하지 않다.

(출처: 중앙일보, 2013.05.11.)

3 변호사시험 응시제한제도 개선논의 - 오탈자(五脫者) 문제의 새로운 해법(解法)

소년등과(少年登科)는 인생 3대 불행 중의 하나라는 오래된 속설(俗說)이 전해온다. 일찍 고시에 합격하면 명성을 얻게 되어 승승장구(乘勝長驅)할 것 같은데, 자칫 독선과 자만심으로 교만하여 실패할 가능성이 높게 된다는 경구이다. 고시에 여러번 떨어져 고배(苦杯)를 든 경우 실패에 비례하여 인간적으로 성숙하게 되고, 남다른 내공과 깊이를 갖추기도 한다. 조선시대 추사 김정희(32세), 퇴계 이황 (32세) 그리고 고봉 기대승(30세) 등은 만 나이로 30세를 넘어 문과에 급제하였고, 덕암 이순신(31세)도 늦은 나이에 무과에 급제하였다. 율곡 이이(27세)와 다산 정약용(26세)은 20대 후반이 되어서야 대과인 문과에 급제하여 관직으로 진출할 수 있었다. 이처럼 조선시대 위대한 업적을 남긴 대학자들 중에 소년등과한 경우는 드물다.

새로운 법조양성시스템인 법학전문대학원(이하 '로스쿨')을 도입한 취지는 교육을 통하여 다양한 학문적 배경을 가진 경쟁력이 있는 법률가를 양성하는데 있다. 변호사시험이 도입되기 전의 사법시험 체제에서는 응시기간과 응시 횟수의 제한이 없었다. 그러나, 변호사시험법 제7조에서 변호사시험의 응시기간과 횟수를 5년 내 5회로 제한하고 있고, 병역의무를 이행하는 경우 그 이행기간은 응시기간에 포함하지 않도록 예외규정을 두고 있다.

이처럼 변호사시험 응시기간 5년과 횟수 5회를 모두 소진하였음에도 변호사시험에 합격하지 못한 사람들을 속칭 '오탈자(五脫者)'라 한다. 이러한 오탈자는 최소한 로스쿨을 졸업하였기 때문에 대부분 법학전문석사 학위를 취득하여 중소기업체의 법률직으로 진출하거나 법률사무소의 전문위원 등 다양한 직역에 진출하여 활동하기도 한다.

그러나 당초 변호사 자격을 취득하기 위하여 로스쿨에 진학하였는데, 응시기간과 횟수의 제한을 받아 변호사시험을 응시할 기회가 부여되지 않아 변호사라는 직업을 영위할 수 없게 되어 억울하게 생각하는 사람들이 적지 않다. 이에 응시제한제도에 불만이 있는 오탈자는 헌법재판소에 변호사시험의 응시를 5년 내에 5회로만 제한한 변호사시험법 제7조 제1항 및 병역의무 이행기간만을 응시기간의 예외로 정한 같은 조 제2항이 청구인의 직업선택의 자유 등을 침해한다고 주장하며 헌법소원심판을 수차례 청구하기도 하였다.

이에 대하여 헌법재판소는 "변호사시험에 무제한 응시함으로 인하여 발생하는 인력의 낭비, 응시인원의 누적으로 인한 시험합격률의 저하 및 로스쿨의 전문적인 교육효과 소멸 등을 방지하고자 하는 이 사건 한도조항의 입법목적은 정당하며, 그러한 목적을 달성하기 위하여 응시자가 자질과 능력이 있음을 입증할 기회를 5년 내에 5회로 제한한 것은 입법재량의 범위 내에 있는 적합한 수단이다"이라고 계속하여 합헌결정을 유지하면서 오탈자의 주장을 일축하고 있다.

더구나 헌법재판소는 "로스쿨에 입학하였어도 교육을 이수하지 못하거나 변호사시험에 합격하지 못한 경우 변호사 자격을 취득하지 못한다는 점은 제도적으로 전제되어 있고, 로스쿨 입학자들은 그러한 내용을 알고 입학한 것이다. 위 조항이 일정 시점에 최종적으로 불합격을 확정한다고 하여, 입법목적을 달성하기 위한 필요한 범위를 벗어나 청구인들의 직업선택의 자유를 과도하게 제약한다고 보기는 어렵다"라고 밝히며, "병역의무 이행만을 변호사시험 응시제한의 예외로 삼은 이 사건 예외조항이 평등권을 침해하지 않는다"고 판단하였다.

그럼에도 불구하고, 현행 변호사시험법에서 변호사시험의 응시기간과 응시횟수를 5년내에 5회로 제한하고 있어 이 부분에 대하여 개선이 필요하다는 논의와 담론이 계속되고 있다. 그러나 5년간 5회 시험을 치르고 합격하지 못한 오탈자에 대한 시험응시기회를 부여하는 입법적 개선이 자칫 로스쿨제도의 안착에 역행할 수 있고, 로스쿨낭인이 되는 것을 막고 다른 영역으로 진출하도록 유도하는 현행 제도가 위헌성이 있다고 단정하기 어렵다. 법률의 규정이 위헌인가 아닌가의 문제와 법률에서 규율하고 있는 내용이 입법정책적으로 바람직한가는 별개의 문제이다.

변호사시험법 제7조를 개정하여 응시 횟수는 7회로 하되, 응시기간은 별도의 제한을 두지 않고 스스로 선택하여 응시할 수 있도록 하는 개선안을 제안한다. 이와 같은 개선안은 병역의무의 이행의 경우는 물론 임신이나 출산 등의 사유에 예외를 두지 않는 것을 전제로 한다. 오탈자 제도를 폐지할 경우 로스쿨 낭인이 늘어남과 동시에 로스쿨제도의 성공적 안착에 역행하는 문제를 극복하면서 오탈자에게도 추가적으로 변호사시험 응시기회를 부여하는 방향으로 입법정책적 대안과 활로(活路)를 모색할 필요가 있다.

특히 변호사시험 응시제한과 관련하여 2010년도에 변호사시험법이 제정될 당시부터 '5년의 기간내 5회'라는 변호사시험의 응시한도가 규정되어 있었다. 다만, 변호사시험 응시자격을 취득한 후 병역의무를 이행한 때에 한하여 그 예외를 인정하여 왔다. 그밖에 법률을 개정하여 임신·출산의 경우 일정한 기간 동안의 예외를 인정할 것인지에 관한 논의가 계속되어 왔다. 20대 국회에서 임신과 출산을 이유로 한 응시제한의 예외를 두는 내용의 변호사시험법 일부 개정법률안이 국회에 발의되기도 하였으나 임기만료에 따라 모두 폐기되었다.

그런데, 지난 8월 22일에 더불어민주당 도종환 의원 대표발의 변호사시험법 일부개정법률안이 국회에 제출되었다. 그 주요내용은 불가항력적 중병이나, 임신·출산 등의 사유로 변호사시험을 응시하기 곤란한 경우에도 병역의무 이행과 같이 응시기회의 제한의 예외를 인정할 필요가 있다고 보아 치료에 소요되는 기간 및 임신시부터 출산후 1년까지의 기간 중 1년을 응시기한에 산입하지 않도록 예외사유를 추가하는 것이다.

이 법률안처럼 불가항력적 중병의 경우를 제외하게 되면 이와 유사한 다른 불가피한 사유도 이에 포함되어야 하는 문제가 있다. 또한 임신이나 출산은 계획적으로 이루어 지는 경우가 대부분이고, 변호사 시험의 준비나 응시에 있어 임신이나 출산이 예기치 못한 불이익이라고 보기 어려운 측면이 있다. 설사 이러한 예외규정이 마련된다고 할지라도 일부 사람에 한하여 구체적 사정을 고려하여 응시의 기회의 예외를 적용받는 것이므로 '언발에 오줌 누는 격'으로 오탈자 문제의 근본적인 해결책이라고 보기 어렵다.

외국의 사례를 살펴보면, 먼저 일본의 경우 구 사법시험 시기에는 수험횟수의 제한이 없었으나, 2006년부터 2014년까지 신사법시험 초기 '5년의 기간에 3회'의 응시기회를 주었다. 그후 일본은 우리의 5년의 기간에 5회의 응시제한 시스템을 벤치마킹하고 있다. 즉, 2015년 이래 법과대학원의 과정을 수료한 자는 그 수료일 후의 최초의 4월 1일부터 5년을 경과할 때까지의 기간이나 사법시험 예비시험에 합격한 자는 그 합격의 발표일 후의 최초의 4월 1일부터 5년간의 기간 동안 5회의 응시기회를 주고 있는 점이 특색이다. 일본에서 5년간으로 한정하는 것은 로스쿨에서의 교육효과가 현저하게 나타나는 기간으로 보고 로스쿨의 교육효과를 최대한 발휘할 수 있도록 하기 위해 수험 응시제한을 설정하고 있다고 밝히고 있다. 우리와는 달리 이러한 기간에 별도의 예외규정을 두고 있지는 않는 점을 참고할 필요가 있다.

다음으로, 독일의 경우 사법시험의 응시기회를 원칙적으로 2회만 부여하기 때문에 아무 때나 응시하는 것이 아니라 응시자가 신중하게 그 시기를 저울질을 하게 된다. 독일은 너무 늦게 응시하려는 경향을 막고 일찍 사법시험에 합격할 수 있도록 법학부 8학기 이전에 1번 치르는 사법시험의 경우에는 자유롭게 응시할 수 있는 자유응시(*Freiversuch, Freischuss*)제도를 두고 있다. 이러한 제도는 2번의 응시횟수에 카운트되지 않는 응시기회를 한번 더 주어 젊은 법률가를 배출하고 조기에 졸업을 유인하는 정책으로 활용하고 있다.

우리의 경우 오탈자 문제를 그대로 유지할 것인가 아니면 이를 개선할 것인가의 문제가 입법정책적으로 해결하여야 할 과제이다. 변호사시험의 응시횟수는 5회에서 7회로 늘리되, 기간제한을 따로 두지 않고 스스로 선택하여 응시할 수 있도록 하는 방향을 검토할 필요가 있다. 또한 변호사시험법 제7조 제2항의 예외조항을 삭제하고 부칙에 경과규정을 두어

오탈자의 경우에도 2번의 응시기회를 부여할 것을 제안한다.

현행 변호사시험법상 병역의무의 이행에 따른 응시기간의 특례는 헌법 제39조 제2항에서 "누구든지 병역의무 이행으로 인하여 불이익한 처우를 받지 않는다"는 조항을 염두에 두고 마련된 것이다. 따라서 이와 다른 구체적 사정을 포함하여 응시기간의 적용의 예외를 넓혀 나가기보다는 로스쿨 졸업생의 학업의 형편에 따라 7회까지 응시할 수 있는 기회를 부여하는 것을 적극 검토할 단계가 되었다. 이는 오탈자제도를 완전히 없애는 것도 아니고, 오탈자제도를 그대로 존속하거나 일부 예외를 추가하는 것에 그치는 것도 아닌 그야말로 중도(中道)적이며 합리적인 대안이 될 수 있다.

(출처: 뉴스퀘스트 법과 인문학 단상, 2023.09.29.)

4 변호사시험 성적과 법조직역 진출
- 간판중심에서 실력을 존중하는 공정한 경쟁사회로 -

법학전문대학원(이하 '로스쿨')은 사법개혁의 일환으로 사법시험의 폐해를 극복하고 우수한 법조인을 배출하여 양질의 법률서비스를 제공하려는 목적하에 설치된 것이다. 변호사시험법 제2조에 의하면 변호사시험은 로스쿨의 교육과정과 유기적으로 연계하여 시행하도록 되어 있어 교육을 통한 양질의 법률가 양성과 무관하지 않다. 그럼에도 변호사시험을 그 합격여부로만 활용하고 있고 변호사시험의 성적을 법조직역진출에 제대로 활용하지 않고 외면하고 있는 것은 심각한 문제가 아닐 수 없다.

법무부는 지난 4월 21일 제10회 변호사시험의 합격자 1706명의 명단을 발표하였다. 그 후 로스쿨 별로 전체 응시자 대비 합격률과 제10기 초시 합격률을 공표하였다. 그러나, 법무부는 로스쿨의 교육에 긍정적 기능을 하는 채점평의 작성이나 채점기준은 물론 수석, 최연소 및 최고령 합격자의 이름과 소속의 공표에 매우 소극적이다.

변호사시험의 석차 공개에 관한 행정소송에서 지난 해 법무부가 최종적으로 패소하여 올해부터 변호사시험 성적과 그 석차를 알 수 있게 되었다. 변호사시험은 비록 자격시험의 성격을 갖고 있지만, 법률적 지식과 능력의 객관적 검증수단이 되어 법조직역 진출에 있어 크고 작은 영향을 미쳐야 하는 것이 일반적 상식인 것이다.

그런데 법무부는 검사의 임용절차에 있어서도 변호사시험의 성적을 전혀 고려하고 있지 않을 뿐만 아니라 변호사시험의 성적을 법조 직역진출에 반영할 수 있는 제반 노력을 기울이지 않고 있다.

변호사시험의 성적을 법조직역 진출 과정에서 제대로 반영하지 않고 정성적 요소와 더불어 학교별로 차이가 나고 다소 객관성이 떨어지는 로스쿨의 성적을 반영하게 될 경우에는 공정하고 합리적인 임용절차에 역행하는 결과가 초래될 수 있다.

더구나 로스쿨 별 합격률에 의하여 포장된 로스쿨의 순위가 영향을 미치게 된다면 어느 로스쿨 출신인가를 고려하는 것이 되어 법조시장에서 객관적이고 공정성이 담보된 실력에 의한 진검 승부가 아니라 오도된 로스쿨의 서열이라는 간판에 편승하는 무임승차가 가능하게 된다. 무엇보다 변호사시험에서의 성적은 미국의 심리학자 루친스가 말한 '초두효과(初頭效果, *primacy effect*)'를 형성하기 때문에 변호사시험의 성적을 법조직역진출에 활용하는 것은 간판중심의 사회에서 실력을 존중하는 공정한 경쟁사회로 나아가는 지름길이 될 수 있다.

변호사시험의 성적을 형식적으로 로스쿨 별 합격률 차원에서 로스쿨의 서열로 받아들일 것이 아니라 실질적으로 합격자 각 개인의 실력의 측면에서 제도적으로 활용하게 된다면, 로스쿨의 타이틀에 연연하여 로스쿨에 입학한 후 다른 로스쿨 진학을 위하여 한 학기를 허송으로 보내는 반수생은 현저히 줄어들 것이다.

법무부는 로스쿨 출신 변호사시험 합격자에게 공정한 기회를 보장하기 위해 변호사시험 성적을 검사임용이나 재판연구원 선발, 국가직 공무원 채용 시 적극 반영할 수 있는 공직임용 시스템을 새롭게 마련할 필요가 있다. 대형 로펌의 경우 자체적으로 경쟁적 선발시스템을 도입하기도 하지만, 1학년이나 2학년 방학 중 인턴과정을 거친 후 특정 로스쿨을 중심으로 입도선매(立稻先賣)식으로 채용하는 방식 일변도에서 벗어나 변호사시험에서 탁월한 성적을 낸 우수한 잠재 역량을 갖춘 인재에게도 실력을 발휘할 기회를 제공할 필요가 있다.

법무부는 로스쿨 별 응시자 대비 합격률이라는 단선적인 기준으로 로스쿨의 서열을 오도할 것이 아니라, 변호사시험에서 가장 많은 불합격자를 배출한 로스쿨의 순위와 그 반대로 가장 많은 합격자를 배출한 로스쿨 순으로 알리면 로스쿨 서열은 큰 의미가 없게 된다. 오히려 법무부는 변호사시험 합격자 발표 시 전체 수석, 최연소자 및 최고령자를 공표해 변호사시험의 위상을 높이고, 변호사시험의 합격증을 수여하면서 이유제시의 관점에서 성적표를 제공할 필요가 있다. 변호사시험의 성적표에 과목별로 구분하여 성적과 석차를 명기하면 각종 채용기관에서 가중치를 두어 법률지식과 능력을 검증하는데 도움을 줄 수 있다. 누구나 승복할 수 있는 변호사시험의 성적을 공직임용과정에 전혀 반영하지 않는 것은 능력주의에 비추어 보거나 공정한 임용절차의 관점에서 문제가 있다.

(출처: 법조신문, 2021.06.14.)

5 직업으로서의 법률가

독일의 사회학자이자 경제학자, 법학자인 막스 베버(*Max Weber*)는 그의 저서인 '직업으로서의 정치'에서 정치가에게는 열정, 책임감 및 균형적 판단의 3가지 덕목이 필요하다고 했다. 이러한 덕목은 정치가만이 아니라 법률가에게도 갖추어야 할 자질이라고 생각한다.

직업(*Beruf*)은 신으로부터 소명을 받은 것이라는 의미로 '천직(天職)'이라는 말로 표현하기도 한다. 공자는 나이 오십을 지천명(知天命)이라고 했고, 천명을 알 수 없으면 군자가 될 수 없다고 했다. 여기서 말하는 천명(天命)은 오늘날 직업적 소명의식과 관련된다. 법학은 빵을 위한 학문(*Brotwissenschaft*)이라고 하여 생계수단적 학문으로 혹평도 하지만, 법률가(*Lawyer*)는 의사 및 성직자와 더불어 고도의 전문직이라 할 수 있다. 법률가는 전통적인 법조인으로 분류되는 판사, 검사, 변호사라는 법조삼륜(法曹三輪)을 넘어서는 광의의 개념으로 법학교수나 정치인, 법률적 업무를 담당하는 행정공무원 등을 포함한다.

법전원 시스템의 정착으로 변호사 3만 명 시대의 경쟁적 환경이 도래하였다. 인공지능(*AI*)의 등장에 따라 법률시장의 급격한 변화가 초래될 것으로 예견된다. 따라서 법률가로 성공하려면 통합적 지식을 갖추고 특화된 법률 분야에 정통할 필요가 있다. 법전원을 마치고 변호사 자격을 확보한 후에도 지속적으로 자기연마를 통해 급속히 변화하는 상황에 적절히 대응하지 못하면 경쟁의 대열에서 뒤처질 수밖에 없다.

일론 머스크(*Elon Musk*)는 4차 산업혁명 시대를 선도할 융합형 인재를 *T*자형 인재라고 칭했다. 한 우물만 파는 일혈주의(一穴主義)에 매몰된 편협한 식견을 드러내는 법률가보다는 폭넓은 지식과 식견 및 품성을 갖춘 하이브리드(*hybrid*)형 법률가가 경쟁적 우위를 점하는 시대를 맞이하게 되었다. *T*자형 법률가는 종적으로 법학 분야에 깊이 있는 전문적 능력(*I*)을 갖추면서 횡적으로 다양한 학문 분야에 대한 식견(—)을 두루 갖춘 경쟁력 있는 인재를 말한다. 갈수록 치열해지고 있는 경쟁적 환경에서 성공적 법률가가 여러 분야에서 탄생하리라고 본다.

성공적인 법률가란 자신이 선택한 직업 속에서 만족과 보람을 느끼며 전문적 역량을 발휘하고, 업무의 탁월성과 차별성을 추구하는 사람을 말한다. 성공적 법률가가 되는 길은 두 가지 경로가 있다. 하나는 품성을 갖춘 엘리트 법률가의 길이다. 이는 전통적인 법조 직역에서 탁월한 전문적 역량을 펼치는 삶을 말한다. 이를 위해서는 최고를 지향하는 엘리트 마인드와 이에 걸맞은 품격을 갖추는 것이 필요하다. 다른 하나는 창조적 법률가의 길이다. 이는 전통적인 법조 직역을 넘어서서 새로운 분야를 개척하는 도전적 인생을 말한다. 이를 위해서는 불굴의 정신인 벤처 마인드와 기존의 고정관념을 깨는 창조적 사고가 필요하다.

(출처: 법조신문, 2020.10.19.)

직필(直筆)과 객설(客說)

제3장

조정과 ADR, 기타 영역의 칼럼

1 조정(調停)제도 활성화를 위한 입법적 과제

조정(*Mediation*)은 판결을 보충하거나 대체하는 분쟁해결절차인 *ADR*(*Alternative Dispute Resolution*) 중 하나이다. 조정은 중재와 더불어 *ADR*의 양대 축을 형성한다. 조정은 결정권한을 갖고 있지 않은 중립적 제3자인 조정인이 관여한다는 점에서 판결이나 중재와는 구별되는 자율적인 분쟁해결절차이다.

분쟁이 발생한 경우 당사자나 그 대리인인 변호사는 곧바로 소송을 제기하기 전에 *ADR*의 방식을 먼저 검토하는 것이 바람직하다. *ADR*의 경우에는 상생(*win-win*)의 원리에 따라 당사자 간에 서로 양보하여 분쟁을 해결하게 되는데 반해, 법원의 판결은 완승주의(*all or nothing*)가 지배하여 재판이 끝나면 당사자 간의 관계도 복구하기 어렵다. 더구나 법원의 판결은 과거에 발생한 사실관계를 기초로 법적인 판단을 내리는데 반해, 조정은 법적인 측면을 넘어 다양한 관점에서 미래지향적인 관계 설정을 고려해 분쟁해결을 도모할 수 있는 장점이 있다.

조정의 가장 큰 경쟁력은 시간과 비용이 적게 든다는 점이다. 분쟁당사자가 소송을 제기하게 되면 판결이 확정되기까지 오랜 시간이 걸리고 비용과 에너지를 소진해 일상적 삶이 파행을 겪게 될 수 있다. 소송에 이기고도 상처뿐인 경우가 비일비재하다. 그에 비해 조정은 양 당사자 간의 양보를 통하여 신속하고 원만한 분쟁해결을 도모할 수 있다는 점에서 법원의 판결보다 우위에 설 수 있다. 이러한 면에서 조정제도를 활성화할 수 있는 각종 입법적 필요성이 대두된다.

조정제도의 활성화를 위한 입법적 과제로는 다음과 같은 사항을 고려할 필요가 있다. 첫째로, 개별법에 따라 우후죽순 식으로 설치된 각종 분쟁조정위원회에 의한 행정형 조정제도를 통일적으로 관리할 수 있는 가칭 행정조정기본법을 제정해야 한다. 행정형 조정의 기본원칙, 절차 및 조정의 효력, 시효중단 등 공통적 원리를 행정조정기본법에 담는 것이 필요하다. 행정형 조정의 경우 의료분쟁조정위원회 등 일부 분쟁조정위원회에서만 조정비용을 징수하는 근거조항을 두고 있다. 대다수의 행정형 분쟁조정위원회에서는 조정비용을 징수할 수 있는 법적인 근거를 두지 않고 있어 아무런 비용도 받지 않고 조정제도를 운영하고 있다. 의료사고 피해구제 및 의료분쟁조정에 관한 법률이나 콘텐츠산업진흥법에서 규정하고 있듯이 조정비용의 징수근거를 행정조정기본법에 명문화하여 저렴한 수준의 비용을 받는 것을 통해 조정위원 등에게 적절한 수준의 대우를 해주면 행정형 조정제도가 내실있게 운영될 수 있게 될 것이다. 또 행정조정기본법에 조정인에 관한 규정을 마련하여 해당분야의 전문적 능력도 중요하지만 조정능력이나 조정교육을 이수한 전문가 중에서 조정인을 위촉할 수 있도록 제도를 개선할 필요가 있다.

둘째로, 민간조정을 활성화하기 위해 조정인의 교육과 양성을 위한 법률을 제정할 필요가 있다. 조정의 성공 여부는 신뢰할 수 있는 조정인에 달려있다. 민간형 조정이 제대로 기능하지 못하고 있는 배경에는 엄격한 변호사법 규정이 자리하고 있는데, 변호사법 제109조는 변호사가 아니면서 금품 등을 받고 중재·화해 그밖의 법률사무를 취급할 수 없도록 하면서 위 규정을 위반한 경우 처벌하고 있다. 따라서 이와 같은 변호사법의 장벽을 넘고 민간조정을 활성화하기 위해서는 민간조정인을 양성하는 시스템을 법제화할 필요가 있다. 무엇보다 '조정에 의한 국제화해합의에 대한 승인과 집행에 관한 국제연합협약'(일명 싱가포르 조정협약)이 2020년 9월에 발효됨에 따라 조정인의 윤리성 확보 방안 마련과 국제화해합의에 집행력을 부여하는 절차 등을 규율하는 국내법의 정비가 시급한 실정이다.

셋째로, 조정제도에 있어 변호사의 역할과 관련하여 조정절차의 대리인으로서 활동하는 변호사와 조정인으로서 조정절차를 주재하는 변호사의 지위가 다르다는 점을 고려해야 한다. 전자의 지위에서는 특정인의 이익을 대변할 수 있지만, 후자의 지위에서는 공평성과 중립성 등의 의무를 준수하여야 한다. 우리의 경우에는 변호사가 분쟁해결에 소송이 아닌 조정에 의할 경우, 실제로 소송을 통한 착수금과 성공보수를 받는 경우에 비하여 노력과 시간을 별로 들이지 않았다고 판단하여 의뢰인으로부터 다액의 변호사비용을 받기 어려운 측면이 있어 조정을 의도적으로 회피하는 현상도 나타나고 있다. 따라서 변호사가 의뢰인을 위해 조정 등 *ADR*의 방식으로 해결을 우선적으로 검토하고, 당사자의 의사에 반하여 무리하게 소송을 제기하는 것을 억제하는 내용의 규율을 우리의 변호사법이나 변호사윤리장전에 마련해 둘 필요가 있다.

끝으로, 조정을 통해 분쟁사건을 해결하는 데에만 포커스를 맞출 것이 아니라 당사자가 조정시스템을 통해 스스로 분쟁해결을 시도하는 교육의 장으로 기능할 수 있도록 조정제도에 관한 패러다임의 전환이 요망된다. 조정에서는 양 당사자가 주도적으로 분쟁의 해결을 도모하고, 조정인은 양 당사자가 원만히 합의하여 분쟁을 해결하도록 권고하거나 촉진하는 역할을 수행한다. 이러한 관점에서 신뢰할 수 있는 민간조정 시스템을 조속히 법제화하여 민사소액 사건 등을 조정인의 조력을 받아 양 당사자가 스스로 해결하는 '조정의 시대'를 열어나갈 필요가 있다.

(출처: 법률방송뉴스칼럼, 2021.01.19.)

2 조정인의 윤리와 역할

론스타 국제투자분쟁(*ISDS·Investor-State Dispute Settlement*) 사건에 대한 중재판정이 최근에 내려졌다. 국가적으로 국제중재와 국제조정의 전문가를 양성하고 법무부내의 담당부서를 확대개편해야 한다는 과제를 남겼다. 싱가포르조정협약이 2020년 9월 발효되어 그 이행을 위한 국내법제도의 마련도 시급한 실정으로 조정(*Mediation*)에 관한 관심이 매우 높다.

조정은 중립적인 제3자인 조정인이 독립적이며 중립적인 지위에서 우호적으로 분쟁해결을 촉진하고 설사 분쟁이 해결되지 않더라도 부드러운 결별을 모색하는 *ADR*(*Altenative Dispute Resolution*, 재판외 분쟁해결수단)의 일종이다. 조정은 당사자가 분쟁을 주도적으로 해결을 모색하기 때문에 소송을 통하여 달성할 수 없는 적대적 감정과 분노를 치유하는 데 일조한다. 조정은 과거 관점이 아니라 미래 관점에서 개인적 관계를 보다 개선하고, 심리적 부담을 경감하거나 축소하며, 창조적이며 당사자간의 유연한 분쟁 해결을 위한 장을 제공하기도 한다.

조정의 성공 여부는 윤리성을 갖춘 역량 있는 조정인에 달려있다. 조정인은 절차과정과 조정의 결과에 있어 당사자에게 중립성에 위배되는 의심을 불러일으키는 행위를 금하여야 한다. 조정제도가 국민으로부터 신뢰받는 재판외 분쟁해결수단이 되려면 윤리적 행동규범을 마련하고 체계적인 교육을 실시하여 역량있는 조정인을 양성할 필요가 있다.

조정인은 중립적 지위에서 공평성(*Allparteilichkeit*)을 유지하여야 한다. 공평은 조정제도를 지탱하는 기본이념이며 만약에 조정인이 공평성을 결하였다면 조정제도는 붕괴될 수 있다. 조정인의 독립성과 중립성도 공평과 밀접한 관련이 있어 이를 통해 조정의 신뢰성이 담보된다. 또한 조정은 당사자의 자기책임성 내지 자발성을 내용으로 하므로 직권으로 당사자의 의사결정을 넘어서서 조정인이 주도하여 결론을 도출하거나 결정권한을 갖는 것은 아니다.

무엇보다 조정은 재판과 달리 비공개를 특징으로 한다. 조정은 당사자의 내면세계를 감추고 싶은 경우에 이를 활용하는 분쟁해결 방법이므로 조정인은 비밀준수의무를 지닐 뿐만 아니라 원칙적으로 비공개로 진행할 필요가 있다.

나아가 조정인은 이익충돌방지의무를 준수하여야 한다. 조정인은 중립적인 지위에서 당사자의 이익을 조정하는 자의 지위에 있으므로 당사자 일방의 특수한 이해관계를 갖는 자가 조정인이 될 경우 이익이 배치되어 스스로 조정인의 지위에서 물러나야 한다.

다음은 조정인의 역할에 대하여 살펴보기로 한다. 우선 조정인은 조정제도에 대한 이해와 절차에 대한 숙지가 필요하다. 조정은 갈등상황에서 당사자간에 주체적으로 해결을 모색하는 자율적 분쟁해결 수단이라는 것을 인식할 필요가 있다. 전문적인 역량을 갖춘 조정인의 설득력과 풍부한 사회 경험이 중요하고, 대화와 협상기술 및 인문학과 심리학적 지식 그리고 핵심을 간추려 쟁점을 교통정리하는 능력과 법적인 지식도 분쟁해결의 신뢰성 확보를 위해서 중요한 요소가 된다. 조정절차에서의 조정인의 역할이 당사자들의 협상을 도와주는 조력자로 이해한다면 조정인에게 요구되는 능력으로는 조정절차의 주재자로서 당사자가 합의하도록 절차를 원만히 진행하는 능력이 라고 할 수 있다. 이러한 관점에서 조정인은 조정절차 전반의 진행에 있어 당사자가 합의를 모색하는 장을 제공함과 아울러 창의적이며 합리적인 조정안을 제시할 필요가 있다.

조정인에게 필요한 역량의 하나는 당사자가 명시적으로 밝히지 않은 은폐된 이익상황을 간취하는 통찰력이다. 당사자는 지위에 집착하여 이익상황을 잘못 인식하는 경우가 적지 않다. 많은 경우에 당사자가 스스로 이익상황을 의도적으로 은폐하는 경우가 적지 않아 이익상황을 파악하는 것이 어렵다. 조정인은 지위의 배후에 깊이 존재하고 있는 은폐된 이익상황을 파악하는 통찰력을 갖추어야 한다. 큰 그림을 그리며 복안적 사고를 갖추라는 의미를 지니는 "접시 가장자리 너머를 보라(*über den Tellerrand schauen*)"는 독일의 격언은 조정인에게 필요한 덕목이다.

(출처: 법률신문 법신논단, 2022.09.05.)

3 ADR에서 혼합적(hybrid) 방식의 활용 방안

*ADR*의 양대 지주는 조정과 중재이다. 사적자치는 조정과 중재의 법적 기초이다. 조정과 중재를 결합하는 혼합적(*hybrid*) 방식의 활용에 있어서도 기본적으로 사적자치의 원칙이 적용된다. 혼합적 방식의 분쟁 해결과 관련하여 동일한 분쟁 사안에서 조정인과 중재인을 동일인으로 선택할 수 있는가의 문제가 핵심적 쟁점이다.

Med-Arb(*Mediation and Arbitration*)은 당사자가 우선 조정에 의한 분쟁 해결을 시도하고, 조정에 의하여 화해 합의가 성립되지 않은 경우에 구속적인 절차인 중재를 개시하는 것이다. 그 장점은 조정절차에서의 교착상태를 해소하여 극단적 대립관계인 소송절차로 발전하지 않고 중재로 분쟁이 종료된다는 점이다. 이는 조정이 가지는 유연성과 신축성 그리고 중재가 가지는 구속력을 결합한 장점이 있다. 그러나 조정에서 자유로운 대화가 제약될 수 있고, 합의 도출에 실패할 경우 조정인으로 활동하던 중재인이 이를 알게 되면 별석조정에서도 흉금을 터놓지 않을 가능성이 있다. 조정에서의 자료나 정보가 중재에서 활용될 경우 윤리적 문제를 야

기하는 단점을 지적하기도 한다(정용균, '미국의 조정-중재(*Med-Arb*) 제도에 관한 연구', 중재연구 제24권 제1호, 2014. 102면). 그러나, 조정이 성립한 경우에는 비용과 시간을 절약하기 위해 합의에 구속력을 부여하기 위한 방법으로 조정인을 양 당사자가 서면으로 합의하여 중재인으로 하여 조정에서의 화해 내용을 중재판정으로 하는 것도 하나의 방법이다. 중재는 최종적이며 구속적인 결정인 중재판정(*Award*)을 내리는 것이 핵심이다. 중재의 부수적 기능으로 당사자의 자발적 합의를 촉진하거나 유도하는 권능이 있다고 할 것이다.

이와 관련하여, 일본상사중재협회(*JCAA*) 상사조정규칙 (2020) 제27조(화해에 기한 중재판단)에 "당사자 간에 화해가 성립된 경우, 당사자는 서면에 의한 합의에 의하여 조정인을 중재인으로 선임하여, 화해의 내용을 중재판단을 하도록 동일한 중재인에게 구할 수 있다"고 규정하고 있다. 이러한 규율 방식은 조정과 중재를 결합하여 조정의 집행력을 효과적으로 부여하는 방법이 되는 것이다.

대한상사중재원 국내중재규칙(2016) 제39조에서 "당사자는 중재절차 중 언제든지 그 분쟁의 전부 또는 일부를 서면에 의한 합의로 대한상사중재원 조정규칙에 따른 조정을 신청할 수 있다. 이 경우 조정인은 중재인과 다른 사람으로 선임한다"고 조정에 관한 사항을 규정하고 있어 조정인과 중재인이 겸할 수 있는 부분에 대하여 원칙적으로 허용되지 않도록 되어 있다. 그러나 대한상사중재원 국제중재규칙(2016)에는 이러한 조정 조항을 두고 있지 않아 *Arb-Med*의 혼합적(*hybrid*) 방식의 활용에 있어 규율 공백이 있다고 할 것이다. 한편 대한상사중재원에서는 국제조정규칙을 성안 중에 있으나, 현재 시행 중인 조정규칙(2012)에서는 국내와 국제를 구분하지 않고 있으며, 조정절차 중의 중재에 관한 *Arb-Med*에 관하여 아무런 규율을 두고 있지 않은 실정이다. 그러나 조정과 중재의 경우 분쟁 해결을 효과적으로 하기 위해서나 집행력의 확보 등을 위해 양자를 결합하는 혼합적(*hybrid*) 방식의 활용이 적극 모색될 필요가 있다.

행정형 조정에 있어 당사자의 주도적인 대화를 통한 분쟁 해결을 도모하는 촉진형 조정을 먼저하고, 보충적으로 평가형 조정을 시도하는 혼합적(*hybrid*)방식의 활용이 필요하다. 조정인의 역할과 관련해 촉진형 조정에서는 대화가 핵심이므로, 조정인은 양 당사자의 대화를 경청하여 질문과 대화 스킬을 통해 과거의 문제로부터 미래 관계로 방향을 전환하는 것이 성공적 조정의 요체이다.

이러한 혼합적 방식의 모델로는 2가지 방향성을 생각할 수 있다.

첫째로, *Arb-Med*로 중재인이 *Arb-Med* 절차에 있어서 조정적인 방법을 택할 수 있는가의 문제로서 이러한 것은 재판에서 조정이나 화해를 모색하는 것이 허용되듯이 중재에 있어 중재판정만 하는 것이 아니라 다양한 분쟁 해결을 모색하는 것이 용인되므로 조정적인 수단을 동원하는 것은 문제가 없는 것으로 이해된다.(*Vgl. Mag Matthias M. Pitkowitz/Mag. Marie-Therese Richter, 'May a Neutral Third Person Serve as Arbitrator and Mediator in the same Dispute?', SchiedsVZ* 2009, *S.* 225 *f.*) 그런데 중재인이 같은 분쟁 사건에 있어서 조정인과 중재인을 겸할 수 있는가의 문제로, 일본의 경우에는 일본상사중재협회(*JCAA*) 상사중재규칙(2021) 제58조 제1항과 제59조 제1항에서 기본적으로 조정인과 중재인은 겸하지 않고 중재절차에서 당사자의 서면합의가 있으면 중재인과 다른 조정인을 선임할 수 있지만, 서면합의에 의하여 중재인을 조정인으로 선임할 수 있고, 이 경우 중재인이 조정인을 겸하는 것을 이유로 당해 중재인을 기피 신청할 수 없다고 규정하고 있다.

이러한 대륙법계와는 달리 영미법에서는 중재인이 조정인을 겸무하게 되면 비밀유지의무에 반하는 것으로 보아 양자를 분리하여 처리하는 경향이 있다. 싱가포르의 *Arb-Med-Arb* 방식이 바로 이에 해당하는데, 싱가포르 국제중재센터(*SIAC*)와 국제조정센터(*SIAM*) 간의 연계 방식이다. 2014년 11월 5일 싱가포르는 국제중재센터(*SIAC*)와 국제조정센터(*SIMC*) 사이의 *AMA*(*Arb-Med-Arb*) 의정서에 따라 조정과 중재를 연계하여 다루는 하이브리드 방식을 취하고 있다. 이는 3단계로 이루어지고 있는데, 1단계는 중재절차를 접수하면 그 절차는 중지하고 2단계는 조정센터로 넘겨 중재인과 분리된 조정인에 의하여 조정절차를 밟고 3단계는 중재센터로 다시 보내 조정이 성립하면 집행력 부여를 위해 합의된 중재판정을 내리고, 조정이 성립되지 않는 경우에는 중재판정을 내리게 된다.

둘째로, *Med-Arb*에서 조정으로 진행하다가 중재절차를 통해 종국적으로 분쟁을 해결하는 것이다. *ADR*시스템 안에서 혼합방식에 의한 조정과 중재의 연계 제도를 마련하는 것이 필요하다. 다만, 미국중재협회(*AAA*)는 동일한 중립인이 동일한 심리에서 조정인과 중재인으로 활동하지 못하도록 하고 있듯이, 영미법계 국가의 경우에는 조정인과 중재인이 지위를 겸유하는 것에 대하여 비판적인 관점을 취하고 있다. 그러나 이와는 달리 독일 등 대륙법계 국가의 경우에는 사적자치의 관점에서 당사자가 동의하게 될 경우에 조정인과 중재인을 겸할 수 있는 것에 대하여 특별히 문제가 되지 않는 것으로 이해하고 있다.(*Mag Matthias M. Pitkowitz/ Mag. Marie-Therese Richter, a. a. O., S. 225 f, Axel Reeg,*

'*The New Arb-Med-Arb Protocol of Singapore International Arbitration Center*', *IWRZ* 2015, *S.* 16.) 결론적으로 사적자치의 원칙에 따라 조정과 중재는 완전히 독립된 제도로만 운영될 것은 아니고 혼합적(*hybrid*) 방식이 가능하고 적극 활용될 필요가 있다.

이러한 자기책임성에 입각한 사적자치의 원칙은 혼합적 분쟁 해결의 경우에도 본질적으로 당사자가 자발적 동의를 하게 되면 조정과 중재의 혼합방식인 *Med-Arb*이 허용된다. 이와 같이 혼합적 분쟁 해결의 기본 전제는 조정에 있어서 당사자 자치의 원칙이고 당사자 간의 명시적인 합의가 기본이라고 할 것이다.

예를 들어 *ICC*조정규칙 제10조 제4항에서 "조정인은 본 규칙하에서의 심리에 있어서 어떠한 점에 대하여도 재판, 중재 또는 이와 같은 심리에 있어서 증언을 해서는 아니된다"고 규정하고 있으나, 단서에서 모든 당사자 및 조정인 사이에 서면에 있어서 별도의 합의가 있는 경우나 준거법에 필요로 하는 경우에는 그러하지 아니하다고 되어 있다.(中村嘉孝, '國際上取引紛爭における調停', 神戶外大論叢 73卷, 2021. 4, 30面)

이와 함께 행정형 조정에서 조정과 중재의 결합과 관련 있는 의미 있는 입법례가 있다. 의료사고 피해구제 및 의료분쟁조정 등에 관한 법률(약칭 의료분쟁법) 제43조에서 "당사자는 분쟁에 관하여 조정부의 종국적 결정에 따르기로 서면으로 합의하고 중재를 신청할 수 있다"고 규정하고 있어 당사자가 조정부의 종국적 결정에 따르기로 서면으로 합의하고 중재를 신청할 수 있고, 중재 신청은 조정절차 계속 중에도 할 수 있으며, 이 경우 조정절차에 제출된 서면 또는 주장 등은 중재절차에서 제출한 것으로 보고 있다.

나아가 행정형 조정에 있어 촉진적 조정과 평가형 조정의 결합이 필요하다. 촉진적 조정은 조정인은 중개인에 그치고 당사자 간의 대화를 통한 자기주도적 분쟁해결을 촉진하는 역할을 수행하게 된다. 행정형 조정 중 직권조정이나 조정에 갈음하는 결정은 평가형 조정에 해당한다. 우선적으로 당사자의 주도적인 대화를 통한 분쟁 해결을 도모하는 촉진형 조정을 먼저하고 보충적으로 평가형 조정을 시도하는 것이 적절하다. 조정인의 역할과 관련하여 촉진형 조정에서는 대화가 핵심으로, 조정인은 양 당사자의 대화를 경청하여 질문과 대화 스킬을 통해 과거의 문제로부터 미래 관계로 방향을 전환하는 것이 성공적 조정의 요체이다. 아울러 조정인은 조정절차의 형성에 있어서 큰 역할을 한다. 미래지향적 해결을 도모하는 과정에서 조정인의 역할이 매우 크다고 할 것이다. 조정에 갈음하는 결정이나 직권조정 방식은 조정인이 단순한 절차의 주재자를 넘어 적절한 대안을 제시하는 자의 지위에서 하는 분쟁 해결 방식이므로 이러한 조정에서는 전문적 역량이나 해당 분야에 정통할 필요가 있다.

(출처: 법률신문, 2022.12.21.)

4 출사(出仕)와 은일(隱逸) 그리고 대학교수의 정치참여

데이비드 브룩스는 그의 저서 「인간의 품격」에서 아담*I* (*Big me*)과 아담*II* (*Little me*)로 특징되는 인간본성의 양면성 극복에 관하여 기술하고 있다. 아담*I*은 자기확장을 위해 부단히 욕망하며 적극적으로 자기를 실현하는 모습을 보여준다. 아담*I*의 좌우명은 성공이다. 이와 대조적 본성인 아담*II*는 내면적 충일을 중시하고, 겸손과 절제 그리고 베푸는 삶의 경향을 보여준다. 아담*II*의 좌우명은 박애, 사랑 그리고 구원이다. 아담*I*은 양(陽)과 동적인 세계를 의미하고 물질적 성공을 추구하는 출사에 해당한다면, 아담*II*는 음(陰)과 정적인 세계를 의미하고 내적 성장에 치중하는 은일에 해당한다고 할 수 있다.

동양사회에서 관직이나 정치에 참여하는 출사와 혼탁한 세상에서 벗어나 산림이나 강호에 유유자적하는 은일을 양자택일의 문제로 보는 경향이 있다. 공자는 논어 태백편 13장에서 도를 실현할 가능성이 있으면 출사하고, 도를 실현할 가능성이 없으면 때가 오기를 기다리면서 은일하라고 말한다(天下有道則見 無道則隱).

이와 같은 출사와 은일의 대립적 관점을 조화롭게 절충한 백거이(白居易)의 삶은 흥미롭기만 하다. 백거이는 29세에 진사과에 합격한 후 승승장구하던 40대 중반에 본의 아니게 지방관직으로 좌천당하는 삶의 변곡점에서 앞으로 어떻게 살 것인가에 대한 깊은 성찰을 한다. 백거이는 예기치 않게 맞이한 역경을 그의 자(字) 낙천(樂天)처럼 긍정적으로 극복하여 한직이지만 경제생활을 보장받으며 지방에서 성실히 근무하였다. 그는 성공이나 출세에 눈이 멀지 않고 자신의 보폭으로 지방의 관료생활 속에서 술과 시와 거문고를 벗삼는 한적지락(閑適之樂)의 삶을 병행하였다. 백거이는 지방 한직에 머물며 녹봉을 받는 출사와 한적한 은일을 양립하는 중은(中隱) 적 삶의 방식으로 말년에 오늘날 법무장관에 해당하는 형부상서에도 오르고 75세까지 장수하는 균형있는 명철보신(明哲保身)의 삶을 보여주고 있다.

"대학교수가 자신의 전공분야가 아닌 공직을 맡거나 정치에 참여할 경우 전공영역에서 쌓은 경험과 식견을 국가사회를 위해 나누는 형태가 되지 못하고 자칫 아마추어 행세를 하다가 들러리로 전락할 위험성이 있다. 대학교수는 출사와 은일의 양립이 가능하여 학자적 성공과 도덕적 성장의 균형을 유지할 수 있는 반은반사(半隱半仕)의 직업이다."

대학교수가 고위 공직으로 진출하거나 정치판에 뛰어드는 경우를 종종 보게 된다. 대학교수는 단순한 지식의 판매상이 아니라 진리의 불꽃에 영혼을 점화하면서 정도(正道)를 가고자 스스로 분투하는 구도자이다. 고결한 선비를 지향하는 대학교수는 외부세계에 한눈 팔지 않고 바른 생각과 확고한 신념, 응축된 내공으로 대학인의 본령과 역할을 충실히 하고 있다.

대학교수의 직업적 본령은 학문연구, 교육과 후학양성 및 사회봉사에 있다. 사회봉사는 연구와 교육의 관련성 테두리에서 이루어지는 것이 바람직하다. 그러나 대학교수가 본업을 소홀히 하면서 정치판을 기웃거리거나 정치에 참여하게 되면 폴리페서(*Polifessor*)로 지칭되어 자칫 조롱의 대상이 될 수 있다.

대학교수가 전공과 관련성이 있는 공직 등을 잠시 맡거나 비상임으로 활동하는 것은 연구와 교육의 환류를 위해 권장할 만한 일이다. 또한 교수의 정치참여는 전문성과 참신성 차원에서 긍정적 측면이 없지 않다. 그러나 대학교수가 전문분야나 전공분야와 관계 없이 정치참여를 할 경우 전공영역에서 쌓은 경험과 식견을 국가사회를 위해 나누는 형태가 되지 못하고 자칫 아마추어 행세를 하다가 들러리로 전락할 위험성이 있다.

대학교수는 출사와 은일의 양립이 가능하여 학자적 성공과 도덕적 성장의 균형을 유지할 수 있는 반은반사(半隱半仕)의 직업이다. 앞에서 살펴본 현인처럼 살다간 백거이의 중은적 생애와 데이비드 브룩스의 「인간의 품격」이라는 책에서 전하는 성공보다 성장에 주안점을 두는 삶의 방식은 혼탁한 정치판에 뛰어들거나 정치에 참여하려는 대학교수에게 무언(無言)의 일침(一針)을 가하면서 많은 것을 일깨워 주고 있다.

(출처: 뉴스퀘스트 법과 인문학 단상, 2023. 7. 3.)

5 미생과 완생 그리고 약팽소선(若烹小鮮)

인생의 축소판인 바둑에서 한 집이 나면 미생(未生)의 삶이고, 두 집이 독립적으로 나야 완생(完生)의 삶이 된다는 사활의 공식이 있다. 의식주의 하나에 속하는 주거의 안정은 행복한 삶의 조건이다. 주거의 불안정 문제는 정부의 정책실패의 대표적 사례로 우선적으로 해결해야 할 국가적 과제이다. 주거정책의 기본원칙을 규정하고 있는 주거기본법 제3조를 개정하여 1세대가 1주택을 보유·거주하는 것을 기본원칙으로 하는 주거기본법 일부개정 법률안이 여당 국회의원에 의하여 발의되어 국회에 계류 중이다.

1세대에 1주택 보유 강제는 인간의 주택 소유의 다양한 가능성과 더 나은 삶을 향유할 수 있는 기회의 사다리를 차단하고, 오히려 고급 아파트나 주택으로 몰리는 기현상과 지방주택의 가격하락 등 심각한 부작용이 초래될 수 있다.

우리 헌법은 제16조에서 '모든 국민은 주거의 자유를 침해받지 아니한다'고 규정하고 있고, 헌법 제10조에서 행복추구권을 명문화하고 있다. 이러한 헌법규정에 비추어 볼 때 누구나 사적인 주거공간을 자율적으로 선택하여 행복한 생활을 영위할 수 있는 기본적 권리가 보장된다. 우리 헌법이 자유시장 경제체제를 표방하고 있기 때문에 누구나 주택을 포함하여 재화를 소유하고 투자하는 것이 허용된다. 선진국에서 세컨드하우스를 갖고 생활하듯이 열심히 생활하여 부를 형성한 후에 도시 안에 한 채의 주택과 지방이나 근교에 다른 한 채의 주택을 갖고 주중에는 도시에서 활동하다가 주말에 지방이나 근교에서 휴식을 취하면서 보내는 것은 질 높은 생활이 될 수 있다. 따라서 1세대 1주택의 강제는 재산권의 소유와 처분 등이 금지되는 사회주의 경제체제에서나 가능한 이야기이다. 자본주의 시장경제체제에서는 자율적인 자기책임에 따라 생활형성의 기초를 확보하고, 각자의 재산 형편에 따라 주택을 소유하거나 월세나 전세 등 임대차 방식으로 거주하는 것이 가능하다. 헌법상 재산권의 보장은 개개의 국민에게 생산수단의 사적인 소유를 보장함과 동시에 물질적 기반이 되는 재산권의 객체에 대하여 주관적 권리로서의 사적 유용성과 처분 권능의 보장을 의미한다. 만약 1세대 1주택 보유의 기본원칙을 법제화할 경우 사유재산제도의 근간을 해치고 헌법상 주거의 자유와 행복추구권의 본질적 내용을 침해하여 위헌의 소지가 있다.

더구나 부동산에 대한 정부의 극단적인 규제정책이 지속된다면 주택가격만 상승하여 미생의 삶조차 어렵게 만들고 보유세 등 각종 세부담이 가중되는 문제가 있다. 따라서 주택공급을 늘리고 1세대 2주택에 대한 조세부담을 완화하는 이른바 '국민 완생'을 지향하는 정책이 부동산 폭등과 투기를 억제하여 주거의 안정을 도모하고 지방경제의 활성화에 기여할 수 있다. 결론적으로 20여 차례가 넘는 빈번한 부동산 정책이 초래한 폐해와 정부실패를 극복하기 위해서는 작은 생선을 조심스럽게 요리하는 약팽소선(若烹小鮮)의 국가경영과 시장 친화적인 부동산 대책이 절실히 요청된다.

(출처: 법률신문 서초포럼, 2021.11.25.)

6 성공적 정치의 요체로서 올바른 인사

중국의 사서 중의 하나인 '대학'에는 "현명한 사람을 보고도 제대로 임용하지 못하고 임용하더라도 먼저 쓰지 않는 것은 태만한 것이요, 선하지 않은 사람을 보고도 물리치지 못하고 물리치더라도 멀리 물리치지 못하는 것은 잘못이다"는 말이 적혀 있다. 성공적인 정치의 요체는 어느 시대를 막론하고 지인(知人)을 통한 안민(安民)에 달려 있다고 할 것이다. 지인은 사람을 제대로 볼 수 있는 안목이고, 안민은 백성을 편안하게 해주는 것이다. 성공적인 정치를 하려면 인사권자가 지인지감(知人知監)이 있어 곧고 바른 현명한 사람을 보고 이를 발탁하여 국정을 맡도록 해야 한다.

그동안 청와대의 인사검증기준이 선별적 잣대로 운영되고, 국회의 인사청문제도가 형식적인 요식절차로 그치면서 국가적 난제를 해결하여야 하는 상황에서, 과연 훌륭한 인재를 어떻게 발탁할 것인가의 문제가 시급한 개혁과제가 되고 있다. 전문적 능력도 부족하고 도덕적 수준이 낮음에도 단지 진영의 이익을 대변하고 인사권자의 말을 잘 듣는 인적 자원을 발탁하여 그 자리에 맡길 경우에 조직의 성과를 내기는커녕 국가조직의 짐이 되는 경우가 비일비재하다.

중국 한나라의 유방이나 위나라의 조조의 경우 오직 능력을 중시하여 인재를 발탁하는 유재시거(有材是擧)의 방식으로 인재를 발탁하여 큰 성과를 거두었다. 이처럼 오늘날 자유민주적 법치국가에서 능력일변도의 인사검증기준을 적용하기는 어렵겠으나, 그 자리를 감당하기 어려울 정도의 전문적 능력을 갖추지 못한 사람은 배제되어야 할 것이다.

이와 관련하여 오늘날 인재를 발탁함에 있어서 우선 재능과 덕성 중에 어느 것을 우선할 것인가의 문제가 제기된다. 한마디로 재능과 덕성을 겸비한 인재는 적극적으로 공직에 발탁할 필요가 있다. 덕성도 문제가 있고 능력도 없거나 문제시되는 경우는 당연히 피해야 한다. 국정의 자리가 개인의 정치적 경력관리를 위한 수단이 되는 것은 곤란하다. 덕성과 능력의 부적격자가 고위 공직에 임용되는 것은 나라를 망치는 지름길이 된다. 문제는 재능과 덕성 중에 하나는 갖추었는데 다른 하나가 모자란 경우에 어느 것을 우선해야 하는가 하는 것이다. 태평성대의 시대에 능력이 다소 떨어지더라도 덕성을 우선적으로 고려하여 인사를 하는 것도 무방하다. 그러나 오늘날 치열한 국제 경쟁사회에서는 정치적으로 어느 진영인가를 불문하고 국가발전을 위한 역량이 검증된 인재를 발탁할 필요가 있다.

훌륭한 인재의 발탁은 잘 달리는 우수한 말을 고르는 것과 유사하다. 명마(名馬)는 평소에 많이 먹어 말의 상태를 잘 모르는 사람이 보면 쓸모없고 비용이 많이 들어 거들떠보지 않을 것이다. 그러나 한번 달리면 엄청난 위력을 보여주는 명마를 찾아내기 어려운 것처럼 국사무쌍(國士無雙)의 인재를 찾아내서 발탁하는 것은 쉬운 일이 아니다.

말은 수말인지 암말인지, 털의 색이 검은색인지 흰색인지는 사물의 본질상 그리 중요하지 않고 잘 달리는 것이 명마의 조건이다. '꿩 잡는 것이 매'라는 말이 있듯이 국가적 인재도 성별과 출신이 중요하지 않고 국가 발전을 위한 시대적 과제를 잘 수행하는 것이 관건이다.

현행 국회 인사청문제도는 지나치게 개인적인 신상을 털기 때문에 능력 있는 사람은 오히려 가족의 반대로 국가를 위해 봉사할 기회를 갖는 것을 꺼려한다. 따라서 개인의 윤리적 검증은 비공개로 하고 전문적 능력을 공개적으로 검증하는 방향으로 제도개선을 하게 되면 현명하고 역량 있는 국가적 인재를 적재적소에 충원할 수 있게 된다. 능력이 그 자리를 감당하기에 미흡한 사람을 임용할 경우에는 국가를 위해 당당하게 직분을 행사하기보다는 인사권자의 눈치를 보면서 보은적 처신을 할 가능성이 높다. 고위공직자로서 국가와 국민을 위해서 봉사해야할 처지에서 자신을 발탁한 인사권자의 뜻을 살피는 행태는 그야말로 자격미달이고 비판받아 마땅하다.

인사가 만사다. 잘못된 인사는 망사(亡事)가 된다. 해당 분야의 전문적 식견과 능력이 없고, 심지어 기본적 교양과 덕성이 없음에도 국가의 고위직을 맡게 되면 무리수를 두게 마련이다.

논어 '위정' 편에서 공자는 "곧고 정직한 사람을 등용하여 비뚤어진 사람의 윗자리에 놓으면 백성들이 따르겠지만, 비뚤어진 사람을 발탁하여 곧고 정직한 사람 윗자리에 두면 백성이 따르지 않는다"고 인사정책의 핵심을 짚었다.

국가기관을 비롯해 어느 조직이건 사람을 잘 써서 성공한 사례도 많지만, 사람을 잘못 써서 실패한 사례는 부지기수이다. 진영의 틀에 갇혀 좁은 인력풀에서 인사를 할 것이 아니라 정치적 견해를 달리하는 능력 있는 인물을 발탁하여 국가를 융성시켰다는 점에서 춘추오패 제환공이 관중을 재상으로 발탁한 사례는 시사하는 바가 크다.

용인술의 정수는 자신의 진영이 아닌 정치적 관점을 달리하는 사람까지도 품을 수 있는 인사권자의 큰 도량에서 나온다. 유비가 제갈공명을 삼고초려한 후 발탁한 사례를 들지 않더라도 정치적으로 성공하려면 초야에 묻혀 있는 인재를 널리 구할 필요가 있다. 어느 정권을 불문하고 인재풀이 고갈되어 인품과 능력이 부족함에도 측근이나 주변의 사람이 돌아가면서 고위직을 맡는 회전문 인사가 최악이라고 할 수 있다. 국가의 흥망성쇠는 어질고 유능한 인재에 달려있다.

(출처: 법률신문 방송뉴스 칼럼, 2021.03.23.)

7 국회의원 선거레이스와 경마(競馬) 그리고 명마(名馬)의 발굴

제22대 국회의원 출마자의 선거레이스가 막판 열기를 뿜어내고 있다. 선거레이스와 경마는 공정한 룰(*Rule*)이 적용되고 이와 같은 기본적인 룰을 위반한 경우에는 엄격한 제재가 수반되며, 투표행위를 한다는 점에서 유사하다. 선거에 나가는 것을 출사표를 던지고 출마(出馬)한다고 표현하듯이 국회의원 선거레이스와 경마는 흥미로운 공통점이 있다.

선거레이스와 경마 모두 관중인 갤러리(*gallery*)가 있다. 다시 말해 유권자인 국민과 경마에 참여하는 관중의 관심에 기초하고 있다. 유권자는 국회의원 선거에 관심을 갖고 투표에 임하면서 여론의 풍향을 내다보고 선거결과를 예상하고 향후 정치지형의 변화를 희망하기도 한다. 이와 함께 경마는 관중들이 우승 후보인 경주마를 응원하고 베팅을 하면서 승마투표가 적중될 경우 배당될 환급금에 기대를 갖게 된다.

이번 선거에 출마한 입후보자는 경마에 참여하여 모든 힘을 다하여 달리는'전력질주(全力疾走)'를 특징으로 하는 경주마를 본받을 필요가 있다. 그러나 경마에서는 혼자 달릴 수는 없고 기수와의 호흡이 중요하다. 경주에 참여한 경주마는 한차례 레이스를 치르고 나면 1개월 남짓 온몸을 앓는다. 오직 레이스에 전심전력한다는 의미다. 말처럼 힘차게 전진하라는 의미에서 말의 신발에 해당하는 *U*자 형의 말발굽 편자(*Hufeisen, horseshoe*)는 독일 등 서구권에서 행운의 상징이다.

오는 10일 치르는 선거에서 특정 후보자의 압도적인 우세지역도 있지만 박빙의 승부처도 적지 않다. 경마에서 경주마는 3가지 유형이 있다. 출발시부터 앞서 달리는 습성의 선행마, 처음에는 두각을 나타내지 않았으나 경기 후반에 치고 올라오는 후행마, 그리고 때로는 앞서 달려나가거나 때로는 뒤에서 추격하는 등 자유롭게 레이스를 펼치는 자유마가 바로 그것이다. 경마의 짜릿함과 묘미는 초반 레이스에는 약간 뒤처져 있다가 후반 레이스에 코너를 돌아 마지막 주로에서 힘차게 달리면서 앞서 달리던 말을 제치며 결승점을 통과하는 것을 보는 것이다.

공정한 선거과정을 통하여 유권자인 국민은 국가사회에 기여할 유능하고 덕성 있는 입후보자를 선출하여 국회에 보내야 한다. 특히 국회의원 선거를 통하여 입법부 구성을 하게 된다는 점에서 매우 중요하다. 국회의원 선거를 통하여 나타난 민심은 법률제정의 산실인 국회의 소속 정당 지형과 분포를 통하여 여당과 정부의 정책 추진의 동력을 확보할 것인지 아니면 정부의 독주를 견제할 것인지를 결정하는 이정표(*milestone*)가 된다.

훌륭한 정치인이 되려면 부모나 선대로부터 물려받은 좋은 품성에 더하여, 좋은 스승으로부터의 교육적 측면과 인걸지령(人傑地靈)의 태어난 산천의 풍토적 요인을 무시할 수 없다. 명마가 좋은 혈통과 전혀 무관하지 않듯이 이러한 유전적 요인도 잠재적 능력을 결정하는 데 상당한 역할을 한다. 이에 더하여 후천적인 독서와 여행, 교육과 훈련을 통한 신체와 정신의 단련이 선천적 요인 못지 않게 중요하다. 경마에서 예상마가 선두를 차지하여 싱겁게 끝나기도 하지만 새로운 다크호스(*dark horse*)가 등장하기도 한다. 이러한 점에서 이번 국회의원 선거레이스를 통해서 한국 사회를 이끌어 갈 새로운 국가적 인재인 명마(名馬)의 발굴이 기대되기도 한다.

중국의 고전에 나오는 말 중에 유명한 명마로는 적토마(赤兔馬)와 오추마(烏錐馬)를 들 수 있다. 삼국지에 하루에 400㎞를 달리는 천리마로 색이 붉은 적토마가 등장한다. 조조가 이 적토마를 관우에게 선물하여 관우와 평생 고락을 함께한다. 적토마는 자신이 선택한 주인이 아니면 태우지 않았고 관우가 죽은 후에는 식음(食飮)을 전폐하고 주인을 따라 굶어 죽은 명마였다. 한편 초한지에 나오는 항우의 애마 오추마는 검푸른 털에 흰털이 섞인 말로 여러 전장을 누비며 항우와 함께 공을 세웠다. 해하(垓下) 전투에서 패한 항우가 오강에 이르러 죽음을 결심하고 오추마를 살리기 위해 뗏목에 태워 보냈다. 그런데 이 오추마는 항우가 죽음을 결심한 것을 알고 울다가 스스로 물에 뛰어들어 죽었다는 이야기가 전해지고 있다. 중국 북송시대 소동파의 '인생도처유청산(人生到處有青山)'라는 시구

(詩句)는 유명하다. 세상 곳곳이 청산이듯이 명마는 도처에 있다는 말이다. 그러나 이를 제대로 알아보지 못하는 청맹과니 역시 도처에 있다.

명마를 알아보는 데에는 제일 가는 사람은 백락일고(伯樂一顧)라는 고사로 잘 알려진 중국의 백락(伯樂)이 있다. 정치는 사람을 잘 알아보는 식견과 능력을 의미하는 지인지감(知人之鑑)이 있어야 한다. 인사가 만사(萬事)라고 한다. 그렇기 때문에 사람을 잘못 발탁하여 망사(亡事)가 되기도 한다. 정치는 국가사회적으로 역량 있는 인재를 발탁하는 과정이라고 할 수 있다. 완성된 인재는 없다. 천리마는 타고 날 때부터 모든 것을 갖추고 완전무결하지도 않고 절차탁마를 통해 높은 수준의 고아(高雅)한 인물로 성장한다. 백락은 왕에게 "좋은 말은 근육과 뼈를 보기만 하면 알 수 있으나, 천하의 명마는 그 재질이 골수(骨髓)에 숨겨져 있기 때문에 겉모습만 보아서는 알 수 없다"고 하였다. 중국 진나라 목공은 백락이 나이가 들어 명마를 고를 후계자를 추천해 달라고 요청했다. 그는 구방고(九方皐)를 왕에게 추천했다. 어느 날 진나라 목공이 구방고에게 준마인 황색의 암말을 구해 오라고 지시하였다. 얼마 후 구방고가 구해온 것은 검은색의 수말을 데리고 왔다. 왕은 백락을 불러 말의 암수와 색깔 구분이 안 되는 사람을 추천했느냐고 추궁했다. 백락은 자신보다 구방고가 말에 대한 안목이 있다면서, 구방고는 정수(精髓)만을 파악하였을 뿐 대강(大綱)은 잊어버린 것이라고 답했다는 일화가 있다. 즉, 말에 있어 털의 색이나 암수 여부 등 외모나 곁가지는 따지지 않고 말의 재질 즉 사물의 본질에 치중한 것이다.

오늘날 한국 정치는 여야를 불문하고 말의 모색(毛色)과 같은 패거리 문화에 익숙하다는데 문제가 한층 심각하다. 외양이나 스펙으로 알 수 없는 숨겨진 잠재능력을 간취하는 것이 진정한 안목이라고 할 수 있다. 추사(秋史) 김정희 선생의 묵란 중에 '인천안목(人天眼目)'이라는 화제가 붙은 난화는 안목의 중요성을 일깨워 준다. 오늘날 선거에 있어서 출마한 인사의 역량과 덕성은 제대로 따지지 않고 정당의 색깔만 보고 선택하는 묻지마 투표의 풍조는 지양될 필요가 있다.

이번 국회의원 선거에서 예상하지 못한 경주마가 경마에서 우승하듯이 예상치 못한 입후보자가 승리하는 이변이 적지 않을 것이다. 국회의원 선거의 결과는 국가정책의 추진에 지대한 영향을 미친다. 국가사회의 발전을 위해 유권자의 현명한 선택과 적정한 투표권 행사가 요구되는 시점이다. 여야 정당을 떠나 명마에 해당하는 나라를 위해 헌신할 훌륭한 정치인이 많이 배출되는 제22대 국회가 되기를 기대한다.

(출처: 법률신문 인터넷판 법조광장, 2024. 4. 5.)

제주 유배시절 제가가 다량의 책을 보내오자 그림과 발문을 써서 추운 겨울에도 변치 않는 송백과 같은 절의와 기개를 나타내는 최고 경지의 문인화이다. 세한도에는 오랜기간 서로 잊지 말자는 뜻의 '장무상망(長毋相忘)' 이라는 낙관이 찍혀 있다.

(추사 세한도(국보))

제2편

법과 인문학 산책길에서

제1장

법조인물탐구

Ⅰ. 추사 김정희

1 박학독행의 법률가 추사 김정희

정확성 기한 암행보고서, 관맹득의 강조

창덕궁의 궁궐 동쪽에 위치한 왕의 서재에는 한문으로 쓴 낙선재(樂善齋) 현판이 걸려 있다. 대문에는 장락문(長樂門)이라는 큼직하게 쓴 현판이 있다. 본채의 기둥에는 秋史의 스승인 청나라 옹방강의 주련이 여러 개 걸려 있다. 장락문의 글씨는 秋史의 제자인 흥선대원군이 쓴 것이며, 낙선재의 현판은 秋史의 친구이며 옹방강의 제자인 섭지선의 글씨이다. 효명세자의 아들인 헌종은 문화와 예술을 사랑한 군주로 부친의 스승인 秋史와 옹방강의 예술세계를 흠모하였다.

효명세자의 정신적 스승

헌종의 조부인 순조는 외척인 안동 김씨 세력을 견제하기 위하여 그의 아들 효명세자에게 대리청정을 맡겼다. 효명세자는 문화예술과 궁중무용의 제작에 탁월한 역량을 보여주었다. 그러나 젊은 나이에 효명세자가 갑자기 죽게 되어 秋史의 집안은 정치적 부침을 겪게 되었다. 효명세자가 왕이 되어 계속 활동하였다면 그의 정신적 스승인 秋史는 육조판서나 영의정의 자리에까지 올라섰을 것으로 추측된다. 그의 친구인 조인영과 권돈인이 영의정을 지낸 것과 같이 추사도 청류(淸流)의 관직 코스를 밟았기 때문이다.

그러나 秋史는 법률가의 길을 벗어난 다음 영의정을 지낸 권돈인에게 요즈음 말로 "붓을 천 자루 대머리로 만들었고, 벼루 10개를 던킨도너츠를 냈다"고 말했을 정도로 절차탁마를 통해 새로운 독창적 예술세계를 열었다. 秋史는 법률에만 천착하는 편협하고 고루한 전문가가 아니었다. 자신에게 닥친 역경을 슬기롭게 이겨내 학문과 예술 등 다양한 분야에서 종합적 예지력을 갖추고, 불교와 유교의 회통 속에 탈속과 달관의 경지에 올랐다. 그는 수신(修身), 제가(齊家)와 치국(治國)을 넘어 학문과 문화예술의 넓은 우주에서 평천하(平天下)를 달성한 탁월한 지성이다.

秋史 김정희(1786. 6. 3.-1856. 10. 10.)는 누구나 아는 것 같으면서도 그 경지를 제대로 알기 어려운 학자와 예술가이며, 조선 후기 학문과 예술의 세계에 우뚝 선 거봉이다. 일반적으로 추사체의 서예가로 널리 알려진 秋史의 직업은 다양하다. 그는 금석학자, 고증학자, 경학자, 불교학자, 시인, 행정관료, 정치인, 교육자, 화가, 서예가, 서화감식가 등 여러 분야

에서 탁월한 역량을 발휘하며 최고의 경지를 보여준 다재다능한 천재형 학자이다. 추사는 한계를 거부하는 폴리매스(*polymath*)형 종합적 지식인으로 북송의 소동파나 독일의 괴테(*Goethe*)에 비견될 수 있다.

소동파에 비유되는 폴리매스 지식인

관직의 길에 들어선 秋史는 처음에 세자시강원의 설서(說書)로 출발하여, 정4품의 필선과 정3품 당상관인 보덕을 맡기도 하였다. 보덕은 세자시강원의 최고 직책이고 종전에 종3품의 직급이었다가 정조 이래 정3품의 당상관으로 승격되었다. 이처럼 秋史는 왕실의 세자교육을 책임지는 역할을 30대 중반의 젊은 나이에 맡았다. 秋史는 규장각 대교를 맡은 후 그 책임의 막중함을 이유로 사직의 소를 내기도 하였으나, 반영되지 않았다. 이와 같은 내각 학사의 직책에 자부심을 가졌던 秋史는 완주에 있는 정부인 광산김씨 묘비에 이삼만과 함께 쓰고 '규장각 대교 김정희'라고 명기하기도 했다. 규장각은 내각에 속한 관청으로 대교는 신진 관료가 임용되는 최고의 직위이자 장차 정승의 길로 나아가는 청요직에 속한다. 규장각 대교는 학문이 박식하고 문장이 출중해야 하고, 고결한 인품과 높은 인망이 발탁의 표준이 되기도 했다.

성균관 대사성 발령

秋史는 오늘날 국립대학교 총장에 해당하는 성균관 대사성의 발령을 받기도 하였다. 조선시대 성균관은 국가통치 이념인 성리학을 유생에게 교육하는 최고 국립대학이었기 때문에 그 기관의 장인 대사성은 사유(師儒)의 장(長)으로 유학의 경전에 해박하고 덕행을 겸비한 인재가 발탁되는 자리였다. 추사는 성균관 대사성에 발령받고 관직을 사양하는 소를 작성하였다. 그 요지는 그 직책이 영광스러운 높은 지위로 유생들의 스승이라는 인망을 얻는 것이지만, 보잘것없고 용렬하여 가장 남의 밑에 맴돌고 재주와 식견이 천박하여 감당하기 어렵다는 것이다. 秋史는 또 인재를 양성하고 문풍(文風)을 크게 천향하는 일을 자신이 책임을 질 수 있겠는가라고 하면서, 중화(中和)를 교도하는 직을 감당해내기 어렵다고 했다. 성균관 대사성의 재임기간은 19세기 전반에 대략 3, 4개월의 단기에 그쳤고 秋史도 그곳에서 오래 근무하지 않았다. 추사는 이와 함께 왕실의 특별감찰직에 해당하는 충청우도 암행어사와 오늘날의 법제처 법제관에 해당하는 의정부 검상을 거치고 형조참판으로 발령받기도 하였으므로 이 글에서는 법률가로서의 秋史에 대하여 살펴보기로 한다.

법률가와 어울리는 아호 '秋史'

秋史는 경주김씨인 부친 김노경과 기계유씨 모친의 장남으로 충남 예산 용궁리에서 태어나 과천에서 71세를 일기로 생을 마쳤다. 김정희의 자는 원춘(元春)이다. 김정희의 호는 100여개가 넘어 일일이 셀 수가 없을 정도로 많다. 대표적인 아호는 추사(秋史)와 완당(阮堂)이다. 그 밖에 보담재, 예당, 시암, 내각학사, 천축고선생, 승설도인, 청관산인, 노과, 농장인 등을 아호로 사용하고 있다. 秋史는 추상같은 역사의 기록이라는 의미이다. 완당은 중국의 대학자인 완원을 흠모하여 스스로 완당이라고 지었고 고증학과 금석학의 학자적 의미를 내포하고 있다. 여기서는 법률가의 관점에서 어울리는 秋史라는 아호를 사용하기로 한다.

秋史는 어려서부터 효성스럽고 우애 있으며 특이한 성품을 타고 났다. 秋史는 약관의 나이에 백가의 서적을 탐독하여 옛 것을 좋아하는 호고(好古)주의자라고 할 수 있다. 秋史의 어린 시절 성품은 조용하고 밝고 유유자적한 모습으로 그려져 있다.

완당전집의 민규호가 쓴 '완당 김공소전'에 의하면 "공은 매우 청신하여 유연하며 기국이 안한하고 화평하여 사람들과 말을 할 때는 모두를 즐겁게 하였다. 그러나 의리(義理)의 관계에 미쳐서는 의론이 마치 천둥 벼락이나 창·칼과도 같아 사람들이 모두 춥지 않아도 덜덜 떨었다"고 밝히고 있다. 이는 秋史가 서화를 감식할 경우의 '금강안 혹리수(金剛眼 酷吏手)'와 같은 철저하고 엄정한 평가를 말한 것이라고 볼 수 있다. 그렇다면 秋史는 논어에 나오는 군자삼변(君子三變)처럼 멀리서 보면 엄숙함을 느낄 수 있고, 가까이 다가서면 따뜻함이 느껴지며 그 사람의 말을 들어보면 정확하고 분명한 논리를 갖추고 있다고 할 수 있다.

秋史의 생부인 유당(酉堂) 김노경은 붓글씨를 잘 썼고 秋史의 외가가 전북 김제이고 외조부가 김제군수를 지냈는데, 기계유씨 집안의 사람들도 글씨체가 좋았다. 秋史는 그의 부친인 김노경의 가학의 영향을 크게 받았다. 秋史의 향저인 예산에는 화암사라는 집안의 사찰이 있어 어린 시절부터 불교를 가까이 하였다. 秋史는 일평생 불교에 심취하여 절친인 초의선사 등 스님과 교류하고 불이선란도를 그리기도 하였으며, 사찰의 대웅전이나 무량수각 등의 현판을 쓰기도 하였다. 해인사 중건에 즈음하여 경상관찰사로 있으면서 해인사 건립에 공헌한 김노경이 아들 秋史로 하여금 해운사 대웅전 건립을 위한 권선문과 함께 상량문을 짓도록 하였다.

봉은사 판전 현판도 추사 작품

秋史는 71세로 졸하기 3일 전 서울 강남구의 봉은사 판전(板殿)의 현판도 썼다. 평생을 불교서적을 탐독하며 불교철학에 깊이 천착하여 친구인 초의선사와 평생지기로 우정을 나누고 백파선사와 논쟁을 한 秋史는 '해동의 유마거사'라는 별칭을 갖고 있다.

秋史가 6살 때 통의동 월성위궁의 대문에 쓴 '입춘대길 건양다경(立春大吉 建陽多慶)'이라는 입춘첩을 보고 박제가가 장차 크면 이 아이를 가르치고 싶다고 말했다. 문장의 대가인 박제가가 秋史를 지도하며 새로운 학문인 실학에 눈뜨게 하였고, 연경(북경)의 학자들과 인맥을 형성하는데 큰 도움을 주었다. 秋史는 15세부터 서얼 출신의 박제가로부터 글을 배우고 그를 통해 중국 학계의 인맥을 확보할 수 있었다.

당시 3차례 연경을 다녀온 박제가로부터 최신 학문은 물론 국제적 감각과 한 가지에 몰두하는 벽(癖)의 정신을 전수받았다고 보인다. 秋史의 예술활동의 결정체인 추사체도 붓 1천 자루와 벼루 10개를 마모시킨 절차탁마와 벽광(癖狂)정신의 발로라고 할 수 있다. 秋史의 벽광정신은 '벽이 없는 사람은 버림받은 사람이다'라고 말한 스승 박제가의 영향을 받았다고 보인다.

박제가에게 전수받은 癖의 정신

秋史는 이미 20세가 되기 전에 방대한 양의 독서를 하였고, 특히 주역을 비롯한 유교 경전을 깊이 있게 읽었다. 기억력도 좋았다. 가족의 영향을 받아서인지 어려서부터 서예 솜씨가 특출하였고, 어린 시절에 부친에게 쓴 편지의 내용이 비범하였다. 秋史가 24세되는 해에 생원시에 장원으로 합격한 후 얼마 되지 않은 시점에 꿈에 그리던 연경에 갈 기회가 생겼다. 동지부사인 부친 김노경을 따라 자제군관의 자격으로 연경에 가게 되었는데 대부분 사절단이 일정을 마친 후에 화려한 건물이나 풍경에 관심을 두고 관광에 열중하는 것이 통상적인 일이었다.

그러나 秋史는 조강과 서송의 소개로 당대 청나라 최고의 학자인 완원, 옹방강 등을 비롯한 여러 문사들과 사귀면서 보내다가 돌아왔다. 秋史는 옹방강의 석묵서루를 방문하여 8만권의 방대한 서적을 보고 문화적 충격을 받는다. 옹방강은 고령인데도 젊은 秋史에 큰 기대를 걸었고, 완원은 추사가 귀국한 후 1,400권의 황청경해 초고를 일본보다 먼저 秋史에게 보냈을 정도로 각별히 아꼈다. 최고의 석학인 옹방강과 완원을 만나, 아호를 중국의 스승을 흠모하는 의미에서 보담재와 완당으로 짓기도 하였다. 秋史는 청나라 문사들과의 지속적인 교류속에서 학문과 예술에 시야를 크게 뜨면서 금석학, 고증학, 경학뿐만 아니라 불교, 시서화에 최고의 경지를 구축하게 되었다.

그동안 秋史에 대한 연구가 많이 이루어졌지만 秋史의 공직활동에 대한 연구는 널리 알려져 있지 않았다. 秋史는 이미 20대에 관직으로 나아가기 전에 '실사구시설'에 관한 글을 남겼다. "실사구시(實事求是)란 사실에 의거하여 사물의 진리를 찾는다는 의미이다. 이는 학문하는데 있어 가장 중요한 도리이다. 만일 사실에 의거하지 않고 다만 허술한 방도를 편리하게 여기거나 그 진리를 찾지 않고 다만 선입견을 위주로 한다면 성현의 도에 있어 배치되지 않는 것이 없을 것이다"라고 역설하고 있다. 또한 "학문하는 도리는 이미 요순과 주공, 공자를 귀의처로 삼았으니, 굳이 한·송의 한계나 주희, 육구연, 설선, 왕수인의 문호를 다툴 필요가 없고 다만 심기를 침착하게 갖고 널리 배우고 독실히 실천할 뿐이다"라고 하였다. 그의 학문하는 자세는 공리공론을 배격하고 실사구시를 지향하고 있다.

秋史가 활동하였던 18세기 말부터 19세기 초반의 조선사회는 청나라가 서양학문을 받아들이며 문화강국의 최정점에 위치하고 있어 북학파를 중심으로 청나라의 문물을 도입하기 시작하였다. 새로운 학문인 실학이 성리학을 대체하여 등장할 때 秋史는 청나라의 고증학과 금석학 등 청조문물을 실용적 관점에서 받아들여 경세치용학파나 이용후생학파와는 계보를 달리하는 실사구시학파로 통칭된다.

秋史는 문화와 예술의 높은 경지를 개척하면서 사회적 지위 고하를 불문하고 역량 있는 제자를 길러내는 문예의 종장이자 영수에 올라 우리 문화와 예술의 국제적 위상을 높이는데 크게 기여하였다.

흥선대원군 난 칭찬

秋史의 공직에서의 활동은 크게 교육적 역할이 많았다. 세자시강원의 설서, 보덕, 성균관 대사성 등의 여러 관직이 그것을 말해준다. 그리고 그의 예술적 작품 중에 대련의 형식은 秋史의 창조성이 돋보이는 형식으로 교훈적 글귀를 담고 있다. 秋史의 세한도는 단지 그림이 아니라 발문을 통하여 제자에게 전하는 교육자의 큰 가르침이다. 권세와 이익에 따르는 세태를 풍자하면서 권세도 없는 자신에게 다량의 서책을 선물한 것에 대하여 의아해하면서도 추운 겨울에야 소나무와 잣나무가 시들지 않고 푸른 것을 알 수 있듯이 선비의 고결한 절개와 의리를 강조하며 제자에 대한 고마운 심경을 그림과 발문으로 전하고 있다. 예술이 그저 예술로서가 아니라 교육적 목표를 수행하는 구도적 삶의 자세를 보여준다.

秋史는 공직에서뿐만 아니라 공직을 떠나 제주 유배시절에도 제자들을 잘 길러낸 스승으로 알려져 있다. 秋史는 제자에게 엄혹한 평을 하기도 하였다. 특히 그의 심복으로 불리는 우봉 조희룡에 대해 학문적 깊이가 없고 손재주만 있다고 평했다. 홍선대원군이 난을 치는 것에 대하여 "압록강 동쪽에 이만한 작품이 없다"고 칭찬하면서도 끝까지 최선을 다할 것을 주문하기도 하였다.

명문가 출신의 家禍

조선시대 명문가 출신으로 태어나 역경을 거치면서 자신이 설정한 목표를 향해 나아간 한 인간의 삶의 궤적을 살펴보는 것은 흥미롭다. 억울한 일로 누명을 쓰고 유배지에서 희망의 해배(解配)와 절망의 독배(毒杯)의 운명을 가르는 파발마의 소리에 긴장하며 겪는 고통의 시간 속에서 의지를 꺾지 않고 학문과 예술의 경지에서 탁월한 역량을 발휘한 사람 중에 秋史라는 불세출의 인물이 있다.

조선 시대는 분명 양반사회로 신분적 계급사회였다. 출신성분에 따라 가능성이 달라지는 삶을 살게 되어 있다. 秋史는 노론 벽파의 명문가의 자제로 태어나 좋은 여건 속에서 꿈을 키워갔다고 할 수 있다. 그러나 秋史보다 더 좋은 여건임에도 그 빛을 발하지 못하는 경우가 있고, 천출이나 평범한 가정에서 성장하였음에도 높은 경지에 도달한 경우도 있다. 秋史가 명문가 출신이어 성공한 것으로 단정할 것은 아니나, 신분사회에서 고위직에 있는 부친의 도움으로 자신의 역량을 펼칠 수 있는 좋은 기회를 갖게 된 것은 분명하다. 또 秋史는 큰아버지인 김노영의 양자로 들어가게 되었고, 청소년 시절 모친과 큰아버지 등 가족의 죽음을 지켜보는 고통을 맛보기도 하였다.

그러나 그의 고독한 삶 그리고 유배 속에 놓인 환경이 좋은 스승보다 못지않다고 본다. 秋史는 와전된 독설로 인해 오만하다는 평가를 받기도 하지만 그에게는 따뜻한 인간미가 있었다. 秋史는 잠오(箴傲)라는 글에서 논어 양화편에 나오는 백성의 3가지 병인 광(狂), 긍(矜), 우(愚) 중에서 미친 경지인 광은 오히려 가르칠 만하지만 오만한 사람은 가르친다는 말을 못 들었다고 하면서 오만은 덕을 흉하게 하는 것으로 백성의 악으로 보았다. 秋史가 오만을 미칠 광(狂)보다 경계하고 있는 점이 특기할 만하다. 이는 중용을 강조하는 성리학의 전통과는 거리가 있는 파격적인 접근법이다. 공자의 지호락(知好樂)에서 한 발짝 더 나아간 것이다.

비인현감 봉고파직

秋史의 고조부가 영의정, 증조부가 영조의 사위이고 영조의 비로 정조 사후에 수렴청정을 한 정순왕후 역시 경주김씨로 秋史의 먼 친척에 해당한다. 秋史는 조선후기 왕실의 집안이라고 할 수 있다. 秋史의 조부 김이주는 형조판서를 지냈다. 생부인 김노경은 대사헌과 평양감사, 경상도 관찰사, 이조판서, 형조판서 등을 두루 역임하였고, 의금부의 최고책임자인 판의금부사 등 다양한 고위직을 맡았다. 그러나 명문가 자제인 추사는 경주김씨 세력을 견제, 약화시키려는 정치적 음모로 인해 가화(家禍)를 겪게 되어 좋은 집안의 배경이 양날의 검으로 작용했다. 秋史가 충청우도 암행어사로 비인현감인 김우명에 대한 봉고파직을 강단 있게 처리한 것이 암운(暗雲)을 드리우고 있었다. 그렇지만 秋史는 대과에 합격한 후 한림

소시를 거쳐 세조시강원 설서, 필선, 문학, 예문관 검열, 규장각 대교, 충청우도 암행어사, 의정부 검상, 우부승지, 동부승지, 규장각 검교, 대교 겸시강원 보덕, 예조참의, 좌부승지, 성균관 대사성 등을 거치면서 승승장구했다. 秋史는 여기에 그치지 않고 병조참판과 형조참판을 거쳤고, 헌종은 秋史가 54세일 때 회재 이언적을 모신 서당인 옥산서원의 현판을 쓰도록 했다. 秋史는 55세에 동지부사로 발령이 나 30년 전의 부친을 따라 연경에 간 이래 다시 북행 길에 오르는 절호의 기회를 맞게 되었으나, 안동김씨 외척 세력의 정치적 음해로 그의 꿈은 산산조각이 나고 말았다.

秋史의 집안은 노론 벽파이고, 당시 조정은 조인영 등 풍양조씨와 秋史의 집안인 경주김씨가 합세하여 안동김씨에 대립하는 형국이었다. 秋史가 동지부사로 중국 연경에 다녀올 경우 엄청난 정치적 영향력의 파장을 미치게 되므로, 당시 세도정치의 주류를 형성한 안동김씨 측에서 윤상도 옥사를 끄집어내 秋史와의 관련성을 억지로 연결시켜 탄핵상소를 올려 국문을 통해 사형에 처하게 하려고 하였다. 당시 조인영은 외척으로 우의정의 직에 있었다. 秋史와 과거시험에 함께 합격하였고, 조인영이 장원급제하였다. 20대에 秋史는 북한산 진흥왕 순수비를 조인영과 함께 고증하기도 하였다. 그는 풍양조씨로 안동김씨와 풍양조씨의 연합적 외척 세력에 의하여 순조와 헌종의 재임 동안 권력의 정점에 서기도 하였다. 秋史는 친구인 조인영의 도움으로 사형은 면하고 위리안치형으로 감형되어 절해고도(絶海孤島)인 제주도로 유배가게 되었다.

행정법률가의 길

秋史는 1809년(순조 9년) 생원시에 장원으로 합격하고 그로부터 10년이 지난 1819년(순조 19년)에 문과에 급제했다. 秋史는 과거시험을 보기 전에 많은 책을 읽어 만사에 통달하였고, 독서와 금석학과 고증학에 관한 연구를 하는 등 10년간의 내공을 갖추어 문과에 합격했다. 조선왕조실록에서 당시 순조는 "홍정당에 나가 문·무과의 사은을 받고, 새로 급제한 김정희에게 사악(賜樂)하라"고 명하였다. 이어 하교하기를, "월성위의 봉사손이 지금 등과하였으니, 실로 기쁘고 다행스럽다. 귀주의 내외묘에 승지를 보내 치제하도록 하라"고 되어 있다. 秋史는 다음 해에 한림소시에 다시 도전하여 관직으로 출사한 이래 왕실과 내각에 배치되어 세자시강원의 설서, 보덕, 규장각 대교, 의정부 검상 등 재상의 길로 나아가는 핵심적 청요직을 거쳤다.

조선시대는 오늘날과 같은 법률가의 개념이 정립되지 않았으나, 국법을 적용하고 이를 토대로 법집행을 하는 행정관료를 법률가의 범주에 넣을 수 있다.

秋史는 승정원의 승지나 의정부 검상으로 활동하면서 국가의 중요한 정책 결정과 법 제정, 교시의 작성 등의 역할을 수행했다. 왕세자인 효명세자의 대리청정 시기에 규장각 검교, 대교와 세자시강원 보덕을 겸했다는 점이 중요하다. 이러한 직책은 왕실의 세자교육, 문서작성, 법령의 제정과 밀접한 관련이 있는 직책이다. 의정부 검상, 성균관 대사성, 병조참판과 형조참판의 행적은 사료가 남아 있지 않아 크게 드러나지 않고 있다.

충청우도 암행어사 출두

秋史는 41세 때인 1826년(순조 26년) 2월 20일 충청우도 암행어사로 순조의 임명장을 받아 사목과 마패 그리고 유척을 가지고 백십여일에 걸친 암행활동을 끝내고 해당 고을의 벼슬아치들의 공과를 적어 그해 6월 25일 조정에 암행보고서를 제출하고 있다. 秋史는 충청우도와 일부 경기도의 공직자의 부정과 비리에 대한 감찰과 백성들의 민생고를 탐문하고 조사하여 상세한 보고서를 통해 이를 해결하는데 노력했다. 秋史는 암행어사로 활동하면서 은밀하게 증거를 수집하였고, 불법비리를 저지른 관리에 대한 죄상에 대하여는 상세하게 기록하고, 선행을 베푼 관리에 대한 내용은 비교적 간단히 기술하고 있다.

앞서도 언급하였지만 秋史는 비인현감 김우명에 대한 엄격한 법집행으로 인해 훗날 그가 김노경과 秋史를 탄핵하는 악연을 맺기도 했다. 조선왕조실록 순조실록 28권 6월 25일자에는 충청우도 암행어사 김정희의 서계(書啓)대로 상벌을 시행하는 것으로 다음과 같이 기술되어 있다. 즉 "충청우도 암행어사 김정희가 서계를 올려, 서산군수 한용검, 예산현감 이명하, 한산군수 홍희석, 노성현감 이시재, 태안 전 군수 허성, 보령 전 현감 송재순, 비인현감 김우명, 청양현감 홍일연, 진잠현감 황도, 결성 전 현감 조석준, 남포 전 현감 성달영과 전 수사 윤상중 등의 다스리지 못한 정상을 논하니, 모두 경중을 나누어 감죄하고, 별단(別單)의 군(軍)·전(田)·적(糴)에 대한 삼정(三政)과 증미를 백징하는 것과 안면도의 송정(松政)과 안흥 굴포의 어염세·선세 등의 폐단을 묘당으로 하여금 좋은 점을 따라 채택 시행하게 하였다."

특히 비인현감 김우명에 대하여는 "부임한 이래 좋은 업적이 하나도 없다. 일을 처리할 때에는 추하지 않은 것이 없고 이익을 발견하면 아주 작은 것도 남겨두지 않는다. <중략> 소송을 바르게 이끄는 것은 민정의 중요한 관건인데 겉으로는 잘 이끈 듯하면서 속으로는 호응하여 교활한 서리가 그 거간 역할을 하고, 아침에 확립된 것이 저녁에 무너져 뇌물의 문이 크게 열렸다"고 밝히고 있다.

암행보고서에서 秋史의 가지런한 명필 글씨체로 서계와 함께 별단을 제출하고 있다. 별단은 바로잡아야 할 피폐한 정책과 속히 돌봐야 할 백성의 아픈 곳을 담고 있다. 秋史는 암행보고서에서 관맹득의(寬猛得宜)를 강조하여 엄벌만이 능사가 아니라며 조화의 정신을 강조하였다. 수사, 체포하는 정치와 감시·심문하는 방도에 있어 관대함과 엄격함이 조화를 이루어 넉넉한 행보를 보인다고 평가하고 있다. 역대 암행어사 중에는 엄정하게 직분을 수행한 영조시기 박문수, 정조시기 정약용, 순조시기 김정희, 철종시기 박규수, 고종시기 박정양 등이 유명하다. 조선시대 암행어사는 지방수령을 비롯한 탐관오리를 적발하여 처벌하는 감찰활동이 주된 임무였고 별단에서 삼정의 문란 등 제도개선의 내용도 담고 있으나 백성들의 근본적인 해결책은 되지 못하는 한계가 있었다.

秋史의 법사상과 공직관

조선시대에 법률가가 있었는가에 대하여 의문을 가질 수 있다. 그러나 오늘날의 판사, 검사, 변호사와는 다른 시스템으로 운영되었고 행정과 사법이 혼합되어 있었다. 조선시대에도 경국대전에서 보는 바와 같이 이전, 호전, 예전, 병전, 형전, 공전으로 된 법전이 있었고, 형사법전으로 대

명률 그리고 민사에 관한 관습법이 있었다. 최근에 추안급 국안, 사법품보를 비롯하여 소송기록인 결송입안이 번역되어 조선시대의 사법제도를 연구하는 환경이 조성되었다. 조선시대 당시 의정부나 승정원 등에서 법제와 감찰, 형정을 담당하는 관료가 오늘날의 공직에서 법률적 업무를 처리하는 행정법률가(*Verwaltungsjurist*)와는 다르지만 경국대전, 대전통편, 대전회통의 법전과 관례 및 왕의 교시, 왕실례와 가례에 의한 행정이 이루어졌다.

법률은 국회에서 제정되는 것을 전제로 한다면 의회가 없는 조선시대의 법을 다루는 사람을 법률가로 분류하는 것이 적절하지 않을 수 있다. 그러나 오늘날과 다른 양반 신분사회인 조선시대의 법 제정의 과정에 참여하거나 법을 적용하여 통제하는 역할을 한다면 그의 활동은 오늘날의 법률가와는 다르지만 법률가로 말하더라도 크게 어긋나지 않는다고 본다. 조선시대는 오늘날과 같은 법률가의 개념이 정립되지 않았으나, 국법을 적용하는 행정관료를 법률가의 범주로 넣을 수 있다고 본다. 이러한 관점에서 秋史의 법사상과 공직관을 나름대로 정리했다.

첫째, 엄정한 법집행과 정확한 일처리를 들 수 있다. 우선 암행보고서의 서계 앞부분에서 秋史는 백십여일 동안 수천리의 길을 탐문하였고, 읍과 저자의 요지, 산골짜기와 바닷가 외진 섬까지 모두 찾아가는 철저함으로 해당 내용을 수사하고 감찰하였는데, 해당 관리의 정치행태와 민생의 고락을 직접 보고 들은 것을 토대로 반드시 정확성을 기하였다고 밝히고 있다.

엄정한 법집행과 정확한 일처리

이처럼 秋史는 사실관계에 중점을 두는 고증학과 금석학에 정통하였다. 이와 같은 자세는 증거재판주의나 객관적 논거를 제시하는 결론 도출 등 오늘날의 법학 방법론과 관련성이 있다. 이러한 관점에서 秋史는 공리공론을 배격하고 실사구시의 정신으로 사물을 인식하였다고 할 수 있다.

또한 秋史는 법과 기강을 무시하고 탐욕과 학대를 일삼다가 교체된 전 첨사에 대하여 암행보고서에서 "이미 교체되었다고 하여 그대로 놓아 두어서는 안 된다"고 엄격한 법집행을 강조했다.

둘째, 원칙 중시의 직(直)사상을 들 수 있다. 秋史가 과거에 합격한지 얼마 안 되어 출사의 길에 나아가면서 행정관료는 올곧은 자세로 공직을 수행하여야 하는 점을 강조했는데, 이는 "곧은 소리는 대궐 아래 머무르고, 빼어난 글귀는 동쪽 하늘(우리나라)에 가득하구나"라는 뜻의 '직성유궐하 수구만천동(直聲留闕下 秀句滿天東)'라는 대련에서도 볼 수 있다.

秋史가 66세의 나이에 진종조천논쟁이 있었다. 왕통의 계승으로 따지면 진종(사도세자의 형)-정조-순조-익종(효명세자)-헌종으로 이어져 진종은 철종의 5대조가 되므로 진종은 종묘 영녕전에 조천해야 한다는 의견과 혈통상으로 보면 진종은 철종의 증조가 되므로 조천하지 않아도 된다는 의견이 맞서며, 왕통과 혈통 중에 어느 것을 우선으로 삼을 것인가의 문제로 예론이 대두하였다.

우의정 김홍근 등 안동김씨 세력은 왕가는 대통의 차서로 대수를 삼아 진종에서 헌종은 5대조가 되므로 조천해야 한다고 보았다. 그러나 영의정 권돈인은 혈통을 중시하여 조천하면 안 된다는 입장에서 반대하였다. 조선시대 우암 송시열과 미수 허목간의 예송논쟁이 있었지만 사가의 예법을 왕가에도 적용하는 혈통의 관점에서는 이른바 통치행위를 인정하지 않는 것이 예학의 태두인 사계 김장생과 그의 제자인 송시열의 노론 예학의 직사상의 기본입장이라고 할 수 있다.

진종조천논쟁에 북청으로 1년 유배

그런데 철종 시기에 벌어진 진종조천 논쟁에 안동김씨 세력은 현실적 차원에서 왕실의 입장을 대변하였고, 진종조천을 반대한 영의정 권돈인의 주장에 이론적 뒷받침을 한 秋史는 북청으로 1년여 유배를 다녀와야 했다. 권돈인 역시 이로 인해 파직을 당하고 순흥으로 유배를 갔으며, 秋史의 형제와 제자 우봉 조희룡 등도 유배의 화를 입었다. 秋史의 기본적 입장은 원칙 중시의 직사상이라고 할 수 있다.

셋째, 공직자의 청렴정신을 강조하였다. 秋史는 벼슬길에 나아가는 제자 남병길에게 '남기는 집의 의미'로 유재(留齋)라는 현판을 써주었다. 남병길의 아호인 유재는 "녹봉을 다 쓰지않고 남겨 조정으로 돌아가게 하며, 재물을 다 쓰지 않고 남겨 백성에게 돌아가게 하라"는 의미를 담고 있다. 암행어사 보고서에 나타난 바와 같이, 秋史는 잉여금을 사적 용도로 사용한 부분도 문제 삼았으나, 대흥 군수 홍희익에 관하여는 청렴하고 근면한 정치가 한결같이 변함이 없었다는 점을 높이 평가하고 있다.

소송 판결의 공정성 강조

넷째, 소송 판결에 대한 공정성 강조를 들 수 있다. 秋史는 소송 판결을 백성들의 아픔을 해소하는 것과 관련되는 것으로 보았다. 뇌물의 많고 적음에 따라 결론이 달라지는 문제점을 지적하였다. 법을 무시하는 자들은 이미 직이 교체되었다고 하여 죄를 논하지 않아서는 안 된다고 보았다. 태안 전 군수 허성의 경우 소송에 대한 판결이 공평하지 않은 것이 아니고 진휼정책 또한 명성이 있으나, 위급한 상황을 보고받은 후에 구제에 나서는 일체의 일을 전혀 신중히 처리하지 않아 소속 아전들이 이를 훔쳐 가더라도 단속하지 않은 부작위에 대하여, 비록 파직되었으나 후일을 징계하는 도리에 있어 별도의 엄한 처분이 있어야 할 것을 강조하고 있다.

끝으로 충과 효의 공직관 그리고 해박한 지식과 독실하게 실천하는 전문가 정신을 보여주었다. 조선시대는 분명 양반사회로 신분적 계급사회였다. 출신 성분에 따라 가능성이 달라진 삶을 살게 되어 있었다. 秋史는 유배형을 받은 신산(辛酸) 같은 삶의 굴곡 속에서도 국왕에 대하여 충성을 다했다. 秋史는 유배시절, 30년 전 사재를 털어 기근에 시달리는 제주도민을 살려낸 김만덕 여사의 공덕을 기리기 위해 은혜의 빛이 세상을 덮는다는 의미로 '은광연세(恩光衍世)'라는 편액을 써서 김만덕의 후손에게 전하였다. 한국형 '노블레스 오블리주(*nobless oblige*)' 정신의 귀감이 되도록 한 것이다.

아울러 秋史는 부모에게 극진히 효를 다했다. 그는 부친의 억울한 누명을 벗도록 하기 위해 양반이 통상적으로 하는 상언을 하는 대신 격쟁이라는 하층민이 사용하는 방법으로 억울함을 변호하였다. 이러한 격쟁은 한두 차례에 그친 것은 아니다. 그의 부친 김노경이 모함을 받아 오랫동안 고금도의 유배지에서 돌아오지 않자 옷도 갈아입지 않고 왕의 행차시에 격쟁을 통해 억울함을 호소하여 부친의 해배를 위한 노력을 그치지 않았다.

이처럼 秋史는 자신의 운명을 탓하지 않고 탁월한 역량을 발휘한 예술가적 삶과 청류적 법률가의 삶을 병행하였고, 관직의 길에서 유배로 나아가게 되면서 창작활동과 후학 양성에 전념하는 학자와 예술가의 길을 걷게 되었다. 秋史는 그의 관료적 삶 속에서 박학독행(博學篤行)의 법률가로 실사구시에 입각하여 원칙과 정도에 입각한 강단 있는 공직자의 자세를 보여주었다. 조선왕조실록의 철종실록에는 秋史의 졸기가 다음과 같이 실려 있다.

"전 참판 김정희가 졸하였다. 김정희는 이조 판서 김노경의 아들로서 총명하고 기억력이 투철하여 여러 서적을 널리 읽었으며, 금석문과 도사(圖史)에 깊이 통달하여 초서·해서·전서·예서에 있어서 참다운 경지를 신기하게 깨달았다. 〈중략〉 어린 시절에 영명(英名)을 드날렸으나, 중간에 가화(家禍)를 만나 남쪽으로 귀양 가고 북쪽으로 귀양 가서 온갖 풍상을 다 겪었으니, 세상에 쓰이고 혹은 버림을 받으며 나아가고 또는 물러갔음을 세상에서 간혹 송(宋)나라의 소식(蘇軾)에게 견주기도 하였다."

(출처: 리걸타임즈 법조열전, 2022.06.03.)

Ⅱ. 현민 유진오

헌법학자로, 소설가로, 관료로, 정치가로

순리에 따르는 격조 있는 삶의 자세 유명

민(玄民) 유진오(1906-1987) 박사(이하 '玄民'이라 함)는 기계 유씨로 부 유치형과 모 밀양 박씨 사이의 10남매 중 장남으로 서울에서 태어났다. 玄民의 부친은 경기도 광주 출신이고 관비 유학생으로 일본 유학 후 법부 법률기초위원과 보성전문학교 헌법학 강사로 활동하였고, 헌법 교과서를 한국인 최초로 발간하기도 하는 등 玄民의 학자적 삶에 적지 않은 영향을 미쳤다.

"조선의 괴테가 되리라"

玄民은 일제 강점기 한국인 최초의 공법학자였다. 玄民은 경성제대 법문학부에 예과 수석으로 입학하였고, 본과를 수석으로 졸업하였음에도 일본 고등문관시험을 치르지 않고 소설과 문학, 경제, 역사, 철학에 심취하였다. 玄民은 문예월간 1932년 3월호의 '괴테와 나' 라는 글에서 당시 법학을 전공하게 된 것은 "특별한 이유라기 보다는 나는 아무 반성 없이 조선의 괴테가 되리라는 뜻을 세워 대학의 법과를 택하였다"고 밝히고 있다. 괴테는 법학을 전공한 변호사 출신이면서 바이마르 공국의 재상을 지내고 젊은 베르테르의 슬픔, 파우스트 등의 소설을 쓴 대문호이면서 폴리매스로 분류된다.

玄民은 경성제대 법문학부를 졸업한 후 형법 연구실과 법리학 연구실의 조수를 하였고, 1932년 보성전문학교를 인수한 인촌(仁村) 김성수의 간곡한 초빙에 의하여 보성전문학교의 전임강사로 채용되어 헌법, 행정법, 국제법을 강의하는 법학자의 삶을 밟아 가게 된다.

玄民은 제헌헌법을 기초하는데 참여하였을 뿐 아니라 고려대 총장을 마친 후 정계에 진출하여 통합 야당인 신민당의 총재를 맡았고, 국회의원으로 출마하여 당선되기도 하였다. 3선개헌의 저지를 위하여 투혼을 불사르다 건강이 악화되어 병마로 정치활동을 할 수 없게 되었다. 말년에 국정자문위원회에 이름을 올려 국가원로로서 미약한 역할을 하다가 1987년 8월 30일 81세를 일기로 타계하였다.

폴리매스와 군자불기

玄民은 한국사의 굴곡 속에 영욕과 파란만장의 삶을 살다간 폴리매스형 법학자로 평가된다.

와카스 아메드가 쓴 폴리매스(*Polymath*)라는 책에 보면, 폴리매스란 서로 연관이 없어 보이는 3가지 이상의 영역에서 탁월한 역량을 발휘하며 종합적 사고와 방법론을 지닌 사람을 말한다. 한 분야의 전문가가 되기도 힘든데 여러 분야에서 두각을 나타내는 사람들을 지칭하는 것이다. 폴리매스는 공자가 말한 군자불기(君子不器)와 밀접한 관련이 있다. 군자는 특정한 용도로만 쓰이는 그릇이 아니라는 의미이다. 오히려 군자는 한 분야에만 식견이 있는 것이 아니라 다양한 분야에서 역량을 발휘할 수 있다는 것을 암시한다.

그동안 우리 사회는 한 분야만 깊게 천착한 전문가를 지향하고, 입시위주의 교육으로 인하여 다방면의 통합적 성찰을 할 수 있는 인재를 길러내는 교육이 제대로 행하여지지 못했다. 폴리매스의 특징은 지칠 줄 모르는 호기심, 탁월한 지능, 놀라운 창의성 등을 들 수 있다. 폴리매스형 법학자인 玄民은 법학자의 본령을 지키면서 소설가, 행정관료, 교육행정가, 정치가 등 각 분야에서 탁월한 역량을 발휘하였으며, 놀랄만한 성취를 이루었다.

유일한 헌법학 교수, 玄民

첫째, 玄民은 헌법학자로 제헌헌법에 관여하게 된다. 제헌 헌법이 논의되는 시점에서, 제헌헌법을 제정해야 하는 국가적 과제 앞에서 제헌헌법의 설계자가 필요하였기 때문에 유일한 헌법학 교수인 玄民의 이름이 계속 거명되었다. 玄民이 초안을 작성하는 과정에서 일본고등문관시험 출신의 행정관인 윤길중, 황동준 등의 조력을 받았고, 玄民이 기초한 유진오안과 권승렬안이 상정되어 국회 심의과정에서 상당 부분 수정되기도 하였다.

그렇다고 玄民의 제헌헌법 전문위원 활동을 과소평가할 것도 아니고(*weder*), 제헌헌법의 초안 작성에 주도적으로 참여한 것을 들어 '헌법의 아버지'로 玄民을 과도하게 치켜세울 일도 아니다(*noch*). 玄民이 제헌국회 헌법기초위원회 전문위원으로서 그의 명민한 문학적 재능과 헌법적 역량에 기초하여 제헌헌법의 제정과정에 상당히 비중 있는 역할을 한 것은 분명하다.

아울러 玄民은 〈헌법해의〉, 〈헌법기초회고록〉 등의 저서를 남겼다. 1954년부터 1987년까지 학술원 종신회원으로 있었다. 1957년부터 1961년까지 헌법학자와 행정법학자의 학술적 모임인 한국공법학회의 초대 회장을 역임하였으나 활동은 미미하였다. 玄民은 대학에서 석사학위와 박사학위 과정을 밟지 않았고, 1955년 4월에 연희대학교에서 명예법학박사학위를 수여받았다.

둘째, 玄民은 경성제국대학에서 법학을 전공한 후 보성전문학교에 소속된 법학자이면서 소설가의 길을 병행하였다. 당시에 일본 유학을 하지 않은 '현해탄 콤플렉스'를 소설가로 활동하는 등 다방면의 역량을 통하여 극복하였다고 평가된다. 현민은 신동으로 어린 시절부터 한문을 통달하고 문학적 재능이 있었다. 아울러 玄民은 경성제대 법문학부에서 다양한 분야의 책을 읽으며 등단을 한 후 소설을 쓰기 시작하였다.

해방 전에 창랑정기, 김강사와 *T*교수, 화상보 등 30여편의 소설을 발표한 玄民은 이효석과 더불어 동반자작가의 한 사람으로 필명을 날렸다. 이러한 문학활동은 해방 전까지 법학교수의 활동과 병행하였다. 아울러 이러한 문학활동이 1939년 이후 이광수 등과 함께 조선문인협회를 결성하면서 친일파로 분류되는 빌미를 만들어 주기도 하였다. 다만, 문학활동을 통한 필력은 그의 학자적 삶과 대외적 활동의 역량을 발휘하는데 크게 도움이 되었다. 이러한 문학적 활동이 반영되어 玄民은 1966년 5월 경희대학교에서 명예문학박사학위를 받기도 하였다.

초대 법제처장 역임

셋째, 玄民이 관료로서 활동한 것을 들 수 있다. 정부수립 후 정부조직법을 만드는 단계에서 초대 법제처장으로 내정된 것을 알게 된 후에는 법제처의 조직을 크게 키우지 않았다고 할 정도로 스스로 절제하는 품성을 보여주었다. 玄民은 초대 법제처장으로 근무하면서 대한민국 법제의 기틀을 마련하였고, 고등고시 사법과 제1회 합격자인 목촌(牧村) 김도창 박사를 발탁하여 법제처에서 근무하도록 하여 훗날 목촌 역시 법제처장과 한국공법학회 회장을 역임하고, 1984년 한국행정판례연구회를 발족하는 등 한국 행정법학의 초석을 놓는 데 기여하도록 하였다.

玄民은 법제처장을 그만둔 후 1953년 대한국제법학회의 초대 회장을 맡아 1968년까지 15년간 학회 발전에 큰 기여를 하였다. 玄民은 한일 외교관계의 초창기에 대한민국을 대표하여 국가를 위하여 백방으로 노력하였다. 아울러 국가적으로 외교관이 제대로 양성되지 못한 시기에 한일 회담 대한민국 대표 등을 역임하면서 약 10여년간 정부를 대표하여 외교적 업무를 추진하였다.

넷째, 玄民은 교육자 내지 교육행정가로서 활동했다. 고려대 총장으로 취임한 후 미국 하버드대의 옌칭연구소 초청으로 미국을 방문하여 선진국의 문물을 익혔다. 이와 같은 오랜 기간의 고려대와의 인연의 배후에는 仁村 선생과의 깊은 인간적 존경과 신뢰가 자리 잡고 있다. 玄民은 1932년부터 1966년까지 34년간 고려대에서 봉직하였으며, 강사, 전임강사 그리고 교수와 법학과장, 법과대학장, 대학원장을 거쳐 제2대부터 제5대까지 3번 연임하며 14년간 고려대 총장으로 활동하고, 고려대의 발전을 위해 헌신적인 노력을 기울였다. 그 당시 유능한 교원을 채용하여 학교의 위상을 크게 높였으며, 인재를 길러낸 과정을 양호기(養虎記)에 적고있다.

玄民 정계 진출에 YS 적극 찬성

다섯째, 玄民은 법제처장, 대학총장 등의 경험과 경륜을 토대로 정계에 진출하여 대통령 후보로 나와 경합하다가 윤보선 후보에게 양보하며 야권 단일화를 이루어 낸 절제와 균형의 정치인으로 평가될 수 있다. 정치 1번지이자 자신이 태어난 곳인 종로구의 국회의원으로 당선되기도 하였다. 玄民이 정계로 진출하는 과정에 김영삼이 원내대표로 적극 찬성하였고 막역한 사이였다. 玄民이 신민당 총재 시절 김대중이 대변인을 맡게 되어 훗날 대한민국의 대통령이 된 *YS*와 *DJ*가 당 총재인 玄民으로부터 바람직한 정치가 무엇인지 제대로 교육받을 수 있는 기회였다고 보인다.

이상과 같이 玄民이 다양한 분야에서 탁월한 능력을 발휘하게 된 것은 부친의 영향도 없지 않았지만 그의 비범한 능력과 논어 등 고전에 영향을 받아 형성된 성실한 삶의 자세에서 비롯된 것이다.

그러나 玄民의 사후 우리 사회에서 그에 대한 평가는 상반되고 있다. 일각에서 친일 행적과 말년에 국정자문위원회에 참여한 것을 문제 삼는다. 그와 같은 도덕적 평가는 한 인간 전체에 대한 평가이므로 그 비난으로부터 벗어나기는 힘들다. 그러나 역할분리의 관점에서 玄民이 수행한 공적 중 문학 활동에서 비롯되는 친일적 행적이 있으나 그는 창씨개명을 하지 않았고, 적극적 친일을 한 범주에 속하지 않는다. 해방 후 국가사회에 크게 기여한 점을 볼 때 부분의 흠을 가지고 전체적인 공적을 폄하하기보다는 그가 수행한 역할과 역량을 어떤 지위에서 수행하였는지를 검토하여 각각의 관점에서 달리 재평가할 필요가 있다.

폴리매스는 다양한 분야에 탁월한 재능이 있어 이념적으로 한쪽으로 치우지지 않고 스펙트럼을 다양하게 하여 자신이 관심을 두는 분야에서 최고의 기량을 발휘하기도 한다. 출중한 역량이 있는 자원을 정파를 초월하여 활용하는 것은 국가를 위해 필요한 것이지 이를 매도할 것은 아니다. 다양한 기능과 역할 속에서 수행한 공적을 객관적으로 평가하여 공과 과를 비교하여 공이 많은 인물을 재평가할 필요가 있다. 그러한 점에서 玄民이 좌우를 넘어 자신의 역량을 펼친 부분 중 일부를 떼어내어 이를 지나치게 부풀려 그동안의 공적을 폄하할 것이 아니다.

탁월한 엘리트, 중용지덕 겸비

玄民은 권력을 좇는 삶을 산 것이 아니라 역량 있는 그에게 기회가 다가온 것이라고 할 수 있다. 玄民은 탁월한 역량의 엘리트임에도 중용지덕(中庸之德)을 겸비, 무리하지 않고 순리에 따르는 격조 있는 삶의 자세를 보여주었다.

앞으로 4차 산업혁명시대의 도래에 따라 *AI*와 경쟁하게 되는 법률가상의 모색을 위해, 한 분야만을 좁게 파고드는 편협한 시야에서 벗어나, 넓은 영역을 조감하면서 융합적 통찰력을 갖춘 폴리매스형 법학자인 玄民의 삶과 활동을 재조명 할 필요가 있다.

(출처: 리걸타임즈 법조열전, 2021.08.10.)

Ⅲ. 운제 고병국

고병국(高秉國) 박사는 1909년 1월 12일 평안북도 의주군 월화면 마룡동(현 평안북도 피현군 용홍리 마룡동)에서 부친 고승헌과 모친 백문선의 차남으로 출생하였다. 그의 아호는 혜남(蕙南)과 운제(雲梯)이다. 혜(蕙)는 난초의 일종인 꽃을 말하므로 남쪽의 혜초라는 뜻이다. 그의 고결한 인품으로 읽힌다. 아울러 운제의 제(梯)는 사다리를 말한다. 구름 위로 향한 희망의 사다리라는 의미로 풀이할 수 있다.

고병국 박사(이하 "雲梯"라고 한다)는 천품이 탁월하고, 5세부터 12세까지 한학자인 부친의 가정사숙에서 한학을 배우고 사서(四書)를 통독하였다. 신의주에서 초등과 중등의 교육과정을 이수한 후 현해탄을 건너 1927년 일본의 지방 명문고인 시즈오카(靜岡) 고등학교에 입학하여 최고의 성적으로 졸업하고, 1930년 4월 도쿄제국대학 법학부 법률학과(英法)에 입학하였다.

日 고문 사법과 합격

1932년 재학 중 일본 고등문관시험 사법과에 합격하고, 그 이듬해 11월 행정과에도 합격하였다. 고등문관시험의 합격자가 통상 진출하는 판검사나 조선총독부 관리로 나아가 출세의 가도를 달리지 않고, 그는 1934년 3월에 도쿄대를 졸업하여 법학사 자격을 취득한 후 도쿄대 대학원에 진학하여 민법학을 전공하였다. 일제 때 총독부 관리가 되기를 권유받았으나 뜻하는 바가 있어 이를 거절하고 일본 도쿄에서 후꾸다 스미오 변호사와 동업으로 변호사 활동을 하기도 하였다.

한편 조선총독부관보 제2924호(昭和 11년 10월 10일)에 의하면, 주소지를 평안북도 의주군 고성면 인하동 214번지로 경성지방법원 검사국에 변호사 등록신청을 하여 1936년 10월 7일자에 변호사 명부에 등록한 사실이 있다. 雲梯는 입신출세(立身出世)의 길인가, 우국지사(憂國之士)의 길인가의 갈림길에서 대학교수와 변호사를 병행하는 중도적 삶의 경로를 밟았다. 雲梯는 1938년 9월부터 1941년 4월까지 연희전문학교에 교수로 채용되어 민법 등을 강의하며 후진양성에 심혈을 기울였다.

초대 서울대 법대 학장

雲梯가 38세가 되던 1945년 10월 경성법학전문학교 교장에 취임하여 일제 말기 폐교되었던 학교를 복교하였다. 1946년 8월 경성대학과 통합하여 국립 서울대학교가 설립되자 초대 법과대학장에 취임하여 초창기 국립대학의 기초를 형성하는데 그 공적이 크다.

雲梯는 1948년 정부수립에 직면하여 헌법 및 정부조직법 기초위원회와 국회법 및 국회규칙법안 기초위원회 양 분과위원회 전문위원으로 유진오 박사 등과 함께 참여하여 헌법과 법률의 기본적 틀을 확립하였다. 또한 1948년 8월 17일 국회사무처 속기록(제42호)에 의하면, 雲梯는 반민족행위처벌법안의 국회 발의 당시 전문위원으로 세밀한 내용에 관한 토론을 하고 있는 점이 특기할 만하다.

민법총칙 기초

아울러 雲梯는 1948년 정부수립 직후에 설치된 법전편찬위원회 위원으로 임명되어 민법총칙을 기초한 것으로 알려지고 있다. 1956년 서울대 법과대학 학장 겸 교수로 있으면서 22명의 민사법 교수가 참여하는 민사법연구회를 결성하여 이희봉 교수와 공동대표로 활동하면서 민사법의 견서를 작성하여 국회에 입법자료로 제공하는 등 현행 민법 제정에 기여하였다. 雲梯는 한국 민법학의 최고의 권위자로 평가되어 1963년 경북대에서 명예박사학위를 받았다.

雲梯는 대한민국의 건국에 즈음하여 입법의 토대 구축이 절실한 상황에서 그 기초를 위한 주춧돌을 놓는데 기여하였다. 1954년 이래 대한민국 학술원 회원, 한국법학원의 초대 부원장, 한국공업소유권법학회(현 한국지식재산학회) 초대 회장 및 한국법학교수회장을 역임하는 등 한국법학의 향상을 위한 가교 역할을 하고 1976년 5월 7일 67세를 일기로 생을 마쳤다.

雲梯는 평생을 근면 성실과 검소하면서 청빈한 생활이 몸에 밴 선비형 학자였다. 소주를 좋아한 애주가를 넘어 호주가이면서 값비싼 술보다는 뒷골목의 허름한 술집에서 담소 나누는 것을 좋아한 청빈한 학자였다. 체구는 비록 왜소하지만 성품은 조용하고 차분하여 별명은 '홍안의 미소년'이었다. 서울법대 초기의 제자들의 눈에는 인자하고 겸손을 갖춘 강인한 성품으로, 무엇보다 원칙을 중시하는 강단이 있는 학자였다.

雲梯가 법대생에게 강조하는 라틴어가 "*Fiat Justitia Ruat Caelum*(하늘이 무너져도 정의를 세우라)"이었다. 6.25 전란 속에서도 부산의 법대 가교사의 정문에 이 문구를 내걸고, 동숭동 법대 본관이나 정의의 종에 이를 새겨 넣은 것도 雲梯가 남긴 정신적 유산이라고 할 수 있다.

이러한 점에서 雲梯는 융통성이 없는 천하의 고집불통으로 불리기도 하였지만, 법대 출신이 사회 각 분야에 진출하여 맡은 직분 속에서도 원칙을 지키며 꿋꿋이 사회를 지탱한 것은 雲梯와 같은 참다운 교육자가 있었기 때문이다. 雲梯는 주위의 어려운 사람에게는 따뜻한 잔정이 있고 박애정신을 갖고 있는 인자한 성품의 학자라고 할 것이다.

雲梯는 1948년 5월 8일 서울법대 초대학장을 그만두고 서울시 남대문로 10번지에서 변호사 개업광고를 독립신보에 내면서 변호사·법학사로 명기했다. 6.25 동란 중 1952년 부산에서 학생과 교수 등이 다시 교수로 복직하기를 간청하여 그는 다시 서울법대 교수가 되었다. 1952년부터 1957년까지 재임한 서울법대 학장직을 내려놓고, 1958년 4월부터 2년 5개월 정도 단국대학 학장으로 활동하다 1960년 9월부터 변호사 활동을 겸하면서 경희대 대학원장으로 취임하였다. 雲梯는 변호사 활동을 하면서 대학의 강의를 병행하였다.

雲梯는 1960년 6월 18일 자유당 일당 독재 저지를 취지로 자유법조단의 발기인 20인의 한사람으로 이를 결성하는데 관여한다. 당시 자유법조단의 대표는 가인 김병로 초대 대법원장이 맡았고, 雲梯는 9인의 운영위원 중 한사람으로 참여하였다.

대법관 출마 5 · 16으로 무산

4.19 혁명으로 촉발된 정치 지형은 변호사단체가 새로운 정치적 대안세력으로 등장하는 등 정치적 영향력을 확대하고 대법관의 선거제를 도입하는 제도적 결실을 이루어냈다.

雲梯는 1961년 변호사로 활동하면서 대법관 선거에 출마하였으나 5.16 군사정변으로 5월 18일 시행 이틀을 앞두고 무산되어 뜻을 이루지 못하였다.

雲梯는 1969년 1월 서울시 남대문로에서 다시 변호사 사무실을 열었다. 雲梯는 1969년 1월 25일 수도변호사회 창립총회에서 부회장으로 선출되었다.

한편 雲梯는 1969년 4월 25일 대법원 산하의 사법제도 개선심의회의 11인의 위원 중 대법원판사, 국회의원 등과 함께 동 위원회 위원으로 위촉되기도 하였다. 이와 함께 雲梯는 1971년에는 대한변호사협회 상임위원회 부위원장을 맡기도 하였다.

제국대학 출신의 이례적 행보

오늘날 대학에서 교수는 지식의 상품전달자에 그치는 경우가 많다. 로스쿨의 경우를 보면 연구에 치중하는 이론적 교원과 강의에 치중하는 법학교육자로 양분된다. 학생의 입장에서 보면 후자를 선호한다. 국가적인 차원에서는 연구 역량도 중요하지만 후학의 양성이라는 측면에서 법학교육자도 중요하다. 두 분야에서 모두 역량을 발휘하는 출중한 사람도 있으나, 雲梯는 연구자로서보다는 법학교육자로서의 역할을 충실히 수행한 것으로 평가할 수 있다.

최고의 제국대학 출신에 고등문관 양과를 재학 중 패스하였으면 입신출세의 문이 활짝 열렸을 텐데 雲梯가 교육에 헌신하려고 한 것은 당시의 시대 상황에서 매우 이례적인 행보에 속하는 것이었다.

교육 · 행정에 치중한 법학교육자

雲梯는 법학연구자이기도 하지만 법학의 기초를 충실히 전수한 법학교육자에 가깝다고 할 것이다. 雲梯는 이론과 실무를 함께 겸비하였으나, 논문보다 교육과 행정에 치중한 측면이 있다.

하버드 법대학장을 20년간 재직한 로스코 파운드(*Roscoe Pound*)의 저서인 『법률사관』(1953, 법문사)을 단독으로 번역하였고, 『법의 새로운 길』(1961, 법문사)은 이범찬과 공역하였다. 雲梯는 로스코 파운드에 깊이 매료되어 대륙법 일변도에서 영미법에 관심을 촉발하는 역할을 하였다. 그의 연구실적 중 "계약의 자유와 제한(학술원논문집 인문사회편 13

집, 1974)"이라는 논문이 있으나, "실용주의 법률사조"(서울대 대학신문 1953. 5. 2)는 대학신문에 기고한 것으로 논문의 격을 갖추었다고 보기 어렵다.

雲梯는 1961년 9월에 경희대 제2대 총장으로 취임하여 1963년 5월에 퇴임하고 1968년까지 경희대 대학원장을 맡았다. 경희대 총장 시절에 쓴 "내가 바라는 사법제도"는 오히려 깊이 있는 논문에 속한다. 그밖에 서울대 법대학보 창간호, 제2권 제1호 및 제3권 제1호, 단국대 법학논총 창간호와 제2호, 경희법학 제4호(1961)의 권두언과 경희대 총장 졸업식 훈사(1962, 1963 대학주보)를 보면 그의 학문과 사상 및 법철학의 기초가 단단하다는 것을 알 수 있다.

雲梯는 유진오와 공편 형식으로 학자와 실무가의 다수가 참여하여 완성한 『법률학사전』(1954, 청구문화사)을 발간하였다. 또한 엄민영 교수와 공편저 형식으로 『법학』(1958, 범조사)을 14인의 저명한 학자들과 함께 집필하면서 민법의 장을 안이준, 김주수와 공동으로 집필하였다. 김병관 변호사와 공동 편집자로 발간한 『영미법 사전』(1958, 백영사)이 있고, 전원배 교수와 공저 형식으로 『법학개론』(1961, 박영사)을 출간하기도 하였다.

雲梯는 해방 직후 변호사시험, 제13회 고시행정과, 제15회 고시 사법과 시험의 출제위원으로 활동하고, 1967년 제7회 사법시험의 출제위원으로 참여한 박일경, 유기천, 정희철, 최대교, 이영섭 등과 함께 채점소감을 밝히기도 하였다(사법행정 제8권 제5호).

雲梯는 서울대학교 초대 법과대학장의 직을 맡게 되었다. 당시 국립서울대학교 설립에 반대하는 좌익 계통의 교수들의 선동과 학생들의 수업거부 등으로 매우 혼란한 시기였다. 雲梯는 흔들리지 않는 자유주의의 확고한 신념에 따라 수업을 지속하여 혼란기 법과대학의 기초를 튼튼히 하였다.

雲梯는 1961년 9월에 경희대 제2대 총장에 취임하게 된다. 그가 서울법대 학장 시절 서울법대 제자인 조영식 경희대 총장의 후임으로 취임하고 조 총장은 이사장으로 취임하는 사제지간의 미담사례라고 할 것이다. 동아일보 1961년 9월 28일자는 제2면 상단에 새 얼굴을 소개하며 “차분한 법학계의 원로, 교육내용을 갖추는 것이 임무”라고 타이틀을 뽑고 있다. 아울러 그의 취미로 테니스와 서예를 들고 있다.

제자 조영식 총장은 이사장 취임

雲梯는 1958년 단국대학장 시절에 이종흡 교수의 회갑기념호에 “만수무강, 웅지대성(萬壽無疆, 雄志大成)”이라는 초서로 축서(祝書)를 남겼는데, 그 뜻도 의미가 있고, 서체도 수려하고 힘이 있어 그의 서예 실력이 취미의 수준을 넘어 상당한 경지에 오른 것을 알 수 있다. 축서의 말미에 그의 아호 운제(雲梯)와 이름 고병국을 한자로 쓰고 있다.

1969년 1월 한국법학교수회장인 雲梯의 화갑을 기념하여 당시 경희대 조영식 총장의 후원하에 경희대가 발행하고 한국법학교수회가 편집한 혜남(蕙南) 고병국 박사 환력기념논문집 “법학의 제문제”를 발간하였다. 이 기념논문집은 독일의 *Festschrift*에 견주어 손색이 없는 것으로, 민법학에 한정하지 아니하고 다양한 분야의 23명의 저명한 학자의 논문을 실어 발간하였다는 점에서 매우 의미 있는 일에 속한다. 이것은 우리 법학계의 최초의 단행본 형식의 화갑기념논문집이라고 할 것이다. 이 기념논문집의 하서(賀序)는 설송(雪松) 정광현 교수가 작성하였다.

雲梯 별세 후 10주년이 된 시점인 1986년에 경희대 법대 제자인 홍천룡 경남대 법대학장이 법률사관의 개정판을 스승의 이름으로 냈을 때 위 기념논문집의 편집위원장을 맡았던 서돈각 교수가 "再版 출간에 붙여"라는 서문을 쓰고, 신문에도 서평을 썼다.

진리애 정신 강조

우선 雲梯의 법사상과 관련하여 권력에 추종하기보다는 양식 있고 소신있는 자세를 견지하면서 권력을 억제하는 억강부약(抑强扶弱)의 정신이 돋보이는 자유주의 사상가의 면모를 엿볼 수 있다. 특히 국립 서울대 설치법 파동의 한가운데에서 중심축을 잃지 않고 소임을 다하여 국립 서울대 설치법령을 수호하는 등 그는 자유민주주의의 신봉자라고 할 것이다.

雲梯는 학문의 영역에서는 진리애가 중요하고, 학문이 단지 지식의 체계화된 것을 보존하고 전달하는 것을 사명으로 하던 시절도 있지만, 이것이 학문이라면 그것은 하나의 물건이요, 상품화된 지식의 생산과 소비의 관계 이외의 아무것도 아니고 여기서 나오는 것은 진리도 아닐 것이고 기존지식의 보전에 그쳐서는 진정한 학문이 아니라고 설파하였다. 학문의 본질이 진리탐구의 정신에 있는 이상 이 정신의 본질인 자유가 절대로 억압됨 없이 그 활동이 충분히 발휘되어야 한다고 하면서 "천만인이라 할지라도 나는 간다"는 진리애의 정신을 강조하고 있다(단국대 법학논총 제2호, 권두언 1959). "도의와 진리의 세계는 거기에 선견(先見)하려는 의욕과 용기와 예지를 가진 사람만이 얻을 수 있는 것"이라는 경희대 졸업식 총장 훈사(1963)도 깊은 울림이 있다.

제헌헌법 기초위원 참여

雲梯는 제헌헌법의 기초위원으로 참여한 이래 선거제도, 사법권의 독립 및 헌법위원회 제도 등에 관심을 표명하고 대중 언론매체에 글을 기고하는 것을 주저하지 않는 등 헌법적 가치를 실현하려고 노력하였다. 또한 그는 법학도가 비판적 기능을 수행하여야 함을 강조하였다. 雲梯는 1958년 단국대 법학논총 창간호의 권두언에서 "법학도는 그 목적에 합치하여 사회에 정의를 실현하기 위하여 현행의 법을 비판하고 이상의 법을 구하여야 할 것이다. 비판적 태도를 가지고 정의에 반하는 법의 제정과 법의 개악에 대하여 싸우지 않으면 안 된다"고 하면서 비판적 지성을 강조했다.

법률만능주의 배격

무엇보다도 雲梯는 법률만능주의와 개념법학을 경계하면서 법학을 개념적으로 이해하는 것은 법학의 깊음을 깨닫지 못하는 것이라는 전제하에 법률만능주의의 형식주의를 배격하였다.

경희법학 제4집의 발간에 즈음하여 雲梯는 "개념법학적인 사고방식을 속히 지양해야 할 것으로 본다"고 하면서, "법을 그의 내재적 가치로부터 분리시켜 형식적인 논리적 전개를 기도한 개념법학에는 가담할 수 없다"고 하면서 "법이란 당위로서 규범법칙을 의미하지만 그것은 반드시 현실적 사회적 뒷받침을 가짐으로써 그 의의를 가지기 때문이다. 그러므로 법이란 단순한 이상이나 현실이 아니라 이상인 동시에 현실이라는 이율배반적인 논리에 근거하는 것 같다"고 밝히고 있다. 경희대 졸업식 총장

훈사(1963)에서는 "이상은 단순한 몽상도 아니요 추상적인 관념도 아니다. 우리의 전 생애를 통하여 반드시 현실의 힘이 되어 작정(作定)되는 것이다"라고 역설하고 있다.

雲梯는 1955년 서울대 법대학보 제2권 제1호의 권두언에서 법학은 깊은 학문으로 법학 이외의 관련 분야에 대한 풍부한 식견이 필요함을 역설하였다. 법학은 더 넓고 깊은 기초, 사회생활에 관한 인간체험이 필요하고, 인간과 사회에 대한 심층적 이해가 필요한 깊은 학문이라는 점을 강조하고 있는 점에서 그의 법사상은 오늘의 로스쿨 제도의 설립이념에 투영되어 있다.

육법전서만 가지고 1백 분 강의

그의 법대 제자인 당시 성균관대 이범찬 교수가 雲梯 서거 1주기를 맞이하여 중앙일보 1977년 5월 6일자에 기고한 "귀에 선한 명강…지금도 옆에 계신 듯"이라는 타이틀의 추모글에서 "학장으로 계시면서 민법총칙을 강의하실 때다. 육법전서만을 들고 들어오신 후 1백 분을 거침없이 밀고 나가시던 선생님의 명강은 놀랍고 신기롭기만 했다. 〈중략〉 다정하고 인자하신 혜남 선생님의 성품과 고매한 인격, 학문에 대한 정열은 선생님의 가르침을 받은 모든 후학들의 영원한 사표가 될 것이다"라고 회고하고 있다.

雲梯는 동아일보 1973년 2월 2일자 6면 "두고 온 산하, 북을 그리는 망향 3대, 못가는 고향"이라는 특집기사에 신의주 태생 할아버지와 서울 출생의 딸, 초등학생 외손자와의 대화를 엮고 있다. 雲梯의 고향은 일제강점기 경의선의 종착점인 신의주에서 멀지 않은 곳이다. 그곳은 만주나 중국의 북경, 천진, 상해 등으로 진출하려면 반드시 거쳐야 하는 국경지대의 길목이다. 雲梯는 실향민이자 유민(流民)으로 강물이 언 압록강에서 썰매탔던 기억을 되살리며, 그의 딸은 아버지를 모시고 아들과 함께 그 강물을 굽어봤으면 하는 바람을 전하고 있다.

한국 법학계의 가교 역할 수행

그는 아쉽게도 살아 생전에 자신의 고향인 압록강가 신의주을 방문하지 못하였다. 그러나 자신의 아호처럼 평생을 소탈하면서 난초와 같은 향기 있는 삶을 살았고, 도의와 진리에 입각한 보다 나은 사회를 향한 희망의 사다리를 놓았다. 雲梯는 변호사와 대학교수 그리고 교육행정가의 역할을 수행하면서 고매한 인품과 해박한 지식 그리고 실천적 역량을 통해 한국법학계의 향상을 위한 가교 역할을 충실히 수행하였다. 이러한 점에서 고병국 박사를 한국법학계의 태산북두(泰山北斗)라고 부를 수 있다.

(출처: 리걸타임즈 법조열전, 2022.02.07.)

Ⅳ. 목촌 김도창

한국행정법학계의 代父

"행정법 이론 토대 닦은 실천적 학자"

목촌(牧村) 김도창 박사(이하 '牧村'이라 함)는 1922년 임술년 음력 11월 19일 경북 안동 임하동에서 의성 김씨인 부친 김원익과 모친 권이녀의 사이에 장남으로 태어나, 2005년 7월 17일 제헌절에 83세의 일기로 타계하였다.

안동에서 태어나 춘천공립중 졸업

그의 부친은 안동을 떠나 일본에서 상고를 졸업하고 수산업 등에 종사하기 위하여 牧村이 9살 되던 해에 강원도 주문진으로 이주했는데, 이러한 연고로 牧村은 1941년 춘천공립중학교를 졸업할 때까지 강원도에서 생활하였다.

牧村은 일본 주오대학에 유학 중 학도병으로 입대한 후 일본이 패망하고 광복을 맞이하여 귀국하였다.

牧村은 1946년 서울대 법과대학에 편입하여 졸업하고 대학원 석사과정을 마친 후 치른 제1회 고등고시 사법과에 합격한 후에 법제처에 근무하면서 그곳에서의 학구적 분위기 속에서 공직과 학문을 병행할 수 있었다.

고등고시 사법과 1회 합격

牧村은 법제처에 근무하면서도 1954년부터 1957년까지 성균관대 법정대학 조교수로 겸직했고, 헌법과 행정법 강의를 담당했다. 변호사 활동을 한 기간인 1984년부터 1991년까지는 한양대 법과대학 대우교수로 재직했다.

牧村은 1953년 3월부터 1994년 10월까지 42년간 서울법대의 강단을 줄곧 지키며, 수다한 직업적 변천 속에서도 한국행정법학의 발전과 도약을 위한 학자적 열정을 품고 살았다.

牧村은 법률학 사전의 발간 등 공동연구와 협력작업에 각별한 역량을 보여주었다. 서울법대 유급조교로 활동하던 1949년 牧村은 김증한 교수, 유민상 선생과 함께 3인이 *Jenks*의 "*Digest of English Civil Law*(영국민법휘찬)"을 공동으로 번역하였다.

6.25 사변의 처절한 전란 속에서도 김증한 교수, 안이준 변호사와 3인 공동으로 우리나라 초유의 법률학 사전 편찬을 위한 편집 일을 주도하면서 200여명이 넘는 필자들과 공동으로 작업을 수행하기도 하였다. 1964년에도 법문사 발행의 한국 유일의 법률학사전이 김증한 책임편집위원의 명의로 발간되었지만, 牧村이 국내 법학계를 총동원하다시피 하여 교수와 실무가들이 공동집필하는데 총괄적 역할을 맡았다.

牧村은 1972년부터 1976년까지 약 5년에 걸쳐 행정판례의 조사와 편집작업을 사설 연구소인 한국행정과학연구소 이사장의 직에 있으면서 편집대표로서 최전선에서 진두지휘했다. 교수, 판사, 변호사 등의 공동의 협력작업의 산물인 총 4,792면 분량의 행정판례집 (상), (중), (하)를 발간했다. 이는 한국행정법학사에 있어서 행정판례를 체계적으로 분류하여 정리한 금자탑과 같은 학술적 성과로 평가될 수 있다.

행정판례집 발간 진두지휘

이어 1980년에는 서울대 법학연구소 판례교재 시리즈의 일환으로 김도창, 서원우, 김철용, 최송화 교수 4인 공저의 판례교재 행정법을 법문사에서 발간하여 *case method*에 대응할 수 있도록 하였다. 牧村은 한사람보다는 다수가, 월요일보다는 수요일에 현명할 수 있다는 지론으로 협업을 통한 과제 수행에 남다른 역량을 발휘하였다.

牧村은 행정법학과 헌법학을 아우르면서 한국행정법학의 이론적 체계를 정립하고 방대한 연구성과를 집약했다. 이 땅에서 행정법학이라는 짐을 짊어지고 머나먼 길을 떠나려는 사람들에게 김도창 행정법학은 학문적 출발점이자 넘어야 할 험준한 산이다.

牧村은 한국행정법학의 75년의 역사에서 타의 추종을 불허하는 불후의 업적을 남겼다. 牧村은 한국공법학의 형성과 개척자로서 특히 황무지와 마찬가지인 상황에서 한국에 특유한 행정법의 이론적 기초를 형성하는데 크게 기여한 실천적 학자라고 할 것이다.

牧村은 체구가 단신이지만 다부지면서 잔잔한 미소를 띠는 온화한 성품으로 그의 인품에 매료된 것은 제자만이 아니라 학교와 지역을 넘어 다양한 교수와 실무가들에게까지 미친다.

牧村의 취미는 등산, 여행, 클래식 음악, 테니스, 당구, 골프, 바둑 등이다. 그의 천품은 치밀하면서도 단단한 내공이 있으며, '번지 없는 주막', '외로운 갑충' 그리고 '경건한 무녀' 등과 같은 압축적 은유를 사용하는 등 문학적 표현에 능숙하다. 법제처 등 공직생활 속에서도 원칙을 지키는 정통파 학자였다.

교육부차관, 법제처장 역임

牧村의 이력은 화려하다. 교수, 법제처 법제관, 법제국장, 보건복지부차관, 교육부차관, 국회의원, 한국공법학회 회장, 한국행정판례연구회 회장, 법제처장, 변호사, 한국법제연구원 이사장 등 다양한 경력을 거치면서도 화려한 활동 못지않게 한국법학과 공법학의 발전을 위하여 매우 의미 있는 활동을 많이 하였다.

牧村은 유급조교를 거쳐 시간강사나 대학의 전임교원으로 활동하는 동안은 물론이거니와 공직이나 변호사로 활동하면서도 연구활동이나 강의활동을 한 번도 중단한 적이 없을 만큼 학문에 대한 열정이 각별하였다.

저서 일반행정법론 유명

牧村은 법제처에 근무하면서도 대학에서 강의를 계속함과 아울러 1956년 행정법각론, 1958년에 행정법론(상)이라고 하는 표준적인 행정법 교과서를 발간하고, 나중에 일반행정법론(상), (하)로 나눠 새로운 법령과 판례 및 최신의 국내외 이론을 담아 매년 개정판을 내는 등 최선을 다하는 성실한 자세를 몸소 보여주었다.

牧村은 한국의 대표적인 행정법학자로서 한국행정법학의 수준을 높여야 한다는 사명감을 마음속에 간직하고 스스로에게 엄격하고 타인에게 관대한 태도로 부지런히 한국행정법학의 발전에 기여해 온 학자이다. 牧村은 부친이 훗날 학계에 진출하더라도 고등고시를 치를 것을 권유하여 대학원에서 번역작업을 하면서 이에 도전하여 1950년 상반기에 실시된 제1회 고등고시 사법과에 합격하게 되어 부모의 기대에 부응하였다. 牧村은 그러나 고시 합격자가 통상적으로 진출하는 판사나 검사의 길로 나아가지 않았다. 초대 법제처장인 玄民 유진오 박사의 요청에 따라 법제처에 계속 근무하면서 학자의 길을 밟아가게 된 것은 한국행정법학계의 행운이라고 할 수 있다.

玄民, "공리공론 배격" 평가

玄民은 牧村 화갑기념 논문집에 쓴 "김도창 박사와 나"라는 글에서, "牧村은 남다른 능력과 근면함에 더하여 천품의 치밀한 성격과 법제처에서의 다년간의 실무경험이 그의 학풍과 학자로서의 대성의 밑거름이 되었으며, 牧村의 학풍은 공리공론을 배격하고 실정법 질서를 있는 그대로 정확하게 파악함을 위주로 하여 실무와 학문 양면에서 큰 공적을 이룬 학자이다"라고 평했다. 牧村이 학자의 길로 나아가는데 법제처는 자양분을 제공하였다.

牧村은 법제처의 주사, 사무관과 법제관 그리고 법제국장으로 활동하면서 법제처에서 1961년 8월까지 10여년간 봉직하였다. 牧村은 법제처의 법제업무를 통하여 터득한 실무적 역량으로 행정법각론을 먼저 출간하였다. 이러한 토대 위에서 행정법총론을 내는 체계적 순서를 밟아가게 된다.

牧村은 1959년 법제처에 근무하면서 학문적 시야와 지평을 넓히기 위하여 미국 조지워싱턴 대학에 6개월간 단기유학을 다녀왔고, 법제처장을 마친 후인 1981년 9월부터 12월까지 약 3개월간 독일의 본(*Bonn*) 대학에 체류하기도 하였다.

조지워싱턴대 유학

牧村은 건국 이후 학문이 일천하고 이론적 기초가 제대로 마련되지 않은 상황에서, 행정관리의 경험을 가진 사람은 있어도 행정법학을 체계적으로 이론적으로 연구한 사람이 태무한 상황에서 그 공백을 메꾸었을 뿐만 아니라 법제처에 근무하면서 치밀한 자세로 행정법의 이론적 기초를 형성할 수 있었다.

牧村이 수행한 일련의 공직과 사회활동 전반을 일괄해 본다면, 牧村은 해방 후 도약을 향하여 나아가던 권위주의 정부 시절에 관료로 참여하건 상아탑에 머무르건 어느 자리에서건 자유민주주의와 법치주의를 이 나라에 정착시키기 위하여 동분서주하며 치열한 삶을 산 학자라고 할 수 있다.

牧村은 새로운 이론체계를 담고 있는 표준적인 행정법 교과서뿐만 아니라 주옥같은 논문의 발간과 공직활동을 성공적으로 수행하였다.

3차례 헌법개정 참여

牧村은 제3공화국 헌법심의위원회 자문위원, 1979년 정부 헌법개정심의위원회의 간사장 및 1987년 국회 헌법개정특별위원회 헌법개정안 기초소위원회 자문위원 등을 역임하며 3차례의 헌법개정에 참여하였다. 또한 법무부 행정심판법안 · 행정소송법안 심의위원회 위원장, 총무처 행정절차법 심의위원회 위원장의 활동을 맡는 등 국가의 공법 체계의 수립을 위해 다방면으로 활약한, 어두운 밤하늘에 떠 있는, 당대 추종을 불허할 정도로 빛나는 큰 별이었다. 牧村은 한국행정법학의 개척기에 새로운 길을 내고 그 길을 우보(牛步)처럼 뚜벅뚜벅 걸어갔으며, 한국행정법학계의 청사에 큰 발자취와 족적을 남겼다.

'번역법학 안주' 경계

牧村은 우리 법학이 '번지 없는 주막'처럼 번역법학에 안주해서는 안

될 것이라고 역설하였다. 牧村은 우리 행정법학의 이론체계가 제대로 형성되지 않은 단계에서 외국이론과의 관계를 어떻게 하여야 할 것인지에 대하여, 외국이론의 무조건 수입이라고 하는 번지 없는 주막도 아니고(*weder*), 외국이론의 무조건적인 거부반응은 우물안 개구리로 만들기 때문에 학문적 국수주의도 아닌(*noch*), 양자의 균형 있는 절충적 입장인 중도적 방법론으로, 심산의 호수와 같이 자기 스스로의 개성을 견지하면서 주위의 물줄기를 부단히 받아들이는 양전(兩全)의 지혜가 필요하다고 주문했다. 그리하여 외국법학의 수입이나 번역에 그칠 것이 아니라 한국에 유니크한 법체계를 창출하려는데 심혈을 기울였다.

세계적 석학의 반열에 오른 牧村을 한국행정법학계의 대부로 보는 이유는 다음과 같다.

첫째, 牧村은 행정법의 원로와 스승답게 학자의 역할과 자긍심을 고취하고 있다. 牧村은 그의 제자인 김철용, 박윤흔, 최송화 교수와의 고희기념 대담에서 "학계야말로 진리 속에 스스로 파묻고 젊은 심령에 점화해주는 지상에서 가장 으뜸가는 직업이지요"라고 밝히고 있다. 교수들이 자신의 직업적 소중함을 망각하고 정치권에 기웃거리는 현상을 에둘러 비판한 것이다.

牧村은 본인의 화갑기념논문집의 명칭을 "현대공법의 이론"으로, 고희기념논문집은 "한국공법의 이론"으로, 팔순기념논문집의 명칭은 "한국공법 이론의 새로운 전개"로 하고 있는 것처럼 한국공법학의 연구에 평생을 바쳤다. 화갑에 즈음한 1983년 牧村의 그동안의 학술적 연구성과를 모아 "공법이론"이라는 단행 논문집을 발간하기도 하였다.

'이론과 실무의 통합적 개척자'

2006년 7월 한국공법학회와 한국행정판례연구회가 공동개최한 牧村 1주기를 기념하는 학술행사에서 성낙인 교수가 "한국 공법학과 목촌 김도창-이론과 실무의 통합적 개척자"를 주제로 발표하고, 박정훈 교수는 독일의 오토 마이어(*Otto Mayer*), 김종철 교수는 영국의 알버트 다이시(*Albert Diecy*), 그리고 이광윤 교수가 프랑스의 모리스 오류(*Maurice Hauriou*)의 삶과 학문세계를 조명하였다. 牧村은 세계적으로 저명한 이들과 같은 반열의 공법학의 형성·개척자라는 평가를 받았다.

牧村은 대인의 풍모로 지연, 혈연 및 학연에 연연하지 않고 널리 개방적·대국적인 자세로 역량 있는 학자와 실무가들을 품었다. 牧村은 비록 행정규칙의 법규성의 문제를 놓고 牧村과 치열한 학술적 논쟁을 펼치고, 당시 통설적 입장을 견지하였던 牧村과 치열한 대립관계에 있던 김남진 교수를 배척하지 아니하였다. 牧村이 한국행정판례연구회를 설립하여 12년간 회장을 맡는 동안은 물론 牧村이 한국공법학회 회장으로 활동할 때에도 그를 연구이사로 포용한 점을 보면 牧村은 대덕을 갖춘 큰 도량의 학자라고 할 수 있다.

"화갑기념논문집은 학자의 특권"

둘째, 牧村은 행정법 분야에서 학자들의 화갑기념 논문집이나 정년기념 논문집에 명문의 하서(賀序·축하의 글)를 많이 남기었다. 이를 통하여 선비로서의 학자의 자세와 후학을 양성하는 교육자의 중요성을 강조했다. 牧村은 관료와 법대교수를 거쳐 고위 공직자로 활동하였음에도 학자료서의 활동을 더욱 소중하게 생각하는 것이 남하 서원우 교수 화갑기념논문집(91. 11), 석천 허영민 교수 화갑기념논문집(93. 11), 균제 양승두 교수 화갑기념논문집(94, 12), 월산 최창호 교수 회갑기념논문집(95. 7), 현제 김영훈 교수 화갑기념논문집(95. 8), 남하 서원우 교수 정년기념논문집(97. 6), 정현 박윤흔 박사 화갑기념논문집(97. 6), 문연 김원주 박사 화갑기념논문집(99. 9), 정천 허영 박사 정년기념논문집(2002. 4), 청담 최송화 교수 화갑기념논문집(2002. 5) 등 10편의 기념논문집에 쓴 하서에 나타나 있다.

牧村은 1993년 11월에 쓴 석정 허영민 전북대 교수 화갑기념논문집 하서에서 "회갑을 기념하는 논문집을 증정하는 것은 어떤 자연인이 나이 먹었다는 사실을 기념하는 뜻이 아니라 엄숙한 학계의 행사이며 학계와 관계가 없는 사람은 대통령이나 어느 그룹의 회장에게도 허용되지 않는 학자의 특권이라고 할 수 있다. 또한 그러한 특권은 '외로운 갑충'처럼 외곬으로 그리고 가난하게 학문의 길을 걸어 온 사람에게만 주어지는 반대급부인 것이다"라고 술회하고 있다.

셋째, 牧村은 미래세대의 공법학자 양성과 지역을 넘어 널리 인재를 양성하는데 관심이 많았다. 한국공법학회 회장으로 있을 때 학술장려상 제도를 마련, 신진기예에게 학술상을 수여하여 한국의 공법학을 짊어지고 나갈 미래세대에 깊은 관심을 나타냈다. 아울러 牧村은 지방의 학자를 배려하여 한국공법학회의 지역상임이사를 두었다.

'목촌법률상' 제정

牧村의 사후에는 김&홍 재단이 설립되어 '목촌법률상'이 제정되어 헌법과 행정법의 발전에 기여한 한국공법학회, 조규광, 김남진, 허영, 윤후정, 이상규, 최대권, 한국행정판례연구회, 김동희, 김철용, 성낙인, 김효전 등이 수상을 하였다.

이러한 맥락에서 牧村은 법학은 사람을 길러내는 인간학이고, 상식을 가진 지도자를 연마시키는 지도자학인 동시에 사회의 미래상을 설계하는 미래학이라고 역설하였다. 선견지명을 갖고 이미 1980년대에 대학에서 법조인을 양성할 필요가 있다는 점을 미리 내다보았으며, 이처럼 법대 출신을 교육함에 있어 미시적인 법률기사를 길러낼 것이 아니라 이 사회를 짊어질 지도자를 배출하여 법치가 정책의 뒷전으로 밀려나지 않고 법의 소양이 없는 사람들이 법치행정의 영역을 맡는 일이 없도록 대학교육과 국가인력정책의 정비를 촉구함과 아울러 법학을 전공한 우수한 두뇌집단이 행정부처의 변두리로 밀려나는 두뇌유출 경향을 걱정하기도 하였다.

학술적 인프라 구축 기여

그러면서도 牧村은 법률가는 시대 감각을 간직하여야 하고 사회변화의 현실에 능동적으로 대처해야 한다고 강조했다. 이처럼 牧村은 한국 행정법학의 선각자로서뿐만 아니라 국가지도자로서 미래를 내다보며 후학을 지속적으로 격려하고 비전을 제시하였다.

넷째, 牧村이 학술적 인프라를 구축하여 이론과 실무의 통합적 지혜를 교환하도록 한 공로를 들지 않을 수 없다. 일반적으로 학계에서는 실무가를 이론적 체계가 없다고 하고, 실무가들은 대학의 교수들이 현실을 잘 모르는 공리공론을 주장한다고 배척하는 경향이 없지 않다.

그러나 牧村은 이론과 실무의 통합적 역량을 갖춘 선구자였다. 행정법의 세계에서는 교수와 실무가가 서로 존중하는 자세를 견지하며 다른 전공에 비하여 서로 배척하는 현상이 적은데, 이론과 실무를 겸비한 牧村이 한국행정법학계의 중심적 역할을 한 것과 무관하지 않다고 본다.

이론과 실무의 가교 역할

牧村은 관료 출신의 학자임에도 자유민주주의의 관점에서 개인의 권리와 이익을 강조하고 법치주의의 후퇴를 경계하였다. 아울러 牧村은 법이론의 전개에 있어서 우리의 법적 문제와 외국의 법적 문제를 혼동하지 않았고, 특히 우리 헌법의 실정법적 해석을 중시하였다. 牧村은 법을 물처럼 이해하면서 한편에서는 어떤 본질을 추구하는 의연성과 다른 한편에서는 현실을 지도하는 유연성을 갖추어야 한다는 관점을 유지했다. 牧村은 공리공론을 배격하고 이론과 실무의 가교 역할을 하였다. 牧村의 삶과 행적을 살펴보면 다년간의 공직생활 속에서 학자적 소신과 출처진퇴(出處進退)가 분명한 선비와 군자의 삶을 지향하였다.

제15회 한국법률문화상 수상

牧村은 1983년 변호사로 활동하면서 대한변호사협회로부터 제15회 한국법률문화상을 수상하였다. 이때 받은 상금의 일부를 행정판례연구회의 기금으로 희사하고 21인의 학자와 실무가가 뜻을 같이 하여 1984. 10. 29. 창립모임을 갖고 한국행정판례연구회가 발족되었다. 牧村이 그 자리에서 만장일치로 초대 회장으로 추대된 이래 1996년에 이르는 약 12년의 기간 동안 회장으로 재임하며 개방적 자세로 학회를 이끌었다. 牧村이 학계와 실무계의 활발한 학술적 논의 속에 행정법에 관한 이론과 실무가 조화되고, 행정법 판례의 건전한 비판과 검토를 통하여 우리 행정법학의 이론적 지평을 넓히는 학문적 소통의 플랫폼을 만든 것이다. 牧村의 혼이 담겨있는 그 학회는 현재까지 370회의 월례발표회를 이어가고 있다. 牧村은 한국행정법학계의 진정한 대부이다.

(출처: 리걸타임즈 법조열전, 2021.12.03.)

V. 무애 서돈각
한국상법학의 태두(泰斗)

1 처음에

서돈각 박사는 1920년 11월 3일 대구에서 태어났다. 서 박사는 1949년부터 1972년까지 약 24년간 서울대 법대교수로 활동하였다. 서 박사는 평소 법학은 하나의 학문으로 고립하여 존재할 수 없는 것으로 그 주변과학인 인문 사회과학과 제휴하여 공동연구가 필요하다고 역설하였다.

서 박사는 법률가가 되려면 법학만의 교육보다 인성이 중요하므로 교양과정의 필요성과 법학에 앞서 철학적 기초가 필요하다는 점을 강조하였다. 서 박사는 미국 법학을 적극 수용하였고 종합법학과 예방법학 성격의 경영법무론을 제창하기도 하였다. 서 박사는 제자들에게 학자에게 있어서 책이 무기이고 자산이라고 여러 차례 강조하였고, 자신도 서재에 불교 서적을 비롯한 방대한 양의 서적을 보유하고 있었다.

2 한국상사법학의 체계 수립과 학문발전에 기여

서 박사의 전공분야는 상법학으로, 1955년 미국으로 유학을 가서 그 다음해에 서던 메소디스트 대학교에서 법학석사(*LLM*) 학위를 받았고, 상법의 제정과정에 미국 회사법의 흐름을 반영하는데 기여하였다. 서 박사는 1965년 경희대에서 "신주식회사법의 기본문제에 관한 연구"로 박사학위를 취득하였다.

서 박사는 한국 상법의 이론체계가 아직 정립되지 않았던 황무지와 마찬가지인 시기에 상법의 제정과 개정 등 입법과정에 적극적으로 참여하였고 1953년 대한민국 최초로 상법학 교과서를 출간하는 등 한국상법학의 기초 형성과 체계 수립에 기여하였다. 서 박사는 학문적 소통의 플랫폼인 학회를 다수 결성하고, 한국보험학회 회장, 한국공인회계사회 회장, 한국상사법학회 회장, 해사법학회 회장 및 한국중재학회 회장을 맡아 학술대회의 개최와 연구지 발간 등 학술활동의 진작에 진력하였다.

3 동국대와 경북대의 총장을 역임한 미완(未完)의 교육행정가

서 박사는 서울법대 학장으로 재직 중이던 1972년에 동국대 제7대 총장에 취임하였다. 그는 동국대에서 2년간 총장으로 재직하는 동안 동국대 법대 발전에 적지 않은 기여를 하였다. 서 박사는 종단 내부의 갈등으로 2년 만에 동국대 총장의 자리에서 중도 하차한 후 국민대 법대의 전임교수로 자리를 옮겼다. 국민대에서 6년 정도 근무하다가 1979년 고향인 대구에 있는 경북대의 제8대 총장에 취임하였다. 대학의 총장은 교수,

학생, 직원을 잘 조율해야 하는 매우 어려운 자리이다.

경북대 총장의 재임 기간은 1979년 2월 21일부터 1981년 3월 6일까지로, 임기를 채우지 못하였고 갑자기 사임하였는데 그 이유는 밝혀지지 않고 있다. 산이 크면 계곡이 깊듯이, 누구나 겉으로 보이는 화려한 삶의 이면에는 그림자가 있게 마련이다.

4 마치며

서 박사는 1949년 12월에 전임강사 발령을 받아 30세 이전부터 평생을 교수로 활동하면서도 정치권 등 외부세계에 발을 담그거나 기웃거리지 않았다. 그는 학자적 본분을 지키며 학문 연구와 후학 양성 그리고 사회봉사에 매진하며 정년과 정년 이후까지 대학교수와 명예교수로 봉직하였다. 서 박사가 자신의 법호처럼 어느 곳에도 걸림이 없으면서도 흔들리지 않는 부동심(不動心)의 중심축을 지녔기 때문에 가능한 것으로 짐작된다.

그는 상법학자로서 대가의 반열에 올랐지만 겸손하였다. 서 박사는 제자들에게 지식보다는 덕(德)을 강조하고 몸소 실천하였다. 그는 거액의 사재를 출연하여 무애문화재단을 만들어 가정형편이 어려운 학생들에게 장학금을 주는 등 주위 사람들에게 인덕을 많이 베풀었다. 서 박사는 84세의 일기로 경희의료원에서 2004년 8월 24일 타계하였다. 서 박사의 사후에 지인과 제자들이 "무애 서돈각 박사 추모문집 ≪부처님과 함께≫"를 2006년 법문사에서 발간하여 그의 아름다운 삶의 흔적과 발자취를 살펴볼 수 있다. 그는 대구 출신임에도 자신의 고향에 묻히지 않고 무애(無碍)

라는 법호를 준 내소사 해안 스님의 혼이 깃들어 있는 전북 변산의 유택에 잠들어 있다. 서 박사는 만나는 사람을 격의 없이 훈풍으로 대한 따뜻한 인간미를 갖춘 호인형 학자였다. 서 박사는 해방 후 학문적 태동기에 상사법의 학문적 토대를 구축하고 상법의 제정과 개정작업에 크게 기여한 한국 상법학의 태두(泰斗)라고 할 수 있다.

(출처: 법률신문, 2023.02.05.)

Ⅵ. 게어드 로엘레케

1 Gerd Roelleck의 삶과 학문세계

"모든 텍스트는 어제의 것이다"

진리 탐구하는 구도자의 자세, 경건하고 치열한 삶 살아

헌법과 법철학 분야에서 탁월한 역량 보여

로엘레케 교수가 2011년 10월 30일 칼스루헤 볼파츠바이어에서 별세하였다. 오늘은 그의 12주기가 되는 날이다. 필자는 독일 만하임대 은사(*Doktorvater*)인 로엘레케 교수를 추모하는 마음으로, 그의 삶과 학문세계를 조명한다. **/ 편집자 주**

로엘레케 교수(*Prof. Dr. Gerd Roellecke*)는 1927년 7월 13일 이셀론(*Iserlon*)에서 상인의 아들로 태어나서 만하임 법대에서 평생을 봉직하고

정년퇴직한 후에도 학자의 삶을 영위하다가 2011년 10월 30일 84세를 일기로 타계하였다.

2011년 11월 3일자 프랑크푸르터 알게마이네 차이퉁(*Frankfurter Allgemeine Zeitung*, 이하 "*FAZ*"이라 한다)의 부고 기사에는 니클라스 루만(*Niklas Luhmann*)의 '복잡성과 민주주의(*Komplexität und Demokratie*)'의 역설적 모토를 실었다.

즉, "모든 것이 달라질 수 있었을 것이다. 그러나 나는 아무 것도 바꿀수 없다(*Alles könnte anders sein. aber fast nichts ich kann ändern*)". 2012년 *AöR*에 키르스테(*Stephan Kirste*)가 쓴 '로엘레케의 죽음에 관하여(*Zum Tode von Gerd Roelleck*)'라는 제목의 장문의 추도사(*Nachruf*)가 있다.

또한 *JZ* 5/2012에 데펜호이어(*Otto Depenheuer*) 교수가 "로엘레케 교수와 함께 독일의 국가법이론은 가장 독특하고 독창적이며 창의적인 두뇌를 잃었다"라는 말로 시작한 '법의 관찰자- 로엘레케(*Ein Beobachter des Rechts- Gerd Roelleck*)'라는 제목의 추도사가 있다.

로엘레케 교수는 2차 세계대전 당시 16세의 나이인 1943년에 징병되어 군인으로 참전하게 되었다. 그는 비교적 늦은 나이인 1947년 고등학교를 졸업한 후 대학에 진학하여 학문과 지식에 대한 갈증이 남달랐다.

로엘레케 교수는 1948년부터 1952년까지 뷔르츠부르크 대학과 프라이부르크 대학에서 경제학과 법학을 공부했다. 그는 그후 뒤셀도르프에서 사법관 시보와 제2차 국가시험을 합격하여 법조인 자격을 취득하였다.

1960년에 프라이부르크 대학으로 돌아와서 '연방헌법재판소의 사법권의 내재적 한계'에 관한 논문으로 박사 학위를 받았다. 이 박사학위 논문의 도움으로 그는 1966년부터 1969년까지 칼스루헤에 있는 연방헌법재판소 라이프홀츠(*Gerhard Leibholz*) 재판관 밑에서 헌법연구관(*Mitarbeiter*)으로 일했다.

1969년 그는 마인츠 대학에서 '실정법과 기본법률의 개념'이라는 제목으로 교수자격 논문인 하빌리타치온을 썼다. 같은 해에 그는 만하임 대학의 홀러바흐(*Alexander Hollerbach*) 교수의 후임으로 임명되어 정년퇴직할 때까지 공법 및 법철학 연구소의 소장으로 활동하였다.

로엘레케 교수는 1970년부터 1973년까지 만하임대학 부총장, 1972년부터 1974년까지 서독 대학총장협의회 회장, 1974년부터 1977년까지 독일학술연구재단(*DFG*) 부회장, 1982년부터 1985년까지 만하임대학 총장을 역임했다. 1995년 여름에 정년퇴임한 후에도 2001년까지 슈파이어 행정대학원 공공행정연구소 연구자문위원회 위원과 위원장을 맡아 활동하였다.

그의 주된 학문적 연구의 경향은 법철학과 공법 분야로, 특히 헌법과 법철학 분야에서 탁월한 역량을 보여주고 있다. 헌법 국가에서의 권력 분립과 제한, 헌법재판소의 역할, 법관의 지위와 법의 기능, 표현의 자유, 학문의 자유 등 현실적이고 시사적인 헌법문제에 중점을 두었다.

다수의 저서와 300편이 넘는 논문과 칼럼 및 서평은 법학적 차원에 그치지 않고 철학적, 역사적 그리고 사회학적 관점 등 다양한 각도에서 고찰하고 있다. 로엘레케 교수의 학문세계는 다음과 같이 압축적으로 파악할 수 있다.

첫째, 로엘레케 교수의 법철학은 헤겔과 루만의 영향을 받았다.

법철학자로서 로엘레케 교수는 철학자로서의 헤겔의 변증법과 이론가인 루만의 사회체계이론의 영향을 받았으나, 로엘레케 교수는 이들과 달리 체계주의자는 아니다. 다만, 로엘레케 교수는 루만의 영향을 받아 법, 도덕, 종교의 분리성을 유지하면서 사회의 복잡성을 단순화하여 설명하는데 역량을 발휘하였다.

로엘레케 교수는 1988년에 '연구의 길(*Wege der Forschung*)' 664권 '법철학인가 법이론인가(*Rechtsphilosophie oder Rechtstheorie?*)' 라는 저서를 남겼다. 2011년에 '법도그마틱과 이론의 구별에 관하여(*Zur Unterscheidung von Rechtsdogmatik und Theorie*)'라는 논문에서 헤겔과 루만의 개념을 예로 들어 논증하고 있다.

이 논문은 자신의 법철학을 종합 정리한 주목할 만한 내용으로 생전에 건강이 악화된 상황에서 투혼을 불태우며 원고를 완성하여 *JZ*에 기고한 것이라고 할 수 있다. 이처럼 로엘레케 교수의 저술은 "그가 사회 발전에 대한 예리한 분석가이자 법학, 법철학 및 법이론에 대한 간결하고 비판적인 관찰자임을 증명한다"고 만하임 대학의 공법 및 법철학 연구소 소장인 크레머(*Hans-Joachim Cremer*)교수는 말한다.

로엘레케 교수가 평생 동갑의 사회학자 루만의 학문적 세계에 영감을 받고 그를 매료시킨 앞서도 언급한 바와 같이 "모든 것이 달라질 수 있었을 것이다. 그러나 나는 아무 것도 바꿀수 없다."라는 역설적 표현을 법학의 화두로 삼아서 법학자의 삶을 지속해 왔다.

둘째로, 로엘레케 교수는 공법 특히 헌법과 행정법학에 깊이 있는 주목할 만한 논문을 발표하였다.

그는 1969년에 마인츠 대학에서 하빌리타치온을 작성하고 만하임대 교수로 임용된 후 1972년에 "행정법의 기본 개념. 사례를 기반으로 한 소개"를 *Kohlhammer* 출판사에서 간행하였다.

로엘레케 교수는 1974년 10월 아우구스부르크에서 개최된 제34회 독일 국법학자대회에서 '법관의 법률과 헌법에 대한 구속'이라는 제목하에 제1발제자로 참여하여 발표하였다. 당시 제2발제자는 스타르크(*Christian Starck*) 교수가 맡았다. 참고적으로 당시 행정법의 주제는 '행정책임과 행정재판권'으로 제1발제자는 숄츠(*Rupert Scholz*) 교수이다. 제2발제자는 아쓰만(*Schmidt Assmann*) 교수가 참여하여 발표하였다.

로엘레케 교수는 독일 통일에 관한 논문을 여러편 작성하였다. 그는 "동독은 불법국가이었나?(*War die DDR ein Unrechtsstaat?*)"라는 2011. 7. 28. 자 *FAZ*의 칼럼에서 동독의 *SED*를 현대 헌법국가의 의미에서 정당이 아니며, 나치정권과 마찬가지로 동독은 권력분립에 대한 거부, 대중동원, 인격숭배의 체제이므로 불법국가로 파악하고 있다.

로엘레케 교수의 정년을 맞이하여 데펜호이어 교수가 편집한 "계몽된 실증주의(*Aufgeklärter Positivismus*)- 헌법 국가의 전제 조건에 관한 선정된 문헌"을 *Möller* 출판사에서 1995년에 간행하였다. 정년퇴직 이후에 로엘레케 교수는 "연방공화국의 정체성"과 정당을 다루는 독일 기본법 제20조와 제21조에 대한 해설서를 기술하였다.

또한 로엘레케 교수는 교육행정에 전문적 식견을 갖추었으며 대학의 자치를 위해 공헌하였다. 로엘레케 교수는 만하임대 부총장과 총장을 역임하면서 만하임 상과전문대학을 종합대학으로 승격하여 명문대학으로 성장시키는데 중요한 역할을 한 것으로 평가된다.

그는 교육행정 분야에서 여러 직책을 맡았고 대학의 역사나 교육행정에 관한 다수의 논문을 발표하였다. 로엘레케 교수는 1982년 만하임대 총장의 취임하면서 총장직이 연구의 직이지 행정직으로 이해해서는 곤란하고, 훔볼트의 전통적인 대학관에 기초하여 재정이나 프로그램의 차원에서 바라볼 것이 아니라고 하면서 "오늘날 철학은 왜 여전히 존재하는가"라는 명제를 던졌다.

만하임 대학에서 로엘레케 교수는 경제행정법 강의를 하였고, 로엘레케 교수는 제자를 많이 양성하지 않았다. 그의 제자인 스토버(*Rolf Stober*)교수는 로엘레케 70주년 기념논문집에 이슨제(*Isensee*), 파블로프스키(*Pablowski*) 등 다양한 분야의 저명한 집필자의 원고를 모아 "법과 법(*Recht und Recht*)"이라는 역설적이며 흥미로운 제목으로 편집하여 그의 스승인 로엘레케 교수에게 헌정하였다.

셋째로, 보수 성향의 로엘레케 교수는 시대적합적 주제를 다양한 관점에서 그만의 독특한 논리로 전개하는 면에서 타의 추종을 불허한다. 마운즈(*T. Maunz*) 교수의 정치적 스캔들에 대한 해법을 진보 성향의 학술지에 기고하기도 하였다. 인구감소문제, 통일의 문제, 환경문제 등에 관하여 독특하면서 창의적인 다양한 측면에서 분석한 해법을 제시하고 있다.

파트릭 바너스(*Patrick Bahners*)가 2004년 편집하여 발행한 "프로이센 스타일, 예술품으로서의 국가(*Preußische Stile. Ein Staat als Kunststück*)"를 *Klett-Cotta* 출판사에서 간행하였다. 아울러 로엘레케 교수가 2007년 5월 9일 베를린 법학회에서 행한 강연의 개정판을 "종교-법-문화 그리고 시스템의 특이성" 이라는 제목으로 *De Gruyter* 출판사에서 발행하였다.

로엘레케 교수는 인구문제에 관한 논문에서는 인구감소가 위험한 부분인데 이 문제는 본국으로의 이민이나 출생률의 증가로 해소할 수 있다고 하면서 출생률의 증가는 국가가 개인의 사적 내밀영역에 영향을 미치는 데 이러한 내밀의 영역은 개인의 주관적 권리로 국가의 영향에서 벗어나 있다고 보고 있다.

아울러 독일인의 인구감소 문제와 관련한 논문에서, 논쟁의 여지가 있다는 전제하에 저출산 문제를 환경보호 특히 종의 보호의 관점에서 부부가 두자녀 이하로 출산하게 될 경우에는 반달족처럼 독일 인종이 지구상에서 멸종될 수도 있다는 독특한 논거를 제시하기도 하였다.

넷째로, 로엘레케 교수는 저널 편집인의 경험을 살려 각종 신문 매체에 서평 등을 기고하였으며 전쟁학과 전쟁법에도 관심을 기울였다.

로엘레케 교수가 1962년에 아일랜드 정치인 윌리암 제랄드 해밀턴(*William Gerald Hamilton*)의 '의회의 논리(*Parliamentary Logic*)'을 독일어로 번역 편집한 "대화의 논리(*Die Logik der Debatte*)"를 초판 발행한 이래 1991년에 제4판을 *Sauer-Verlag*에서 발행하였다.

로엘레케 교수는 1960년대 초반 무역 저널 "경영-컨설턴트(*Der Betriebs-Berater*)"의 편집 조수, 그리고 편집인으로서 출판계의 편집기법 등을 익혀 훗날 *FAZ*에 쓴 수많은 논픽션 비평에 활용하였다고 할 수 있다. 로엘레케 교수의 필력은 타의 추종을 불허했고, 평론가인 로엘레케 교수의 리뷰의 글은 독자들을 매료시켜 독자로 하여금 흥미진진하게 책을 읽도록 한 반면에 책을 저술한 동료들은 살살해 달라고 할 정도로 엄정하게 비평하기도 했다. 로엘레케 교수의 평론은 역사적인 관점에서 다분히 계몽적이다.

이와 관련하여 2013년에 로엘레케 교수가 생전에 작성한 글을 모아 2편의 단행본이 발간되었다. 하나는 로엘레케 교수가 1963년 7월 29일부터 2011년 10월 20일 까지 *FAZ*에 기고한 칼럼 등을 데펜호이어 교수가 편집한 '헌법 미니어처- 시간의 질문에 대한 입장'을, 다른 하나는 파트닉 바너스(*Patrick Bahners*)가 편집한 '리뷰속에서의 학문의 역사'가 각각 *Mohr Siebeck* 출판사에서 간행되었다.

로엘레케 교수는 특히 법학자자 별로 관심을 안 기울이는 전쟁학에도 관심을 기울였다. 그는 클라우제비츠 회원으로 활동하였다. 그는 16세의 나이에 군인으로 전쟁터에 소집되어 포탄을 운반하였고, 전쟁이 끝난 후에야 고등학교 졸업장을 따서 다소 늦게 대학에 진학할 수 밖에 없었다.

로엘레케 교수는 전쟁학과 관련한 깊이 있는 논문을 학술지에 기고하였다. 1995년에 '국가(*Der Staat*)'라는 학술지에 "무장된 병력의 외국참전- 전쟁, 대외정책 또는 국내정치?: 헌법개정적 결정" 이라는 논문을 작성했고, 2009년에 전문학술지 국가법과 정책(*Staatsrecht und Politik*)에 "전쟁과 테러: 외부에서 고찰한 비대칭적 투쟁"을 작성하였고, 2011년 '국가'라는 학술지에 로엘레케 교수는 "전쟁법, 전쟁문화 그리고 전쟁개념- 비대칭적 전쟁의 문제에 관하여"라는 주목할 만한 논문을 남기고 있다.

로엘레케 교수의 법학 논문은 단순히 규범적 차원에서만 분석하는 것이 아니라 철학적, 역사적 그리고 사회학적 접근을 하면서 형식의 풍부한 다층성을 특징적으로 보여주고 있다. 로엘레케 교수만이 쓸 수 있는 특별한 방법으로 비대체적이며 독특한 논거를 제시하면서 강력히 자신의 논조를 분명하게 드러내고 있다.

로엘레케 교수는 생각이 심원하고 유교와 불교 등 동아시아의 문화에도 깊은 관심을 나타냈다. 한자의 사람을 뜻하는 '인(人)'이라는 글자가

'함께 살아가는 사람(*Mitmensch*)'의 형상을 하고 있다는 점을 강조하였다.

만하임대 총장 등 화려한 경력에도 매사에 겸손하면서 예의를 지키며 타인을 배려하는 자세를 잃지 않았다. 아이처럼 지칠줄 모르는 열정과 지적 호기심, 해박하고 명료한 표현, 독특한 문장 스타일은 로엘레케 교수로부터 배워야 할 덕목이다. 로엘레케 교수는 진리를 탐구하려는 구도자(求道者)의 자세로 경건하고 치열한 삶을 살았다. 끝으로, 인생과 학문의 스승인 로엘레케 교수를 추념하며, "모든 텍스트는 어제의 것이다(*Alle Texte sind von Gestern*)"라는 로엘레케 교수의 말을 떠올려 본다.

(출처: 뉴스퀘스트 법과 인문학 단상, 2023.10.30.)

2 나의 스승 로엘레케 교수와의 인연

나는 법제처에서 근무중이던 1992년 7월 하순에 독일 만하임과 하이델베르크로 국비유학을 떠났다. 독일 만하임에 체류하던 1993년 초 박사논문을 준비하는 과정에서 로엘레케 교수께 "논문을 어떻게 쓰면 좋은지" 여쭤보았다. 그때 로엘레케 교수는 "논문은 김 선생이 쓰는 것이고, 다른 사람은 김 선생이 쓴 글을 읽는 것이다. 김 선생의 주장이 옳은지 아무도 알 수 없다"는 현답(賢答)을 주었다. 각주와 관련하여서도 여쭤보았다. 그는 문헌은 자신이 주장하는 논거와 관련하여 적절히 참고하고 자료나 문헌이 없다고 논문을 못쓰는 것은 아니라고 하면서 기존의 선행 논문이나 자료에 지나치게 얽매일 필요는 없다고 조언하였다. 로엘레케 교수는 학자에게 중요한 것은 자신의 독특한 주장과 관점이라는 것이다. 그는 "모든 텍스트는 어제의 것이다(*Alle Texte sind von Gestern*)"라는 말로 이 점을 밝히고 있다. 그때부터 나는 자신감과 용기를 갖고 논문을 쓰기 시작했다. 로엘레케 교수의 지혜의 가르침은 나의 왕성한 학술적 활동의 원동력이 되었다.

로엘레케 교수가 돌아가시기 10개월 전 2011년 1월 초에 칼스루헤 볼파츠바이어(*Wolfartsweier*)에 있는 로엘레케 교수댁에 당시 대학의 독문과에 수시 합격한 아들과 함께 방문한 것이 그와의 생전에 마지막 만남이 될 줄 몰랐다. 로엘레케 교수께 전화 연락을 취하니 건강이 안 좋아 밖에 나갈 수 없어, 아들을 데리고 로엘레케 교수의 집으로 오면 좋겠다고 말씀하셨다. 로엘레케 교수의 건강을 위로할 겸 마치 손자를 데리고 댁을 방문하듯이 2시간 정도 대화를 나누고 집앞에서 사진을 찍고 나오던 그와의 마지막 순간이 떠오른다. 저녁을 들고 가라는 청을 하였으나, 폐를 끼치는 것 같아 일찍 자리를 떴는데 그렇게 바로 돌아가실 줄 몰랐다. 그로부터 5년 후인 2016년 여름에 로엘레케 교수의 묘소를 방문할 겸 독일 바이로이트 대학에 교환학생으로 체류하는 아들을 만나러 독일로 잠시 출국했다. 로엘레케 교수의 유택(幽宅)은 칼스루헤 댁 부근의 가톨릭 묘원인데 처음에 알 수 없어 이리 저리 인터넷도 찾아보고 수소문을 하여 만하임에서 자동차를 렌트하여 아들과 함께 로엘레케 교수의 묘소에 참배를 다녀왔다.

청출어람(青出於藍)이라는 말의 출처로 유명한 순자(荀子)는 "사람은 스승이 없으면 부정해지고 예의가 없어진다"고 했다. 나는 다행히 국내에도 여러분의 훌륭한 스승 뿐만 아니라 독일의 스승으로부터 많은 것을 배우는 행운을 가졌다. 로엘레케 교수는 독일에 가서 처음 만나서 대화를 나눈 후 그 자리에서 만하임 대학의 박사과정에 바로 등록을 하도록 주선해 주셨다. 그는 자신의 소중한 시간을 할애하며 친절하게 대화용의를 보여주었다. 독일유학시 로엘레케 교수가 외부의 지원을 받아 크게 행사를 치르는 2박 3일의 주말 세미나(*Wochenende Seminar*)에 참석하여 연사와 토론자가 번갈아 가면서 다양한 주제로 함께 토의하고 교류하는 학술적 공간에 참여할 수 있도록 하였다. 로엘레케 교수는 동아시아에서 온 제자를 학문적 동료(*Kollege*)로 간주하고, 만하임 법대의 도서관을 아무 때나 이용할 수 있도록 열쇠를 제공하여 시간의 구애를 받지 않고 연구할 수 있도록 제자를 최대한 배려하였다.

로엘레케 교수는 학문의 세계의 입구에서 방황하는 제자에게 길잡이(*Wegweiser*) 역할을 하였다. 나는 독일의 유학을 가지 전까지 대학교수가 되어야 겠다는 생각을 하지 않았다. 1992년 7월부터 1995년 1월까지 나의 독일 유학기간 동안 로엘레케 교수의 지도하에 "한국과 독일에서의 급부행정의 법률유보에 관한 연구- 경제보조금 사례를 중심으로-" 라는 비교법적 관점에서 고찰하는 내용의 박사논문을 작성하였다. 독일 유학을 마치고 귀국한 후에 로엘레케 교수의 지도를 받으며 그의 학자적 모습에 감명을 받아 대학교수로 살아가는 삶이 보람이 있다고 생각하여 법제처의 과장으로 승진한 지 얼마 안되 시점에서 계속 행정관료로 성장할 것인지 고민하다가 과감히 대학으로 자리를 옮겼다.

이러한 점에서 독일 유학은 나의 삶의 기본적 시야와 인식의 지평을 넓혀 주었고, 인생행로에 전환점을 가져다 주었다. 나는 지금까지 4반세기 이상 대학에 머물며 학문연구활동을 하며 지내왔다. 당초 로엘레케의 교수의 책을 번역하려는 계획도 있었으나 제대로 실천에 옮기지 못하였다. 그 대신 로엘레케 교수가 1989년 *AöR*에 기고한 '주관적 권리와 정치적 계획(*Subjektive Rechte und politische Planung*)'에 관한 논문을 1999년 루만연구회에서 번역하여 발표하고 이를 1999년 하반기 행정법연구에 번역문을 게재하는데 그쳤다. 이제 나는 1984년 사법시험에 합격한 이래 잠시 법무법인 아람 등에서 변호사 활동을 하였을 뿐 공직과 대학교수로 반관반민(半官半民)의 역할을 하며 65세 정년을 맞이하게 되었다. 로엘레케 교수는 자주 대화할 기회가 있어 한국에 관하여 이야기 할 때마다 나의 말을 경청하면서 "아 그래(*Ach Ja*)" 라고 맞장구쳐 주던 생전의 인자하신 모습이 떠오른다. 독일 파견기간인 2년 반의 기간을 마치고 법제처 공무원으로 복귀한 후인 1995년 가을에 일주일간 휴가를 내고 로엘레케 교수 정년 기념식에 참석하러 독일을 다녀왔던 기억이 새롭다. 로엘레케 교수는 정년 기념행사를 마친 당일 저녁에 제자인 롤프 스토버 교수와 로엘레케 가족 및 지인 그리고 멀리서 온 제자를 만하임의 조용한 식당에 초대하여 축하의 자리를 함께하였다. 단출하면서 편안한 가족같은 분위기였다. 1996년 가을에 통일헌법의 논의에 관한 주제로 경희대 법학연구소 주최 국제학술대회를 개최하였다. 그 당시 로엘레케 교수를 초청하여 통일법의 대가인 국민대 장명봉 교수도 참여하여 발표를 하였고, 필자는 로엘레케 교수의 통역을 맡았다. 로엘레케 교수는 한국의 통일과 관련하여 북한과의 관계는 물과 기름의 관계로 보고 있으며, 통일이 된다고 하여 북한의 복지가 저절로 해결되는 것은 아니라고 역설하였다. 제자는 스승인 로엘레케 교수한테 한국사회의 진면목인 불교와 유교의 모습을 보여드리기 위해 경희대에서의 학술대회와 한양대와 서울시립대에서의 특강을 마친 후 경주, 해인사, 안동을 자동차로 모시고 여행을 하였다. 로엘레케 교수가 천년고도의 도시 경주의 문화유적지를 방문할 때 "김 선생, 이렇게 찬란한 역사와 문화가 있는데 독일로 유학을 온 이유가 무엇인가요"라고 하면서 대한민국 역사의 찬란함과 우수성에 감탄을 하셨다. 유림의 고장 안동을 가기 전에 로엘레케 교수께 고찰(古刹)을 보여드리기 위해 팔만대장경 목판본이 보관되어 있는 해인사를 모시고 갔는데 그는 가톨릭 신앙을 신봉하면서도 불교에 깊은 관심을 표명하였다. 로엘레케 교수의 안동 지역의 안내는 평소 교분이 있던 국립안동대 교수한테 미리 부탁드렸다. 저녁을 함께 안동의 식당에서 헛제사밥을 주문하여 식사를 하였다, 그런데 이에 대한 설명을 들으시고는 매우 의아하게 생각하시면서 유럽 중세 사회에서 귀족은 자신의 부를 입증할 필요가 없는데 양반 도시에서 헛제사밥은 이례적이며 이상한 일이라고 하면서 양반이 아닌 사람이 돈을 많이 벌어 잘 먹으려니까 타인들의 시선 때문에 제사음식이라고 말하는 것 아니냐고 의문을 제기하던 순간이 새롭기만 하다. 우리의 인문학적 상상력의 빈곤과 무지를 일깨워 주며 놀래킨 분이 관찰자(*Beobachter*)인 로엘레케 교수였다. 로엘레케 교수는 정치권 등 외부세계에 한눈 팔지 않고 평생 동안 학술적 논문과 수준 높은 칼럼 등을 쓰면서 담담하게 늙어가는 학자의 구도적 자세를 평생토록 견지하였다.

나는 1984년 10월 30일은 서울대 대학원 법학과 재학중에 제26회 사법시험의 최종합격 통보를 받은 날이라 매년 10월 30일은 기쁜 날로 기억하고 있다. 그로부터 정확히 10년이 지난 1994년 10월 30일에 로엘레케 교수의 연구실에서 논문 최종단계의 미팅이 있는 날이었다. 2주 간격으로 약 6개월 이상 논문을 지도받던 사실상 마지막 날이어서 로엘레케 교수는 그동안 작성한 것이 박사논문을 받기에 충분하니 잘 마무리 하여 박사논문의 심사논문으로 제출하라고 하여 그날이 사실상 논문이 통과된 길일(吉日)이기도 하다. 그날 완성단계의 논문을 보여 드리고 지도를 받는 날인데, 로엘레케 교수께서 비서한테 ***Herr Kim*** 커피 한잔 대접하라고 하여, 처음으로 로엘레케 교수의 커피를 얻어 마신 날이기도 하다. 로엘레케 교수는 그동안 수고 많이 했다는 말을 남겼고 데펜호이어 교수의 제2평가서를 받은 후에 구술시험의 날이 그해 12월 1일로 잡게 되었다. 로엘레케 교수의 평가서는 방대한 분량으로 요약하면 주관적으로는 아주 놀랍고 우수하지만 독일의 객관적 기준에 의하여 외국인이라고 기준을 달리하여 평가할 수 없다고 하여 엄정하게 평가를 해주셨다. 아마도 로엘레케 교수가 여러 측면을 고려하여 깊게 고민하신 것 같다. 평가에 약간의 불만을 데펜호이어 교수에게 토로하니까 로엘레케 교수가 엄격한 분이고, 한국에 가서 좋은 학술적 논문을 작성하는 것이 중요하지 논문의 평가서의 점수가 후일 학자의 성공과는 무관하다고 위로하였다. 이처럼 10월 30일은 내 인생에 있어 매우 중요한 날이다. 그런데 로엘레케 교수가 애석하게도 암으로 2011년 10월 30일 돌아가셨다. 프랑크푸르크 알게마이네 자이퉁(*F.A.Z.*)에 부고가 난 것을 우연히 인터넷을 보고 알았다.

시간을 거슬러 올라가서 1995년 1월에 나는 가족과 함께 한국으로 돌아가기 며칠 전 로엘레케 교수가 식사를 초대하여 한국식당에서 석별의 시간을 가졌다. 나의 차를 이미 처분한 시점이라 그의 차를 타고갔고, 로엘레케 교수께서 식사를 초대한 것이다. 식사초대뿐만 아니라 그의 폭넓은 배려로 인해 로엘레케 교수의 정년기념식날 그의 정년을 축하드리러 독일에 갔다. 그리고 내가 대학에 교수로 부임하자마자 로엘레케 교수를 국제학술대회에 초청하여 발제와 특강으로 모셨다. 앞에서도 언급하였지만 나는 동아시아 문화와 역사에 관심있는 공법학자이며 법철학자인 로엘레케 교수한테 한국의 전통문화를 접할 수 있도록 경주와 해인사, 안동을 보여드리길 잘했다고 생각한다. 독일의 스승은 한국의 불교와 유교에 대하여 깊이 감명받으셨다. 로엘레케 교수는 40대에 만하임대 총장을 지낸 저명한 원로학자임에도 정년 이후에도 지칠줄 모르는 열정으로 지속적으로 주목할 만한 학술논문을 발표하였다. 아울러 깊이있는 법과 정치에 관한 칼럼을 *F.A.Z.*에 지속적으로 발표하는 등 84세의 삶이 다하는 날까지 학자로서 성실하게 최선을 다하는 모습을 보여주었다.

Ⅶ. 가인 김병로

김병로는 1888년 1월 27일 전북 순창군 복흥면 하리에서 태어났다. 그의 본관은 울산이고, 문묘에 배향된 하서(河西) 김인후 선생의 15대 손으로 알려져 있다. 김병로의 아호는 처음에 소석(小石)이었으나 가인(街人)으로 스스로 변경하였다. '나라를 잃은 거리의 사람'이라는 뜻이다. 그의 아호처럼 전북 순창, 전남 목포, 전남 곡성군 옥과, 전남 담양군 용수리, 일본 도쿄, 서울 종로구, 도봉구 창동(당시 경기도 양주군 노해면 창동리), 서울 중구 인현동 등 여러 곳을 전전하며 살았고, 일제강점기 변호사를 하면서 여러 법원을 다니며 변론활동을 하였다. 가인의 묘소는 북한산자락의 둘레길과 등산로에 접해 있다. 그의 아호처럼 사람들이 지나가는 길가에 있다.

가인은 10세 이전 조부와 부친이 모두 사망하자 어린 나이에 자립하며 성장하였다. 14세 무렵 기호 성리학자인 간재(艮齋) 전우 선생 밑에서 2년간 한학과 성리학을 배웠고, 시대 변화에 순응하기 위해 목포 일신학교와 담양 창흥의숙에서 일본어, 영어 등 신학문을 수학하였다. 국가사회를 위한 배우고자 하는 그의 열정은 배를 타고 현해탄을 건너 도쿄로 향하였다.

지난 3월 초 필자는 서울 수유동과 창동을, 7월 초 송백(松柏), 금화(琴和), 우경(又經) 등 전북대 동료교수와 함께 정읍 무성서원과 장성 필암서원을 돌아보면서 순창의 가인연수관과 생가를 답사했다. 가인은 수유동 국가관리묘역내 유택에서 잠들고 있다. 가인의 묘소 앞에 이은상이 비문을 지은 큰 비석이 서 있다. 미군정의 사법부장을 거쳐 건국 초대 대법원장으로 법질서 확립의 기틀을 마련한 공적을 강조한다. 그러나 이러한 공적에 앞서 가인에서 치열한 인간승리의 모습을 보게 된다. 그는 삶의 어려운 여건을 탓하지 않고 구국일념(救國一念)으로 자신에게 맡겨진 역할을 성실과 근면으로 실천하며 살다 갔다.

가인의 묘소 부근에는 건국훈장 대한민국장을 받은 이준 열사 묘역과 이시영 건국 초대 부통령 묘역이 자리잡았다. 독립유공자 서훈은 1949년 대통령 이승만과 부통령 이시영에게 건국훈장 대한민국장이 수여되면서 시작되었다. 가인은 고하(古下) 송진우, 애산(愛山) 이인 등과 함께 건국훈장 독립장을 수여받았다. 이는 상훈법상 건국훈장 5등급 중에 3등급에 해당한다. 공적조서상으로 고하, 애산 등과 마찬가지로 문화활동으로 건국에 공헌한 것으로 되어 있다. 가인은 공적조서나 일부 문헌에 담양 일신학교를 설립한 것으로 되어 있다. 이는 목포 일신학교에서 신학문을 배운 것으로 봐야 한다. 가인은 일본 유학을 떠나기 전인 1909년 무렵 담양에 이사한 후 춘강(春岡) 고정주가 설립한 창흥의숙에서 6개월의 속성 과정을 마친 것으로 보아야 할 것이다.

가인의 묘소를 둘러보며 훈장과 서훈제도에 대하여 생각해 보았다. 1963년 박정희 대통령이 독립유공자에 대한 서훈을 대대적으로 시행했다. 가인을 비롯, 여러 사람에게 건국훈장이 수여되었다. 당시 건국공로자 선정과 훈장발급에 더 신중해야 했다는 비판 여론이 있었다. 가인도 동아일보 인터뷰에서 "너무 짧은 시일 내에 대상자를 조급히 고른 흠이 있고 심사하는 심의회도 마땅치 않다"고 지적하면서도 "자기가 훈장을 받지 못한다고 해서 불평·불만을 말하는 것은 옳지 못한 태도"라고 밝혔다. 국가를 위하여 큰 공헌을 하였음에도 비교적 낮은 훈장을 수여받은 국가유공자의 공적재평가를 통한 훈격조정이 이루어질 필요가 있다.

가인의 묘소에서 자동차로 20분 정도 떨어진 도봉구 창도으로 향하였다. 가인은 1934년부터 1945년까지 창동 219-5번지에 거주하며 은거하였다는 기록이 있어 그곳을 찾기 전 도봉문화원에 들렀다. 직원의 안내를 참고하여 주소지를 찾아가 보았다. 가인이 살던 집터 부근에는 공동주택이 들어서 있고, 옛 삶의 흔적은 찾아 볼 수 없었다.

가인은 자신이 중앙집행위원장으로 활동하던 신간회가 해체되고 이로 인해 변호사활동이 6개월간 정직된 후 서울 집을 팔아 1934년부터 양주군 노해면 창동에 4천평을 마련하여 양계와 양돈을 하면서 은거한 것으로 알려져 왔다. 창동에서 '창(倉)'은 곡식 창고라는 뜻이다. 그곳은 경성~원산 대로와 경원선 철도가 함께 연결된 교통 요충지로 기차를 타고 서울로 진입하기에도 용이한 농촌이었다. 그곳에 가인이 거주처를 옮긴 이유는 잘 알 수 없지만 농촌 전원생활이 가능하며 교통이 편리해 서울

진입이 쉬운 곳을 택한 것으로 추측된다. 학계 최근 자료에 의하면 가인이 1934년 이후에도 그곳에 거주하며 보성전문 강사를 하였고, 애산 이인 변호사와 함께 1941년까지 좌익 계열인 박헌영, 이재유 등 사상사건의 변호 활동을 한 기록이 나온다. 가인과 반평생을 함께 한 애산은 대구 출신으로 일본 메이지대 법과 후배이다. 초대 법무장관을 지낸 애산은 가인을 초대 대법원장에 적극 추천했다. 이승만 대통령이 김규식과 가까웠던 가인을 그다지 탐탁하게 생각하지 않음에도, 대법원장으로 지명하지 않으면 자신도 법무장관을 사임하겠다고 애산은 직언했다. 애산은 가인과 함께 미군정 하에서 법전기초위원회 위원으로 함께 활동하기도 했다.

건국 후 가인은 법전편찬위원장으로 활동하면서 부위원장인 애산을 비롯한 다수 위원과 함께 민법, 형법, 형사소송법 등 기본법률 법전편찬위원회 활동을 성공적으로 수행하여 대한민국 법령의 기본틀을 구축하였다. 법전편찬 활동을 가인이 주도한 것으로 보는 시각이 있으나 다양한 전문가로 구성된 법전편찬위원회와 법제처, 국회와의 협동 작업 산물로 이해할 필요가 있다. 애산은 법무장관에서 물러난 뒤에도 법전편찬위원회 부위원장을 맡았다. 가인이 대법원장과 법전편찬위원회 위원장에서 퇴임한 1957년 12월 이후 법전편찬위원장을 이어받아 그 활동을 성공적으로 마무리 하였다.

도봉문화원 옆 창동 역사문화공원에는 일제강점기 도봉구에 살던 민족 지도자 세 분을 기리는 동상이 설치되어 있다. 가인을 비롯하여 위당(爲堂) 정인보, 고하 송진우가 그 세 지도자 이다. 사람들은 근현대사에 큰 족적을 남긴 이 위인들을 '창동 3사자(獅子)'로 부른다. 도봉구는 창동 3사자를 재조명하고 구민의 애국심을 고취하기 위해 역사문화공원을 조성하였다.

가인을 '위인 3인 중의 한 사람'으로 기리는 곳은 도봉구만이 아니다. 전주 덕진공원에 가인을 가운데, 화강 최대교(1901~1992) 검사와 바오로 김홍섭(1915~1965) 판사를 좌우로 모신 동상이 동상이 건립되어 있다. 전북이 배출한 '법조삼성'(法曹三聖) 동상이다. 가인은 애산 이인, 긍인(兢人) 허헌과 함께 '인'이 아호나 이름에 들어간 항일 민족 변호사 3인으로도 불린다.

가인의 삶을 결정적 전환한 곳은 담양 창흥의숙이었다. 춘강 고정주가 설립한 이곳에서 가인은 고하, 그리고 인촌(仁村) 김성수와 공부하며 교유했다. 비슷한 시기 일본 유학을 떠나 신학문을 배우고 돌아왔다. 전북 고창 출신 인촌은 가인과 같은 울산김씨 먼 친척에 해당한다. 가인은 재정난에 빠진 보성전문학교를 인촌이 인수하도록 적극 권유하기도 하였다. 가인은 인촌, 고하와 함께 일본 유학을 마치고 동아일보에서 함께 활동하기도 하였다. 해방 후에도 가인은 고하, 인촌과 함께 한국민주당의 창당에 뜻을 같이하였다. 가인과 고하의 우정은 고하가 아살당할 때까지 30여년간 지속되었다. 가인은 평소에 존경하는 인물로 책에서 만난 율곡(栗谷) 이이 선생과 30년 친구인 고하 송진우라고 글에서 밝힌 바 있다.

가인과 고하, 인촌이 일본유학을 가지 않았다면 국가사회의 건설에 어떤 역할을 하였을지 자강론의 관점에서 일제 강점기에 일본 유학 그 자체만을 가지고 탓할 것은 아니다. 가인은 율곡 이이의 전집을 비롯한 동서고금의 고전을 즐겨 독서하였고 대법원장 재직시에 각종 서한과 연설문 등을 직접 작성한 것으로 알려져 있다. 가인이 대법원장 재임 중 법관이 가야할 올바른 길을 제시했다. 사법부 수장으로서 청렴과 강직을 몸소 실천하며 사법권 독리브이 좌표를 설정하였다. 법관들을 위한 가인연수관이 순창에 설립된 것은 우연이 아니다. 공사(公私)를 엄격히 구분하는 가인의 공직관을 본받으며 심신을 수련케 하려는 뜻이 담겼다.

가인은 고향 순창에서 어린 시절에 조부와 부친을 여위었다. 6. 25. 남침시 부인까지 잃었다. 법조인의 삶을 이어나갈 차남을 해방을 앞두고 먼저 떠나 보내는 참척의 슬픔도 견뎌야 했다. 일본 제국대학을 유학, 고등문관 시험에 합격하고 변호사를 준비하던 아들이었다. 가인은 어릴 적부터 고독과 방황을 겪었다. 1950년 골수염으로 왼쪽 다리를 절단하여 지팡이에 의존해 살면서도 불굴의 의지를 발휘하였다. 가인은 1964년 1월 13일 서울 중구 인현동 자택에서 간장염으로 별세했다. 77세의 일기였다. 사회장으로 장례를 치렀다. 애산은 당시 장례위원장을 맡았으며, 동아일보에 "겨레 위한 공헌 길이 빛나리"라는 추도사를 쓰기도 하였다.

가인은 삶이 다하는 순간까지 국가 사회를 위해 최선을 다하였다. 그는 흔들리지 않는 중심축을 견지하며 타인의 평가에 연연하지 않았다. 대범하고 치열한 삶이었다, 소신을 굽히지 않는 기개와 절제를 지키면서 책을 손에서 놓지 않았다. 가인은 염직(廉直)의 선비정신으로 일관하며 건국 초기 사법의 주춧돌을 놓았다. 법조인이 가야 할 바른 길을 제시하고 몸소 실천한 대한민국 법조인의 사표라고 할 수 있다.

(출처: 전북인물기행 ② 수유동과 창공에서 만난 가인 김병로, 전북인 2024. 7. 16.)

직필(直筆)과 객설(客說)

제 2 장
동서양 고전인문학

Ⅰ. 동서양을 넘나들며

1 신독(愼獨)과 공정한 관찰자

우리는 살아가면서 일이 순조롭게 잘 풀리는 시기도 있지만, 어려움에 봉착하여 한치 앞을 내다 볼 수 없는 궁박한 시절도 있다. 인생은 새옹지마(塞翁之馬)와 같아서 일이 잘 풀린다고 너무 자신만만하거나 잘 안 풀린다고 낙심하는 등 일희일비(一喜一悲)할 것은 아니다. 맹자는 진심장구상(盡心章句上)에서 "궁즉독선기신(窮則獨善其身), 달즉겸선천하(達則兼善天下)"라고 말하였다. 이는 어려움에 봉착했을 때에는 홀로 자신을 수양하고, 자신의 뜻이 펼쳐지는 시기에는 사람들과 더불어 천하를 위해 역량을 발휘하라는 의미이다.

신독은 '대학'과 '중용'에 실려 있는 말로서, "군자는 혼자 있을 때에도 삼가고 조심한다(君子愼其獨也)"는 뜻이다. 신독은 자신을 속이지 않고(毋自欺), 다른 사람이 아닌 자신에게 보다 엄격한 잣대를 적용하는 것이다. 사람들이 지켜보는 중인환시리(衆人環視裡)의 상황에서는 대부분 처신을 신중하게 한다. 신독을 통해 천리(天理)와 연결된 선한 성품을 유지하며 외부세계에 흔들리지 않는 중심축을 지탱하여 평상심을 견지할 수 있게 된다. 그리하여 "득의냉연(得意冷然), 실의태연(失意泰然)"의 경지에 이르게 된다.

영국의 경제학자 애덤 스미스(*Adam Smith*)는 '국부론'과 더불어 '도덕감정론'이라는 책을 저술했다. 그는 자신의 묘비에 '도덕감정론'의 저자로 새겨지기를 원할 정도로 '국부론'보다 더 중요한 저서로 생각했다. 그는 '도덕감정론'에서 인간은 아무리 이기적인 존재라고 할지라도 기본바탕에는 이와 상반되는 선한 본성도 있다고 보았다. 그래서 인간은 다른 사람의 운명과 처지에도 관심을 갖는다. 또한 자신에게 아무런 이득이 없을지라도 다른 사람의 행복을 진심으로 바라기도 한다. 그는 자기 인격에 대한 사랑으로 타인에 대한 배려와 공감이 나오는 것은 마음 속에 '공정한 관찰자(*impartial spectator*)'가 있기 때문이라고 보았다. 공정한 관찰자는 자신의 행동이 옳은지 공정하게 알려주는 가상의 존재이다. 다른 사람이 보든 안 보든 관계 없이 언제나 스스로 자제하도록 만드는 강력한 힘은 우리를 항상 지켜보고 있는 무형의 존재인 공정한 관찰자로부터 나온다고 보았다. 어깨 너머로 나를 바라보며 내 행동이 옳은지 알려주고 판단해 주는 공정한 관찰자 덕분에 우리는 한걸음 물러서서 자신을 객관적으로 바라볼 수 있게 된다.

신독은 교양과 인격을 갖춘 지성인이 되기 위한 동양의 전통적 수양 방법이다. 오늘날 *SNS*의 범람으로 홀로 자신의 내면과 마주하는 신독을 실천하기가 쉽지 않다. 애덤 스미스가 말한 공정한 관찰자가 우리의 마음속에 존재한다고 상정한다면, 자신만이 이 세상에 특별한 존재는 아니고 바람 속의 먼지(*dust in the wind*)와 같은 존재라는 것을 깨닫게 되어 겸손한 자세로 삶의 정도(正道)를 찾아갈 수 있게 된다.

(출처: 법조신문)

2 워라밸과 백거이의 중은(中隱)철학

오늘날 바쁨과 한가함을 절충하여 일과 삶의 균형을 유지하는 것이 워라밸(*Work & Life Balance*)이다. 치열하게 경쟁하며 바쁘게 앞만 보고 질주하던 삶에서 내면의 평온과 정신적 희열을 느끼는 삶으로 생활 패턴이 변하고 있다. 그야말로 소소하면서 작은 행복을 추구하는 삶이 대세가 되었다.

전통적으로 동양 선비의 삶은 출사(出仕)와 은일(隱逸)의 양자택일의 문제로 나뉘었다. 출사란 관직을 얻어 공적 영역에서 자기를 적극적으로 실현하는 과정이다. 그런데 은일은 관직에서 벗어나 강호나 산림으로 들어가 세속에서 벗어나는 삶을 살아가는 것을 말한다. 양자의 조화를 반영하는 백거이의 중은(中隱) 철학은 살면서 잘 풀릴 경우에는 천하를 위해 봉사하고, 뜻대로 안돼 궁할 때는 신독하면서 홀로 자기를 수양하는 명철보신(明哲保身)의 삶의 방식이다.

중당(中唐)시대 백거이는 자가 낙천(樂天)이고 호는 향산거사(香山居士)로 29세에 진사과에 합격하여 관직에 나아갔다. 관료로 출세한 가운데 사회비판적인 풍유시를 지으면서 중앙 관료조직에서 자신의 뜻을 펼치며 순조로운 경력을 쌓았다.

그러나 그는 자신의 직분을 넘는 월권적 행위로 고위 관료의 반감을 샀고, 40대 중반에 지방관직으로 좌천됐다. 이른바 승승장구하던 사람들이 예기치 않은 인생의 굴곡을 통해 한 단계 성장하듯이 그 역시 새로운 삶의 전환점을 맞이하게 된다.

백거이는 비록 지방관직이 마음에 들지 않았지만, 관직생활을 그만두면 생활이 곤란하다는 것, 중앙 고위관료는 시간적 여유가 없어 시와 술과 거문고를 벗 삼는 사적 취미생활이 어렵다는 것을 깨달았다. 그리하여 백거이는 젊은 시절에 품었던 출세지향적 관료의 길 대신에 유유자적한 지방관직에 만족하면서 취음선생(醉吟先生)이라는 호처럼 술을 즐겨 들면서 한적시를 짓고 풍류를 즐겼다. 백거이는 평생 동안 2800여수의 시를 지었다. 당시 그는 지방관직에 머물렀던 덕에 환관의 발호에 의해 중앙 고위관료가 대량 척살되는 감로지변(甘露之變)도 피할 수 있었다. 백거이는 오늘날 법무부장관격인 형부상서를 71세에 사직하고 40여년의 관직 생활을 마감했다. 그 후 75세에 생을 마칠 때까지 평생을 자신의 이름처럼 낙천적으로 보냈다.

오늘날 법률가는 대부분 바쁜 일상의 시간(*Chronos*)을 살아간다. 미친 듯 정신없이 보내는 신기루와 같은 삶에서 한 걸음 물러나면 많은 것이 보인다. 일터의 분주함에서 벗어나 가까운 사람들과 함께 보내는 소소하고 행복한 시간(*Kairos*)이 진정한 삶의 의미와 가치를 찾는 시간이 될 수 있다. 바쁜 삶을 사는 법률가는 1200여년 전 이미 워라밸을 실천한 백거이로부터 균형있는 삶의 방식을 배울 수 있다.

(출처: 법조신문 법조나침반, 2019.08.26.)

3 스토아 철학과 진인사대천명

우리는 자신을 둘러싸고 있는 외부적 환경에서 비롯되는 일로 분노하거나 화를 내는 경우가 적지 않다. 로마시대 철학자인 세네카는 "분노하거나 화를 내며 보내기에는 우리의 인생은 너무도 짧다"고 설파했다. 자신의 힘이 미치지 않는 외부적 일로 정신적 스트레스를 받지 않고 마음의 평온을 찾으며 중심축을 잃지 않는 부동심(不動心)을 간직하기 위해 스토아철학은 많은 도움을 준다.

스토아철학은 자연의 법칙에 따라 이성을 가진 모든 인간은 평등하다고 보는 사상이다. 이 철학은 지혜, 용기, 절제 및 정의와 같은 덕(德, *arete*)을 최고의 선으로 간주한다. 노예 출신 에픽테토스, 법률가 세네카, 로마 황제 마르쿠스 아우렐리우스가 신봉한 스토아철학은 자유와 행복을 위한 삶의 방식이다. 스토아 철학은 외부 세계에 흔들리지 않는 내면의 평정심인 아파테이아(*apatheia*)의 상태를 목표로 한다. 무정념의 아파테이아 상태는 열정을 의미하는 파토스(*phatos*)와 상반된 허정(虛靜)의 경지다. 이는 자연에 합치되는 삶을 사는 현인이나 도인이 도달하는 경지라고 할 수 있다.

스토아철학은 마치 중용에서 말하는 “천명지위성(天命之謂性), 솔성지위도(率性之謂道)”와 같이 하늘의 질서에 연결된 가치의 근원을 이루는 것을 이성(理性)으로 보았다. 이성은 인간이 따라야 할 하늘의 법칙이고, 인간이 스스로를 통제하여 질서 있게 살아가는 기준이다. 이성에 따라 행동할 때 자연의 섭리에 합치하게 된다. 따라서 자기 자신과 가족만을 위해 부, 명예 및 권력을 추구하는 것은 자연의 섭리에 어긋나게 된다.

우리는 매사가 순조롭게 진행되기도 하지만 뜻대로 일이 안 풀려 크고 작은 시련과 고통을 겪기도 한다. 화(禍)가 복(福)이 되기도 하고, 복이 화로 변하기도 한다. 스토아철학자 에픽테토스는 ①자신이 어떻게 할 수 없는 것을 그대로 받아들이는 겸허 ②자신이 어떻게 할 수 있는 것을 적극적으로 바꾸는 용기 ③자신이 변경할 수 있는 것인지 아닌지를 분별하는 지혜의 3가지 덕을 간직하면 평정심에 다가갈 수 있다는 가르침을 남겼다.

스토아철학은 자신의 불리한 여건을 남의 탓이나 제도의 탓으로 돌리지 않고 자신에게 일어나는 모든 것을 사랑하는 긍정적 삶의 방식이다. 운명은 인간의 자유의지와 통제범위를 벗어나는 영역이다. 어떻게 할 수 없는 외부적 일에 대하여 분노하거나 화를 내는 것은 무의미하다. 독일의 철학자 니체는 삶에 필연적으로 닥쳐오는 운명을 긍정하고 자신의 것으로 받아들이는 “운명애(*Amor fati*)”를 강조했다. 운명애는 자신의 통제를 벗어나는 일을 긍정적으로 받아들이는 스토아철학에 뿌리를 두고 있다. 서양의 스토아철학은 성심으로 최선을 다한 후에 하늘의 뜻을 기다리는 “진인사대천명(盡人事待天命)”이라는 동양의 지혜와 일맥상통 한다.

(출처: 법조신문 법조나침반, 2019.09.30.)

❹ 스토아철학-평정심(Apatheia)으로 이끄는 길안내자

오늘날 가치관이 전도된 혼탁한 시대를 살아가는 현대인은 각종 스트레스와 사회적 불안에 시달리고 있다. 철학이 정신과 육체의 훈련이라고 가장 강조한 사람은 다름 아닌 에픽테토스의 스승인 무소니우스 루프스이다.

그는 미덕이란 단지 이론적 지식의 문제가 아니라 의학이나 음악의 경우처럼 실천의 문제로 파악하였다. 스토아철학은 외부의 세계로부터 흔들리지 않는 부동의 중심축을 견지하는 비법이며, 마음의 평정을 이루는 실용적 지침을 제공하는 사상이다.

이 철학은 그리이스 철학자 제논(335-263 *BC*)이 창시한 후 노예부터 황제에 이르기까지 다양한 계층의 사람들이 신봉한 사상이다. 노예출신으로 오로지 학문을 업으로 삼은 최초의 스토아철학자로 알려진 에픽토테스, 로마의 황제를 지낸 마르쿠스 아우렐리우스, 네로황제의 스승인 세네카가 대표적인 사람이다. 스토아철학의 주된 방법은 명상과 성찰, 그리고 실천적 훈련이다. 이 철학은 고통이나 삶의 도전을 기꺼이 즐거운 마음으로 받아들이도록 권장한다.

스토아철학의 핵심적 가치는 각 개인의 감정을 억제하거나 삶을 부정하는 것이 아니라 자신에게 닥친 외부적 역경에 직면하여 흔들리지 않고 극복할 수 있는 내면의 회복탄력성에 있다. 이는 한마디로 칠전팔기(七顚八起)의 오뚝이 정신이다. 스토아철학을 다음의 3가지 원칙으로 설명할 수 있다. 즉, ① 우리가 통제할 수 있는 생각과 행동이나 습관은 용기있게 도전한다. ② 자신이 통제할 수 없는 날씨, 외부적 환경이나 시간의 흐름 등에 대하여는 이를 수용하는 겸허함을 간직한다. ③ 그것이 통제할 수 있는 것인지, 통제할 수 없는 것인지를 구분을 할 수 있는 식견과 지혜가 필요하다.

이러한 3가지 원칙하에 우리가 스스로 변화시킬 수 있는 것에 에너지를 집중하고, 변화시킬 수 없는 것에 대하여는 더 이상 미련을 두지 않으므로 마음의 평정을 찾게 된다. 스토아철학은 우리로 하여금 통제할 수 있는 영역에 대하여 과감히 도전하고 변화를 위해 실천하도록 격려하고, 통제할 수 없는 영역에 대한 집착을 포기함으로써 지나친 걱정과 좌절의 부담에서 해방될 수 있도록 안내한다.

스토아철학의 핵심적 원리 중의 하나는 '그럼에도 불구하고' 라는 발상이다. 이는 어떠한 역경에도 불구하고 스스로 극복할 수 있는 힘을 제공한다. 한때 삶에서 닥치는 불행이 행운이 되기도 하기 때문이다. 따라서 우리의 삶 속에서 겪게 되는 모든 일들은 다 좋은 일이고 잘된 일이라고 받아들이는 것이 좋다. 이처럼 삶의 혼란과 불확실성을 두려워하기보다는 인간 경험의 필수적인 것으로 받아들이는 유덕(有德)한 풍모를 간직할 필요가 있다.

스토아철학자인 마르쿠스 아우렐리우스는 그의 명상록에서 "행복한 삶을 사는 데 필요한 것은 거의 없다. 그것은 여러분 자신 안에, 여러분의 사고 방식안에 있다."라고 기술하고 있다. 이것은 진정한 마음의 평화는 외부로부터 오는 것이 아니라 우리가 그것들을 인식하고 반응하는 방식에서 발견된다고 할 수 있다.

따라서 자기애와 자기신뢰를 통한 훌륭한 삶의 지향점을 이끌어 낼 수 있다. 스토아철학에는 구체적인 행동을 위한 처세의 노하우나 삶의 방법이 도출될 수 있다. 스토아철학은 스스로 자신을 성찰하고 관리할 수 있는 내적능력을 함양하는데 있다. 다시 말해, 스토아철학의 핵심은 외부세계가 아닌 자신의 내부로 시선을 돌려 자신의 내적 역량을 키우는 것이다.

스토아철학에서 자주 사용하는 '뿐만 아니라'라는 문구를 들 수 있다. 가령 어느 컵에 들어 있는 물의 양과 관련하여 낙천주의와 비관주의가 서로 다른 관점에서 인식을 한다. 낙천주의 보다 한 걸음 더 나아가는 것이 스토아철학의 입장으로, "아직도 컵에 물이 반이나 남아 있을 뿐만 아니라 나중에 물을 따라 마실 컵도 있다"라고 여기게 된다.

사람은 살아가면서 본의 아니게 크고 작은 정신적, 육체적 고통을 겪게 된다. 육체보다 중요한 것이 정신이고, 외부보다 더 중요한 것인 내면이다. 내면적 인격의 연마가 사회적 성공과 개인적 자아성취의 원동력이 되는 것이다.

세네카 역시 "재앙은 미덕을 함양할 수 있는 기회이다"라고 강조하고 있다. 따라서 고통이나 시련을 겪게 될 경우 자신의 내면적 성장에 도움이 된다고 여기거나 신이 장차 큰 일을 맡기려고 단련의 기회를 준 것으로 받아들이는 것이 좋다. 또한 자신에게 소중한 어떤 것을 잃어 버렸을 경우에는 처음부터 갖고 있지 않아서 원래 상태로 돌아간 것으로 여기게 되면 크게 아쉬워 하지 않아도 된다. 이처럼 스토아철학은 오늘날 외부세계에서 비롯된 삶에 지친 우리의 마음의 평정을 찾을 수 있게 한다.

스토아철학에 있어서 중요한 핵심개념중의 하나는 자기신뢰라고 할 수 있다. 후기 스토아철학자로 평가받는 에머슨(*Ralph Waldo Emerson* 1803-1882)의 「자기신뢰」라는 책에서 "당신 자신을 자신 이외의 곳에서 찾지 말라", "누구도 자신의 행위를 통하지 않고는 자신에게 영향을 미치지 못한다"고 밝히고 있다. 이러한 에머슨의 경구도 당신 자신을 행복하게 하거나 불행하게 하는 원천이 외부가 아닌 스스로에게 달려있다는 뜻이다.

우리는 "성공하는 훌륭한 인생은 무엇이고 이를 자기의 삶 속에서 어떻게 실현할 수 있는가"라는 질문을 던질 필요가 있다. 이에 대한 답은 각자 다를 수 있다. 에머슨의'성공이란 무엇인가(*What is Success*)'라는 시에서 "자주 그리고 많이 웃고, 현명한 사람들에게 존경받고 아이들로부터 사랑을 받는 것, 세상을 조금이라도 더 살기 좋은 곳으로 만들어 놓고 떠나는 것, 자신이 한때 이곳에 존재하였다는 이유만으로 단 한 사람의 인생일지라도 행복해졌다는 것을 아는 것, 이것이 진정한 성공이다."라는 말이 가슴에 와 닿는다. 자신의 역량을 발휘하여 더 좋은 사회를 위하여 헌신하는 것이 바로 성공한 훌륭한 인생이라는 뜻으로 읽힌다.

이러한 자기신뢰는 타인에 대한 배려와 사랑을 위한 기초조건이 된다. 자기신뢰 속에 꾸준히 성찰과 명상을 하다보면 숭고(崇高)를 지향하는 인격적으로 고양된 삶을 살기 위해 실천하는 자신을 발견하게 될 것이다. 따라서 오늘날 외부의 시선이나 평가에 일희일비(一喜一悲)하지 않고 자신의 내면적 평온과 만족으로 자유와 행복으로 나아가도록 안내하는 스토아철학의 가치에 주목할 필요가 있다.

스토아철학이 모든 문제를 해결하는데 최선의 도움을 줄 수는 없지만 적어도 어떻게 해야 덕을 실천하면서 훌륭한 삶을 살수 있는지에 대하여 중요한 삶의 교훈을 우리에게 전하고 있는 것은 분명하다. 스토아철학은 오늘날 복잡하게 *SNS*로 상호연결된 세계에서 길을 잃지 않고 마음의 평온을 유지할 수 있는 길안내자(*Wegweiser*) 역할을 한다. 내면의 평정심인 아파테이아(*Aphateia*)가 우리를 행복에 이르게 한다고 보기 때문이다.

What Is Success
성공이란 무엇인가

— *by Ralph Waldo Emerson* 작성자 랄프 왈도 에머슨

To laugh often and much (자주 그리고 많이 웃고)

To win the respect of intelligent people and the affection of children
(현명한 사람들에게 존경받고 아이들로 부터 사랑을 받는 것)

To earn the approbation of honest critics and
endure the betrayal of false friends
(정직한 비평가의 찬사를 듣고 친구의 배신을 참아내는 것)

To appreciate beauty To find the best in others
(아름다움을 감상하기 위해 다른 사람의 최선을 발견하는 것)

To give of one's self
(자기 자신을 내어 주는 것)

To leave the world a bit better, whether by a healthy child,
a garden patch, or a redeemed social condition
(아이를 건강하게 키우건, 정원을 가꾸건, 사회적 조건을 바꾸건
세상을 조금이라도 더 살기 좋은 곳으로 만들어 놓고 떠나는 것)

To have played and laughed with enthusiasm and
sung with exultation
(열정적으로 놀고 웃고 환희에 넘쳐 노래하는 것)

To know even one life has breathed easier because you have lived
(자신이 한 때 이곳에 존재하였다는 이유만으로 단 한사람의 인생일지라도
행복해졌다는 것을 아는 것)

This is to have succeeded.
(이것이 진정한 성공이다)

(출처: 뉴스퀘스트 법과 인문학 단상, 2023.12.13.)

5 고통과 수제치평(修齊治平)

대학에 나오는 '수신제가치국평천하(修身齊家治國平天下)'는 인구에 회자되는 명구이다. 국가를 경영하고 인류사회에 공헌하기 위해선 자신을 수양해 가족 내에서 역할을 다해야 한다는 뜻이다. 치평(治平)을 위해서는 수제(修齊)가 선행되어야 한다는 의미이다. 제가도 어렵지만 수신은 결코 쉽게 달성되는 것은 아니다. 대학에서는 수신을 하려면 사물의 이치를 터득하여 참지식에 이르는 격물치지(格物致知)와 성의(誠意)와 정심(正心)의 단계를 거쳐야 한다고 말한다.

우리는 행복하고 즐거운 나날을 보내기도 하지만, 고통의 순간과 시련을 겪기도 한다. 삶은 고통의 연속만도 아니고 즐거움으로만 점철된 인생도 없다. 고통과 즐거움이 교차하면서 삶은 전개된다. 고통과 시련이

도래할 때 "하늘이 장차 큰일을 맡기기 전에 반드시 먼저 그 마음과 뜻을 흔들어 고통스럽게 하고 뼈마디가 꺾이는 고난을 당하게 한다(天將降大任於是人 必先苦其心志 勞其筋骨)"라는 맹자의 말을 떠올리며 자기수양의 기회로 삼을 필요가 있다.

삶에서 고통이나 불행한 순간을 맞이할 경우 그 탓을 남에게 전가하거나 짜증내는 것은 무의미하다. 오히려 자신의 지난 삶을 되돌아보며 고통으로부터 의미나 교훈을 찾을 때 삶을 보다 고양시킬 수 있다. 그래서 삶에 고통이 없기를 바라지 말고 고통 속에서 성장한다는 긍정마인드가 필요하다. 힘든 고통의 순간이 있었음으로 인해 더 큰 행복감과 즐거움이 수반된다. 인내는 쓰고 그 열매는 단 것이며(*no pain, no gain*) 고통이 없으면, 즐거움도 없다(無苦無樂).

톨스토이의 '안나 카레니나'에선 "행복한 가정은 모두 비슷한 이유로 행복하지만, 불행한 가정은 저마다의 이유로 불행하다"라고 했다. 또한 "즐거움은 나누면 두 배가 되고, 슬픔은 나누면 절반이 된다"는 서양속담이 있다. 가정은 괴로움과 즐거움을 함께 하는 동고동락(同苦同樂)의 공동체이다. 추사(秋史) 선생은 대팽고회(大烹高會) 대련에서 최고의 음식은 두부, 오이, 생강 그리고 채소인 '대팽두부과강채(大烹豆腐瓜薑菜)'로, 최고의 만남을 부부와 자식 및 손자가 함께하는 '고회부처아녀손(高會夫妻兒女孫)'으로 표현했다. 오랜 유배의 고통을 겪고 난 추사선생이 노년에 쓴 위 대련은 가족과 함께하는 소소한 삶의 즐거움과 수신제가의 중요성을 일깨워 준 작품이라고 할 것이다.

수제치평을 꿈꾸는 법률가는 삶의 과정에서 직면하는 다양한 고통에 지혜롭게 임하면서 자신의 덕성을 연마하고, 그 공력을 토대로 이웃의 고통을 덜어주고 즐거움을 함께하는 발고여락(拔苦與樂)의 정신을 실천해 나갈 필요가 있다.

(출처: 법조신문 법조나침반, 2019.11.25.)

6 고통의 본질과 효과적인 대처방법

하늘에 구름 한 점 없이 맑은 날도 있지만 폭풍우가 몰아치는 날도 있다. 고통의 본질과 관련해 영국의 의사인 몬티 라이먼이 쓴 『고통의 비밀(*The Painful Truth*)』에서는 고통을 우리 몸을 지키는 방어시스템으로 이해하고 있다. 이 책에서 고통이 없는 것이 결코 좋은 것이 아니라는 것을 예증한다. 나아가 고통을 관리하고 극복하기 위한 다양한 대처방안을 제시한다. 그러나 통증 의학적 관점에서 접근해 만성통증 환자나 의료종사자에게 던지는 함의가 매우 크다.

고통은 생로병사처럼 귀책 사유 없이 도래하기도 한다. 그러나 고통은 오랫동안 누적된 방만한 생활의 결과로 초래된 자업자득(自業自得)인 경우가 많다. 고통과 시련은 삶의 과정에 불가피한 측면이 있다. 고통을 어떻게 받아들이고 극복하는가에 따라 인생의 성패가 갈라진다. 고통이나 시련은 극복하면서 강인해진다. 힘든 순간이 있으므로 인해 더 큰 행복감과 즐거움이 동반된다. 고통 없이 행복이 없다(*kein Glück ohne Schmerzen*). 이처럼 고통과 즐거움은 상대적 개념으로 어둠이 깊으면 밝음이 멀지 않은 것처럼, 고통이나 즐거움도 솔로몬이 말한 "이 또한 지나가리라(*This too shall pass away*)"는 담담한 심정으로 받아들이는 것이 좋다.

지난날의 삶의 경험 속에서 몬티 라이먼 박사와는 다른 관점에서 고통에 대처하는 효과적인 방법을 제시해본다. 첫째로, 육체적이나 정신적인 고통이 올 경우 심호흡을 하거나 기도나 명상 그리고 주문을 외우는 것이 좋을 수 있다. 둘째로, 고통에 직면할 때 더 큰 고통이 초래되지 않은 것을 다행으로 여기는 방법이다. 이는 해석 기제를 통해 당면한 고통을 상쇄하는 더 큰 고통이나 불행을 상정하고 현재의 작은 고통을 다행스럽게 여기는 것이다. 이로써 직면하고 있는 고통을 완화하는 데 기여한다. 셋째로, 고통을 있는 그대로 직시하고 몽테뉴의 『수상록』에 나오는 것처럼 의식의 흐름 속에 자신을 객관적으로 관찰하는 것이다. 가령 배고플 때 밥 먹고, 졸음이 올 때 자는 것처럼 고통스러울 때 자연스럽게 고통을 느끼는 것이다. 넷째로, 육체적이나 정신적 고통의 순간이 도래할 때 그것에서 교훈을 찾거나 사색과 성찰의 계기로 삼는 것이다. 이는 고통을 통해 인격이 고양되고 발전하는 계기로 생각하는 마음가짐이다.

기본적으로 고통을 삶의 본질적 조건으로 이해하는 불교철학이나 쇼펜하우어의 사상이 위안과 도움을 줄 때가 있다. 일상적인 삶이 고통의 연속인데, 가끔 찾아오는 기쁜 순간을 접하게 되면 기대하지 않았던 망외(望外)의 즐거움으로 받아들이게 된다. 봄날은 봄에만 느끼는 것이 아니다. 우리 삶의 고해(苦海) 속에서 가끔 마주하는 햇살이 비추는 기분 좋은 순간에는 막스 뮐러의 『독일인의 사랑』에서 나오는 표현처럼 밝게 웃으며 "오늘은 마치 봄날 같은 기분이군"이라고 자신을 위로하자.

(출처: 전북대 신문 수요세평 칼럼, 2023.04.11.)

7 정치인의 거짓말과 직(直) 사상

최근 정치영역과 일상적 *SNS*에서 사실에 반하는 거짓말과 괴담이 난무하고 있다. “정직은 최상의 정책(*Honesty is best policy*)”이라는 영국 속담은 거짓말이 탄로나면 그 사람의 도덕성과 순수성(*Integrity*)에 손상을 입힐 수 있기 때문에 정직의 중요성을 강조한 것으로 읽힌다.

자신이 알고 있는 것과 다르게 진술하거나 은폐나 왜곡하여 진술하는 거짓말은 여러 유형으로 구분할 수 있다. 일반적으로 악의적 거짓말과 선의의 거짓말로 구분한다. 악의적 거짓말은 자기를 이롭게 하거나 타인을 해롭게 하는 의도적으로 사실에 반하는 말이다. 이러한 거짓말은 도덕적 비난과 함께 자칫 사기, 무고, 위증, 허위사실 명예훼손, 허위사실 공표 등으로 형사처벌을 받을 수도 있다.

이에 반하여 선의의 거짓말은 타인을 보호하거나 난처한 상황에서 둘러대기 위한 것으로 타인을 해치는 것이 아니라서 도덕적으로나 법적으로 큰 문제가 없다. 다만, 이러한 거짓말도 그 자체로 타인에 대하여 어떤 나쁜 영향을 미치지 않더라도 자기기만(自己欺瞞)이 수반되는 경우가 있어 도덕적 문제가 야기될 수 있다. 특히 정치인이 사안의 본질을 호도하는 거짓말은 사회에 악영향을 미쳐 거짓말의 일상화를 부추길 수 있다.

독일의 철학자 칸트(*Immanuel Kant*, 1724-1804)는 거짓말이 특정 개인에게 해를 끼치지 않더라도 인류 전체에 해롭다고 주장한다. 칸트와 같은 원칙론자는 어떠한 경우에도 진실을 말해야 하고 거짓말을 말하면 안 된다는 입장이다. 이러한 도그마적 주장은 일리가 있지만 실제에 있어 그대로 지키기 어려운 측면이 있다. 더구나 군사와 외교의 영역에서는 진실을 그대로 말하는 것은 위험하고 권장할 만한 일이 못된다. 특히 전쟁이나 국가의 위기시에 있는 그대로 솔직하고 정확히 정보를 제공하는 것은 전략적 미스를 넘어 국가체에 나쁜 결과를 초래할 수 있기 때문이다. 칭병(稱病), 유머나 농담, 허튼소리, 정황의 과장은 거짓말도 아니고 진실도 아닌 중간영역이라고 할 수 있다. 허구적 내용의 서사인 소설은 거짓말과는 다른 문학의 장르이다.

정치를 본업으로 하는 정치인이 권력지상주의적 가치관에 기반하여 정치적 목적 달성을 위하여 거짓말로 선동을 하거나 본질을 호도하기도 한다. 정치인이 자신이나 진영에 이익을, 타인이나 공동체에 고통과 불편을 준 거짓말이 탄로나서 정계 은퇴한 사례도 있다. 1970년대 닉슨의 워터게이트 사건이나 1980-90년대 독일의 야당(*SPD*) 당대표 비욘 엥 홀름(*Björn Engholm*)사건 등이 바로 단적인 예이다.

정치인은 거짓말과 진실의 중간 어딘가에 머무는 것이 통례이므로 항상 진실을 말할 것으로 기대해서는 곤란하다. 이와 관련하여 선거과정의 공약은 진실과 거짓말의 중간지대에 속한다고 볼 수 있다. 입후보자가 당선만을 목표로 선거과정에 무리한 공약을 하면 곤란하다. 또한 유권자들은 선거공약을 그대로 믿고 이를 반드시 지켜야 하는 약속인 것으로 생각하고 투표하는 것도 문제이다. 국가의 재정 등을 감안하지 않고 선거로 당선된 공직자가 공약을 무리하게 추진하여 더 큰 공익을 해할 경우라면 공약의 불이행을 거짓말로 간주하여 도덕적으로 비난할 것만은 아니다.

이와 관련하여 유교의 공자, 맹자 및 주희 등의 유학의 계보에서 학문의 요체가 되는 곧음, 다시 말해 사욕이 없는 깨끗한 마음과 행위를 지칭하는 직(直)에 대하여 살펴볼 필요가 있다. 공자는 논어의 옹야편 제17

장에서 "사람이 살아가는 원칙은 정직이다. 직(直)이 없이도 살고 있다면 이는 요행이 죽음을 면한 것이다(子曰 人之生也直 罔之生也 幸而免)."라고 하여 거짓의 삶은 비록 살고 있어도 가치와 의미가 없는 삶을 사는 것과 마찬가지라는 뜻으로 읽힌다. 맹자도 호연지기(浩然之氣)를 직(直)을 통해 기른다고 하였다.

조선시대 직(直)사상을 대표하는 문신이면서 유학자로는 노론의 영수인 우암(尤庵) 송시열(1607-1689)을 들 수 있다. 그는 율곡 이이·사계 김장생·신독재 김집으로 이어지는 기호유학의 학맥과 정통성을 계승하였고 그의 스승인 사계, 신독재의 부자(父子)와 함께 문묘에 배향되었다. 이처럼 우암은 직(直)을 자신의 학문과 처신의 요체로 삼았고, 주자가 임종한 자리에서 직(直) 한 글자를 남기듯이 우암도 제자인 수암 권상하에게 직(直) 한글자를 유언으로 남겼다. 이처럼 우암의 직(直)사상은 그의 스승인 사계의 영향을 받은 것이다. 그는 "사계선생의 학문은 직 한글자에서 나왔고 일찍이 스승의 언행에 조금도 굽힘이 없었다"고 밝히고 있는 점에서도 알 수 있다. 정직은 최상의 정책이라는 서양의 격언과 동양 유학의 직(直)사상은 일맥상통한다. 거짓말이 확산되는 오늘날 정치인은 정직을 강조하는 유학의 직(直)사상을 실천하면서 이를 계승 발전해 나갈 필요가 있다.

(출처: 뉴스퀘스트 법과 인문학 단상, 2023.09.01.)

Ⅱ. 시간학

1 시간의 이해와 성공학

시간은 크로노스(*Chronos*), 카이로스(*Kairos*) 그리고 플레루(*Pleroo*) 3가지로 구분하기도 한다. 크로노스는 누구에게나 공평하게 부여된 하루 24시간처럼 객관적 시간이고, 카이로스는 특별한 사건과 의미가 부여된 성찰과 깨우침의 주관적 시간이다. 그리고 플레루는 크로노스와 카이로스의 시간을 잘 극복한 사람이 목표를 달성한 후 느끼는 평온의 시간을 말한다.

시간의 문제는 언제나 우리의 삶을 지배한다. 시간이 바로 인생이라고 할 수 있다. 고대 그리스 철학자 헤라클레이토스(*Herakleitos*)는 "누구도 같은 강물에 두 번 발을 담글 수 없다"고 했다. 독일의 괴테(*Johann Wolfgang von Goethe*)는 "나쁜 와인을 마시기에 인생은 너무나 짧다(*Das Leben ist zu kurz, um schlechten Wein zu trinken*)"고 말했다. 인생은 짧기 때문에 즐겁게 살 필요가 있고, 가치 있고 유의미하게 살 당위성이 도출된다.

우리는 시간 속에서 존재한다. 시간의 자결권을 갖는 자는 시간을 지배하며 살아간다. 시간에 예속된 자는 시간에 쫓기고 시간의 지배를 받으며 허둥지둥 살게 된다. 시간은 누구에게나 하루 24시간 부여되어 있기 때문에 인간은 시간 앞에 평등한 존재이다. 시간을 어떻게 보낼 것인가는 선택과 집중의 문제로, 인생의 성공 여부는 한정된 시간을 어떻게 활용하는가에 달려있다.

시간의 성공학은 시간의 부족현상을 어떻게 극복할 것인지가 핵심이다. "시간은 돈이다(*Time is money*)"라는 말로 유명한 벤저민 프랭클린(*Benjamin Franklin*)은 가난한 가정에서 태어나 공식교육을 제대로 배운 것이 없었음에도 시간을 잘 관리하여 크게 성공한 인물이다.

제갈량의 라이벌인 사마의(司馬懿)는 시간 관리를 잘하여 성공한 군사전략가이자 삼국지 최후의 승자이다. 그는 기회가 무르익지 않았을 때에는 경솔하게 움직이지 않고 인내하는 현명함으로 적이 무리수를 둘 때까지 오랜 시간을 기다릴 줄 알았다. 그러나 급히 움직여야만 하는 상황에선 스스로 대군을 이끌고 8일 만에 1200리를 달려가는 신속함으로 적을 기습 공략하여 성공한 일화로 유명하다.

누구나 자신에게 부과된 과제를 정해진 기일 이전에 처리 하는 것이 매우 중요하다. 시간의 성공학은 서두를 때와 기다릴 때를 구분하고 중요한 일과 중요하지 않은 일을 구분하여, 시간의 우선순위를 정하여 일처리하는 것이 요체이다. 바쁜 일상의 법률가는 제약된 시간을 잘 극복하면서 일상적 잡사를 벗어나 대자연과 일체가 되는 몰아(沒我) 내지 좌망(坐忘)의 경지에 이르게 되면 시간이 멈추는 평온의 시간을 느끼게 될 것이다.

(출처: 법조신문 법조나침반, 2020.02.10.)

2 '시간약속' 그리고 남명 조식 선생의 고사(古事)

약속은 사회생활의 출발점이고 기초조건이다.

약속을 하여 사람을 만나는 것은 시간과 공간을 상대방과 상호 교류와 소통을 위해 할애하는 것이다. 우리 말 중에 '남아일언중천금(男兒一言

重千金)'이라는 격언이 있다.

'아인 만 아인 보르트(*Ein Mann Ein Wort*)'라는 독일 격언도 있다.

약속의 소중함을 일깨워 주는 이러한 격언은 지키지 못할 약속은 꺼내지 말고, 사람이 한번 꺼낸 말은 구실과 핑계를 대지 말고 실천하라는 의미를 함축하고 있다.

삶의 공동체인 사회는 그 구성원이 서로 약속을 지키는 토대하에서 유지되고 작동된다.

자신이 한 약속은 스스로 결정한 것이기 때문에 반드시 지켜야 한다(*pacta sunt servanda*). 계약은 법률상 구속력이 있는 약속이다. 따라서 계약을 체결하기에 앞서 꼼꼼히 계약내용을 살펴보거나 변호사 등 전문가의 조언을 받는 것이 좋다.

계약서에 서명날인을 한다는 것은 계약내용에 책임을 지겠다는 것이다.

법적 구속력이 있는 약속인 계약을 성급히 체결하고 난 후에 조금 더 신중히 계약을 체결하지 못한 것을 후회하는 경우가 많다.

남명과 허교를 한 동주도 자신의 언행을 지키기 위해 현감을 사직하고 해인사로 출발하여 8월 한가위에 그곳에서 남명과의 약속을 실천하였다. 그야말로 조선 선비의 풍도(風道)를 엿볼 수 있는 대목이다. 남명의 시간약속에 관한 고사(古事)는 오늘날 식언(食言)과 거짓말, 약속의 파기를 다반사로 하는 탁한 시류에 경종을 울리고 있다.

약속의 준수와 언행일치(言行一致)는 신뢰사회의 원동력이다.

시간약속의 준수는 사회생활의 입장권에 해당하는 에티켓이며 기본적 상식에 속한다. 약속을 지키지 않거나 지각을 일삼는 사람은 책임감이 없고 성실하지 않은 사람으로 평가받을 수 있다.

따라서 업무적 약속이건 업무외적인 약속이건 30분 전에 현장 부근에 도착하는 것을 목표로 삼고 방문시간의 5분이나 10분전에 도착하는 것이 좋다.

자신의 시간이 소중하면 다른 사람의 시간 역시 소중한 것이고, 비즈니스의 경우에는 시간약속에 늦는 사람들은 함께 지속적으로 거래할 수 없는 사람으로 평가받을 위험성이 있다.

오늘날 복잡한 교통사정 등 불가피한 요인들이 많기 때문에 시간적 여유를 갖고 출발하는 것이 좋다.

나라마다 시간관과 문화적 특징에 따라 시간약속 관념이 철저한 나라도 있고 그렇지 않은 나라도 있다.

약속시간이 정확한 나라의 대표적인 예가 독일과 일본이라고 생각한다.

독일인은 일반적으로 정확히 약속을 지키는 성실성과 충직함이 있다.

독일인과 비즈니스를 할 경우 정시에 약속장소에 나타나지 않는 사람을 신뢰하지 않아 더 이상 거래를 지속하지 않는 경향이 있다.

독일 사회는 사전 약속인 테르민(*Termin*)이 일반화 되어 있다.

일본의 경우에도 약속시간을 넘어서 나타나는 지각을 금기시 하는 사회문화가 형성되어 있다.

일본에서 지하철이 1분만 늦어도 연착방송이 나올 정도로 정확한 시간약속관념이 정착되어 있다.

독일과 일본 사회의 특징은 경제적 비즈니스를 중시하는 경향이 있고, 신뢰와 신용의 관점에서 시간약속의 중요성과 철저함이 몸에 배어 있는 국민성에 기초하고 있다.

이러한 엄격한 예외가 독일 대학의 경우 학문적 15분(*Academische Viertelstunde*)이 통용되고 있다.

이 말은 대학은 비즈니스의 세계가 아니라 학문연구에 몰두하다 보면 15분 정도 시간이 늦는 것을 용인하는 문화적 전통이다.

그렇지만 우리의 로스쿨 수업에 있어 정시에 끝내지 않고 15분 정도 늦게 끝내면 학생들의 불만의 목소리가 큰 것도 사실이다.

우리나라 시간약속의 사례 중에 남명(南冥) 조식 선생의 이야기를 빼놓을 수 없다.

남명은 벼슬길에 한번도 나아가지 않은 처사임에도 국왕에게 직언을 아끼지 않았던 올곧은 선비였다.

그는 경(敬)으로써 내면을 밝게하고, 의(義)로써 밖으로 행동을 결단하라는 "내명자경 외단자의(內明者敬 外斷者義)"의 철학으로 후학을 길러냈다.

이와 같이 학덕이 높은 실천적 유학자 남명은 경남의 합천과 산청에 기거하였지만 어린 시절 그의 부친이 한양에서 벼슬을 하여 서촌에 있는 장의동에서 성장하였다.

그때 사귄 평생의 친구로 남명선생 묘갈명을 쓴 대곡(大谷) 성운(成雲)이 있다. 때는 1557년이다.

당시 경상도 삼가현에 있던 57세의 남명은 성운이 속리산 부근에 은거하고 있다는 소식에 25년만에 그를 만나 학문과 인생을 논하기 위해 600리의 길을 친구를 만나러 갔다.

성운을 만나고 난 후 그의 소개로 보은현감으로 있던 동주(東洲) 성제원을 소개 받아 허교(許交)를 하고, 헤어질 때 다음에 만날 시간약속을 하였다.

성제원(成悌元)은 현감벼슬을 그만두고 그 다음해 8월 보름에 경남 합천의 해인사로 가서 남명과 만나겠다고 언약을 하였다.

그런데 남명은 서로 만나기로 약속한 8월 한가위 3일 전부터 비가 많이 내렸고, 추석을 앞두고 있어 처와 아들 등 가족들이 해인사로 향하는 길이 걱정되고 위험하다고 만류하였다.

그러나 남명은 자신이 한 약속은 반드시 지켜야 한다고 하면서 세찬 비바람을 맞으며 집을 출발하여 비로 인해 길이 막혔는데, 배를 타고 강을 건너 해인사에 도착하였다.

남명과 허교를 한 동주도 벼슬을 내려놓고 가겠다는 약속을 그저 이별의 아쉬움에 의례적 표현이라고 둘러대고 먼길을 떠나지 않을 법도 한데, 자신의 언행을 지키기 위해 현감을 사직하고 해인사로 출발하여 8월 한가위에 그곳에서 남명과의 약속을 실천하였다.

그야말로 조선 선비의 풍도(風道)를 엿볼 수 있는 대목이다.

남명의 시간약속에 관한 고사(古事)는 오늘날 식언(食言)과 거짓말, 약속의 파기를 다반사로 하는 탁한 시류에 경종을 울리고 있다.

(출처: 뉴스퀘스트 법과 인문학 단상, 2023.07.28.)

3 타이밍과 시중지도(時中之道)

샤르트르(*Jean-Paul Sartre*)는 "인생이란 출생(*B=birth*)과 죽음(*D=death*) 사이의 선택(*C=choice*)이다"라고 말했다(*Life is BCD*). 여러

가지 가능성 속에서 하나를 선택한다는 것은 다른 것을 포기하는 것을 의미한다. 무엇인가를 선택함으로써 포기해야 하는 것들 중 최선의 것의 가치가 바로 기회비용인 것이다. 너무 빠르지도 않고 너무 늦지도 않은 적절한 시점에 선택을 하는 것이 중요하다.

군자는 벼슬길에 나아가고 물러남에 있어서도 출처진퇴(出處進退)를 분명히 한다. 일본의 프로기사인 오다케 히데오(大竹英雄)는 "바둑은 지더라도 추한 모습을 보일 수 없다"고 하여 적절한 시점에 돌을 던지는 타이밍의 미학으로 유명하다.

"태양이 빛날 때 건초를 말려라"는 서양 속담은 타이밍의 중요성을 일깨워 주고 있는 경구이다. 불가(佛家)에서 자주 쓰는 '일기일회(一期一會)'라는 말이 있다. 이는 일생에 단 한번 만나는 소중한 인연이라는 뜻이다. 변화의 시대를 살아가면서 기회는 자주 찾아오지 않는다. 교양과 식견을 갖춘 사람은 좋은 기회를 놓치지 않고(勿失好機), 타이밍에 맞게 적절히 선택하여 새로운 성취와 삶의 변곡점을 이루기도 한다.

군자의 중용은 시중(君子而時中)이고, 소인의 반중용은 무기탄(小人而無忌憚也)이라고 중용(中庸)에서 밝히고 있다. 교양과 식견을 갖춘 군자는 때를 알고 있어 한쪽 극단으로 치우치지 않고 그때 그때 상황에 맞는 중용을 지키고 실천한다. 그런데 소인은 중용에 반하는 행동을 거침없이 하는 존재인 것이다. 공자는 논어 맨 마지막 요왈(堯曰) 편에서 "천명을 알 수 없으면 군자가 될 수 없다(不知命 無以爲君子也)"고 했다. 우리는 살아가면서 분수를 지키며 살 필요가 있고, 이를 위해 자신의 소명과 전성기가 언제인지를 아는 것이 매우 중요하다.

제갈량이 적벽대전에서 동남풍이 부는 때를 알고 화공(火攻)으로 조조의 백만대군을 격파한 것은 천시(天時)를 알기 때문에 가능한 것이다. 제갈량의 라이벌인 사마의는 도회지계(韜晦之計)로 은인자중하면서 때가 올 때까지 자신의 역량을 키워 삼국지의 최후의 승자가 된 것은 널리 알려진 사실이다. 앤서니 라빈스(*Anthony Robbins*)의 '네 안에 잠든 거인을 깨워라'라는 책에서 '나이아가라 증후군'에 관하여 언급하고 있다. 이 증후군은 제 때에 노를 저어야 하고, 너무 늦게 저으면 배가 나이아가라 폭포로 떨어지는 현상을 말한다. 이는 적시에 행동하는 것이 중요하고 실기하면 크게 낭패를 보게 된다는 말이다. 국가사회의 지도자로 헌신하려면 역사 인식과 시대정신(*Zeitgeist*)이라는 천시를 알고 타이밍에 맞는 행동과 선택을 할 필요가 있다(時中之道).

(출처: 법조신문 법조나침반, 2020.09.14.)

4 끝과 시작-종처시점(終處始點)

인간의 삶은 경쟁의 연속이다. 모든 경쟁은 승자와 패자가 나뉘고, 명암(明暗)이 점철되는 희비쌍곡선의 드라마를 연출한다. 최근 제9회 변호사시험 합격자 1768명의 명단이 발표되었다. 불합격자에게는 격려와 위로를, 합격자에게는 축하의 박수를 보내고 싶다.

폴란드의 노벨문학상 수상작가 쉼보르스카(*Szymborska*)의 '끝과 시작'이라는 시는 "모든 전쟁이 끝날 때마다 누군가는 청소를 해야만 하리. 그럭저럭 정돈된 꼴을 갖추려면 뭐든 저절로 되는 것은 없으니"라는 구절로 시작한다.

전국 25개 법전원은 마치 전쟁을 치르고 난 이후처럼, 새로운 경쟁에 도전하기 위한 체질 개선과 시스템 정비가 필요하다. 노자는 "화(禍)는 복(福)에 의존되어 있고, 복에는 화가 숨어 있다"고 말하여 길흉화복의 상호작용(*Wechselwirkung*) 관계를 밝힌 바 있다. 저조한 합격률을 기록한 법전원이나 변호사시험에서 실패의 쓴 잔을 든 졸업생은 이를 전화위복의 기회로 삼아 심기일전하여 새로운 도전에 나서기 바란다.

대학의 졸업을 미국에서 '커먼스먼트(*Commencement*)'라고 말하는 것처럼 끝은 시작과 동의어다. 태양이 머리의 정수리를 비추는 순간으로 초인(*Übermensch*)의 경지로 발걸음을 내딛는 지점을 니체(*Nietzsche*)는 '위대한 정오(正午)의 시간'이라고 말했다. 이처럼 모든 일의 끝은 마지막 종점이자 새로운 시작의 출발점인 종처시점(終處始點)이 되는 것이다.

변화의 원리를 설명한 주역에선 미완성을 의미하는 화수미제(火水未濟)의 괘가 맨 마지막 64괘이고, 오히려 완성을 의미하는 수화기제(水火旣濟)가 63괘라는 점을 주목할 필요가 있다. 주역의 마지막 괘인 화수미제는 모든 것이 끝났다고 끝난 것이 아니고, 새로운 가능성과 변화를 암시하고 있다. 인생에서 하나의 문이 닫히면 다른 하나의 문이 열리게 마련이다.

인생은 한판의 바둑이며, 마라톤 경주와 같다. "실패는 성공의 어머니다"라는 말처럼 삶의 과정 중 실패는 오히려 삶에 있어 약이 되고, 성공의 기제로 작용하는 경우가 많다. 끝이라고 생각하여 절망적인 상황에서 이를 극복하여 새로운 시작을 여는 것을 절처봉생(絶處逢生) 또는 기사회생(起死回生)이라고 한다. 제9회 변호사시험은 이제 막을 내렸다. 승패는 병가지상사(兵家之常事)다. 실패를 딛고 더 큰 성취를 이루기 위해서는 바둑을 둔 후에 복기(復碁)하는 자세로 패인분석과 뼈저린 자기성찰이 필요하다(*no* 敗因, *no gain*).

실패 속에 낙심하지 말고 오히려 더 잘 된 것이었다고 긍정적 의미를 부여하면서, 용기를 갖고 다시 도전하면 실패가 오히려 2보 전진을 위한 1보 후퇴일 수 있다. 변호사시험은 삶의 과정의 하나의 도전으로 실패 속에서 겸허하게 자신을 되돌아보며 내적 충실을 도모한다면 더 큰 기회와 가능성을 발견할 수 있다. 독일 속담에 "끝이 좋으면 모든 것이 좋다(*Ende gut alles gut*)"라는 말이 있듯이 인생의 마지막에 웃는 최후의 승자가 되기를 기원한다.

(출처: 법조신문 법조나침반, 2020.05.11.)

5 주역(周易)과 시간학

유교 경전의 하나인 주역(周易)은 흔히 점을 치는 책으로 알려져 있다. 그러나 주역은 우주의 생성원리와 미래의 시간을 추지(推知)하는 학문으로 조선시대 선비들의 필독서였다. 공자가 만년에 주역에 심취하여 대쪽으로 엮은 가죽끈이 세번이나 끊어지도록 읽었다는 '위편삼절(韋編三絶)'은 널리 알려진 말이다.

주역은 64괘로 이루어져 있어 다양한 변화의 표지(*sign*)를 암시하고 있다. 시간은 변화와 밀접한 관련이 있다. 주역은 변화의 과정을 설명하고, 사물의 본질적 의미와 자신이 현재 어떠한 처지에 놓여있는 지를 괘상으로 보여준다. 주역은 순환의 법칙에 따라 시공간 속에서 음과 양이 어우러진 조화로운 상태를 지향한다. 주역에서 일음일양지위도(一陰一陽之謂道)라고 말하여 음과 양의 순환과 공존이 바로 도라고 말하고 있다.

주역 64괘 중 좋은 괘도 있지만 그렇지 않은 괘도 있고, 좋은 괘 안에서도 주의해야 할 사항이 있고, 좋지 않은 괘 안에서도 희망적인 변화의 징표가 있다. 주역 겸괘(謙卦)는 6개의 효사가 모두 길한 괘다. 겸손하면 형통하므로 겸손이 최선이라는 말이다. 서경에 나오는 "만초손 겸수익(滿招損 謙受益)"은 "오만은 손해를 초래하고 겸손은 이익이 있게 된다"는 말이다. 이처럼 주역은 변화무상한 삶에서 적절한 행동과 실천을 위한 처세학의 교과서라고 할 것이다.

주역 곤괘(坤卦)의 효사인 '이상견빙지(履霜堅冰至)'는 "서리를 밟으면 머지않아 단단한 얼음에 이른다"는 뜻이다. 작은 조짐을 보고 사물의 본질인 현저함을 아는 견미지저(見微知著)와 같이 이러한 괘상의 표지를 통해 앞으로 닥칠 큰 일을 미리 내다보고 현명한 처신을 하게 된다. 사람들이 오동잎 하나가 떨어지는 것을 보고 천하의 가을이 온 것을 아는 것처럼 삼라만상의 변화의 조짐과 주역의 괘상을 통해서 미래 예측을 하기도 한다.

우리의 미래는 아직 오지 않은 시간이다. 때에 맞추어 공직에 나가 바른 뜻을 펼치거나 여의치 않을 때 스스로 물러나는 출처진퇴(出處進退)를 분명히 하는 처신이 중요하다. 중용(中庸)에서는 '시중지도(時中之道)'를 실천하는 사람을 군자로 보았다. 시중이란 타이밍에 맞는 적절한 처신을 하는 것을 말한다. 때를 알지 못하거나 그르칠 경우에는 낭패를 보게 된다.

그런데 주역은 절망과 어려움에 봉착한 사람들에게 미래를 위한 올바른 길(正道)로 안내한다. 주역은 사람이 가야할 올바른 길을 걷게 하고 가서는 안 되는 길을 피하게 하는 지혜의 원천이다. 따라서 동양 고전인 주역은 삶을 올바른 방향으로 이끌고 미래의 불확실성을 줄이며 적절한 처신을 할 수 있는 가르침을 일깨워 준다는 점에서 이 시대 법률가에게도 큰 도움이 되리라 확신한다.

(출처: 법조신문 법조나침반, 2019.10.28.)

Ⅲ. 삶의 지혜

1 바람과 일기통천(一氣通天)

바람은 자연의 바람(風)과 인간의 바람(望)으로 구분할 수 있다. 그러나 양자는 서로 밀접한 관련이 있다. 자연의 바람은 인간의 삶에 영향을 미치고, 인간의 바람은 자연의 바람을 통하여 외부세계에 전달되기도 한다. 밀테토스 학파의 아낙시메네스(*Anaximenes*)는 공기(바람)를 만물의 가장 근원적 요소인 아르케(*arkhe*)로 보았다. 그는 세상의 모든 생명체는 호흡을 통해 살아가며, 공기가 영혼에까지 영향을 주어 생명이 존재할 수 있게 된다고 보았다.

주역 8괘 중 하나인 손괘(巽卦)는 바람(☴)을 상징한다. 손괘는 아래의 음(陰)이 위의 두 양(陽)을 순조롭게 따르므로 만사에 공손하며 거스르는 일이 없다고 해석된다. 이로부터 '순천자존 역천자망(順天者存 逆天

者亡)' 즉, 하늘에 순응하는 자는 오래 존속하고 하늘에 거역하는 자는 망한다는 의미를 도출할 수 있다. 이처럼 바람은 움직임(動)을 본질로 한다. 바람은 하늘에 떠 있는 구름을 실어 나른다. 구름이 흘러가도록 하여 삶의 덧없음을 깨닫게 하는 것도 바람의 힘이다. 구름을 모이게 하여 비를 내리도록 하거나 벼락을 치도록 하는 것 역시 바람의 작용이다.

한편 바람(望)과 관련하여, 기독교 신앙에선 믿음, 소망, 사랑의 신망애(信望愛)를 그 실천적 원리로 설명한다. 칼빈(*John Calvin*)의 '기독교 강요'에서 "소망은 하나님께서 진실하게 약속하였다고 믿는 일들에 대한 기대"를 의미한다고 보았다. 우리의 바람은 하늘이나 대자연을 향하여 간절한 기도의 형태로 나타나는 것이 일반적이다. 그리고 각자(一氣)의 바람은 소우주에 초끈으로 연결되고, 그 울림과 진정성으로 인해 대우주인 하늘과 통하여(通天) 그 소망이 이루어지게 되는 것을 '일기통천(一氣通天)'이라고 할 수 있다. 파울로 코엘로(*Paulo Coelho*)의 '연금술사'에서 "자네가 무언가를 간절히 원할 때 온 우주는 자네의 소망이 실현되도록 도와준다네"라는 표현과 일맥상통한다. 또한 론다 번(*Rhonda Byrne*)의 '시크릿'에서 말하는 누구나 우주를 향하여 원하는 것을 요구하면 그것이 자신에게 당겨져 온다는 '끌어당김의 법칙'과도 같은 맥락이다.

대자연에서 불어오는 봄바람은 겨우내 움츠렸던 사람들의 마음을 변화시킨다. 아울러 민심의 바람은 선거라는 절차를 통해 정치 지형을 새롭게 형성한다. 우리는 미증유의 코로나19 사태로 어수선한 가운데 4.15 제21대 국회의원 총선이라는 중차대한 국가대사를 앞두고 있다. 공직선거 시즌만 되면 정치권은 민심의 바람이 자신의 진영에게 유리하게 불어주길 기대한다. 그러나 민심즉천심(民心卽天心)인 그 바람은 우리 사회를 보다 안전하고 바람직한 법치사회로 나아가게 하는 준엄한 심판자이자 변화의 메신저가 될 것이다.

(출처: 법조신문 법조나침반, 2020.04.06.)

2 독서와 여행-대기성휘(大器成輝)의 길

독서와 여행은 사람들의 기본적인 취미에 속한다. 독서와 여행이 취미의 수준을 넘어 벽광(癖狂)의 경지에 오르면 만권의 책을 읽겠다는 '독만권서(讀萬卷書)'와 만리의 여행을 떠나겠다는 '행만리로(行萬里路)'를 목표로 삼기도 한다. 만리의 여행을 떠난 사람은 비록 책을 읽지 않아도 만권의 책을 가슴속에 간직한 셈이 된다. 만 권의 서적을 읽고 이를 흉금(胸襟)에 담고 있으면 만리를 내다 볼 수 있는 식견과 안목이 생길 수 있다.

독서란 고전이나 잡서(雜書)를 읽는 것을 말한다. 독서광이 되는 첫걸음은 책을 구입하는 것이다. 책을 구입하여 감명 깊은 대목에 밑줄 치며 읽고 반복하여 읽는 묘미가 있다. 평범한 사람이 고전 독서를 통해 소명의식을 찾고 지혜로운 사람이 되곤 한다. 중국 삼국지에 나오는 오나라 여몽은 비천한 신분으로 책을 가까이 하지 않았으나, 뒤늦게 독서의 중요성을 깨닫고 "손에서 책을 놓지 않는 수불석권(手不釋卷)"과 "선비는 3일간 헤어져 있어도 괄목상대(刮目相對)한다"는 고사성어를 남긴 장군으로 유명하다. 국가사회에 선한 영향력이 있는 지도자가 되려면 고전을 많이 읽어야 한다(*A leader is a reader*). 독서는 상상력을 높여 어려움에 봉착했을 때 바람직한 해결책을 제시하고, 저울처럼 생각의 균형을 잡아주기도 한다.

서양속담에 "자식이 귀하면 여행을 보내라"는 말이 있다. 여행은 자신이 속한 집과 고향을 떠나 나그네이자 이방인이 되는 것이다. 여행은 익숙한 삶의 환경에서 벗어나는 데서 오는 기쁨과 불편이 공존한다. 여행은 미지의 세계로 나아가는 것이고, 자신이 주변인이 되는 것이다. 여행을 통해 좁은 세계를 벗어나 견문을 넓히고 자신을 둘러싸고 있는 환경을 객관적으로 바라볼 수 있는 이점이 있다. 그러나 여행은 본질적으로 자신을 찾는 발견의 과정이고, 결국에는 자신의 삶의 세계인 본류(本流)로 다시 돌아오는 환원의 과정이다.

독서는 시(時)의 고금(古今)을 넘나드는 종적으로 지혜를 터득하는 여행이라면, 여행은 양(洋)의 동서(東西)를 넘나드는 횡적으로 문화를 관찰하는 독서이다. 독서는 홀로 책을 통해 사람과 세상을 이해하는 신독(愼獨)의 요체이고, 여행은 직접 다른 세상과 낯선 사람을 대하는 관계 맺기의 교과서다. 독서는 자기를 변화시키기 위한 여행이고, 여행은 자기를 발견하기 위한 독서라고 할 수 있다. 이처럼 독서와 여행은 그 자체로도 즐거움과 보람이 있는 활동이지만, 이를 통해 꿈을 키우고 호연지기(浩然之氣)를 길러 국가사회를 위해 빛나는 성취를 이룩하는 큰 그릇을 만들기도 한다(大器成輝).

(출처: 법조신문 법조나침반, 2020.06.08.)

3 법고창신과 벽광(癖狂)정신

오늘날 경쟁은 일상이 되었다. 경쟁사회(*Elbogengesellschaft*)에서는 공정의 가치와 페어플레이(*fair play*) 정신이 중요한 덕목이다. 공정하지 않으면 결과에 승복하지 않기 마련이다. 경쟁사회에서 역량을 발휘하기 위해서는 형식적인 스펙과 간판보다는 실질적인 내공과 실력을 갖추는 것이 관건이다. 공정이 요청되는 치열한 경쟁적 환경에서 법률가로서 탁월한 역량을 발휘하기 위해서는 법고창신(法古創新)과 벽광정신을 염두에 둘 필요가 있다.

법고창신은 전통을 존중하면서 고정관념의 틀을 깨는 창조적 발상이다. 법고창신의 경지에 이르기 위해서는 옛 것을 존중하되, 새로운 변화를 도모하면서 하는 일을 즐겨야 한다. 공자는 논어 위정편에서 "아는 사람은 좋아하는 사람만 못하고, 좋아하는 사람은 즐기는 사람만 못하다(知之者不如好之者, 好之者不如樂之者)"라고 하여 지호락(知好樂)을 강조한 바 있다. 어느 분야이건 전문가로서 탁월한 역량을 발휘하기 위해서는 자신이 하는 일에 즐거움을 느껴야 한다. 어떤 일을 마지 못해 하는 사람과 즐겁게 일에 몰두하는 사람은 차원이 다르다.

벽광정신은 한 분야에 오랜 기간 병적으로 빠지거나 미치도록 탐구하여 최고의 경지에 도달하고자 하는 마음가짐이다. '삼년불규원(三年不窺園)'이라는 말이 있다. 이 말은 중국 한나라의 대학자인 동중서가 젊은 시절 3년간 자신의 정원에 눈길도 주지 않고 방에 틀어박혀 열심히 책에 몰두한 것을 지칭하는 말이다. 추사(秋史) 선생의 스승인 박제가는 벽(癖) 예찬론을 펼친 바 있다. 그는 백화보의 서문에서 꽃에 미친 사람을 예찬하며, 벽이 없는 사람은 버림받은 자라고 평하였다. 이처럼 벽은 즐거움의 경지를 넘어 한 분야에 빠져들어 깊게 천착하는 자세를 말한다. 벽에서 더 나아가면 미칠 광(狂)에 이르게 된다.

김정희의 추사체는 옛 법도에 기초하면서도 그것을 변화시켜 새로움을 창출한 법고창신의 진수를 보여준다. 추사 선생의 독창적인 서체는 "나는 칠십 평생에 벼루 열 개의 바닥을 뚫었고 붓 천 자루를 대머리로 만들었다(吾書雖不足言 七十年 磨穿十研 禿盡千毫)"라는 표현에서 알 수 있듯이 오랜 기간 붓글씨에 미쳐 절차탁마를 통해서 이루어낸 것이다. 미치지 않으면 미칠 수 없다는 '불광불급(不狂不及)'은 오늘날 경쟁사회의 화두이다. '벽(癖)'과 '광(狂)' 두 글자는 최고의 예술가나 기존의 틀을 깨고 새로운 영역을 개척한 방외지사(方外之士)의 전유물이 아니다.

필자는 추사매니아로서 공자의 지호락과 박제가의 벽 예찬론을 이어 받아 미칠 광(狂) 예찬을 하고자 한다. "즐기는 사람은 빠지는 사람만 못하고, 빠지는 사람은 미치는 사람만 못하다(樂之者不如癖之者, 癖之者不如狂之者)."

(출처: 법조신문 법조나침반, 2019.12.23.)

4 수저와 그릇(器), 그 너머

수저와 그릇은 음식을 먹기 위한 도구이다. 수저나 그릇이 좋아야 반드시 음식이 좋은 것은 아니다. 그러나 때로는 형식이 실체인 내용을 규정하기도 한다. 수저는 그가 어디서 왔는가의 출신의 문제라면 그릇은 그가 어디로 향해 가는가의 지향점의 문제이다.

부모의 부와 지위에 따라 금수저, 흙수저 등으로 분류하는 수저론이 우리 사회를 풍미하고 있다. 금수저는 경쟁에 있어 유리한 조건을 점하고 있어 일찍 성공할 가능성이 크다. 금수저가 아니더라도 인생 초반의 어려움을 극복하고 성실히 노력하여 인생의 말년에 개화하는 대기만성의 인물로 성장할 수 있다. 그럼에도 수저론은 사회적 불평등의 문제를 지나치게 부풀리고, 한 인간의 형성과정을 장기적인 관점이 아닌 단기적인 관점에서 평가하는 문제가 있다. 수저론의 기저에는 자신이 이루지 못한 것을 남의 탓으로 돌리고 다른 사람이 절차탁마로 이룬 성과를 금수저로 폄하하는 심리적 방어기제가 있을 수 있다. 그러나 흙수저의 악조건을 극복하여 인생에서 큰 성취를 이룬 인물이 도처에 얼마나 많은가(人生到處 有大器).

그릇은 음식을 담는 것이지만, 동양사회에서는 사람의 덕성과 역량의 크기를 그릇에 비유하곤 한다. 공자는 논어에서 ‘군자불기(君子不器)’라고 하였다. 군자는 특정한 기량을 발휘하는 기술자를 지칭하는 것이 아니다. 그는 인덕을 두루 갖추고 세상의 이치와 천리를 실천하며 평상심과 부동심으로 중심축이 흔들리지 않는 사람을 말한다. “소년등과는 인생의 불행이다”라는 말이 있다. 재능이 특출나서 일찍 출세를 하였지만 덕성이 부족하여 스스로 불행을 초래하는 삶을 경계하기 위해 나온 말이다. 사람은 모름지기 정도(正道)에 따른 삶을 지향하고 그릇의 완성(成器)을 향해 나아갈 필요가 있다.

일본의 나카지마 다카시(中島孝志)가 쓴 ‘리더의 그릇’에서 “리더는 전체를 위하여 자신을 얼마나 바칠 수 있는가”라는 그릇의 크기로 일류와 이류를 구별하였다. 명나라의 여곤(呂坤)은 자신의 저서 ‘신음어(呻吟語)’에서 인물을 다음의 세 유형으로 나누었다. 일류는 마음이 깊고 무게가 있는 자이고, 이류는 세상사에 집착하지 않고 큰 기량을 지닌 자를 말한다. 머리가 좋고 재능이 뛰어난 달변가는 고작해야 삼류에 지나지 않는다.

독일 속담에 “접시의 가장자리 너머를 보라(*Über den Tellerrand*

schauen)"는 말이 있다. 그릇 안에 있는 음식만 볼 것이 아니라 음식이 담겨 있는 그릇 너머를 살피라는 뜻이다. 근시안적으로 사물의 현상만 볼 것이 아니라 본질적인 이면을 복안(複眼)적 사고로 폭넓게 통찰하라는 의미를 담고 있다. 이와 같은 통찰력은 리더십, 열정 및 균형감각과 더불어 오늘날의 군자(君子)인 법률가가 갖춰야 할 덕목이다.

(출처: 법조신문 법조나침반, 2020.07.06.)

5 다양성과 화(和)의 철학

오늘날 우리 사회는 흑백의 진영논리에서 벗어나지 못하고 있다. 정치의 영역이 이해관계를 합리적으로 조절하는 역할을 제대로 하지 못하고 오히려 갈등을 증폭하는 실정이다. 사회 계층 간 이념적 대립이 갈수록 치열하여 자신과 생각을 달리하는 사람에 대한 반감과 혐오를 표출하고 있다. 우리 사회의 분파주의와 다양성의 상실은 혐오 사회를 초래하고, 생동감을 잃은 획일적 불모(不毛)의 문화를 형성할 수 있다.

자연의 생태계는 종의 다양성을 그 특징으로 한다. 산에는 다양한 종류의 나무와 꽃, 계곡 그리고 구름 등이 어우러져 하나의 아름다운 산을 형성한다. 대나무가 좋다고 다른 종류의 나무를 배척하면 산이 아니라 대나무 밭(竹田)이 되는 것이다. 다양성이 적은 생태계는 황량하다. 다양성은 각자의 개성을 존중하는 문화와 밀접한 관련이 있다. 다양성은 공동체의 구성원이 상이한 문화적 배경에서 성장하여 생각을 달리할 수 있다는 것을 전제로 한다. 공동체 안에는 다양한 생각을 가진 사람들이 모여 살아간다. 하나의 조직 안에 다양한 생각을 하는 사람들이 어우러져 함께 조화를 이루며 살아가게 마련이다.

논어에 "군자는 화이부동(和而不同)이고 소인은 동이불화(同而不和)다"라고 하였다. 이는 군자는 잘 어울리되 부화뇌동하지 않고, 소인은 패거리를 짓되 조화를 이루지 않는다는 말이다. 이와 같은 화(和)의 철학은 서로 다른 생각을 가진 사람과의 공존을 의미한다. 자신의 관점과 입장은 유지하면서도 그 생각과 입장을 달리하는 사람들과 서로 화합하고 어울리는 것이 화이부동이라고 할 수 있다. 순자(荀子)는 왕제편(王制篇)에서 "고의이분즉화 화즉일 일즉다력 다력즉강(故義以分卽和 和卽一 一卽多力 多力卽彊)"이라고 하였다. 이는 "의로서 역할을 나누어 분(分)을 세우면 화(和)를 이루고, 화를 이루면 하나의 통합 (一)을 이루고, 하나의 통합을 이루면 힘이 커지며(多力), 힘이 커지면 강해진다(彊)"라는 뜻이다. 이처럼 순자는 화(和)가 국가의 강력한 통일적 힘의 원천이 된다고 강조한 바 있다.

화의 철학에 기초한 역지사지(易地思之)는 자신의 입장만을 고집하지 않고 서로 다름을 인정하여 소통하는 공감 능력을 의미한다. 공자의 인의사상은 자신에게 관대한 인(仁)이 아니라 타인을 어질게 대하며, 타인에게 엄격한 의(義)를 요구하는 것이 아니라 자신에게 준엄한 삶의 잣대를 제시하는 것을 말한다. 다른 생각과 배경을 가진 사람을 수용하지 않은 폐쇄적 조직이 도태하고 몰락한 사례는 부지기수이다. 서로의 생각이나 입장이 다를 수 있다는 것을 용인하는 다양성과 관용은 지속가능한 국가로 나아가는 출발점이고 풍요롭고 다채로운 삶을 가능하게 하는 자유의 조건이다.

(출처: 법조신문 법조나침반, 2020.08.17.)

6 소락춘일(笑樂春日) – 유머와 웃음의 본질

코로나 팬데믹으로 많은 사람들이 힘들고 어려운 나날을 보내고 있다. 우리 격언 중에 "한 번 웃으면 한 번 젊어지고, 한 번 노하면 한 번 늙는다"(一笑一少, 一怒一老)는 말처럼 어렵더라도 희망을 간직하고 유머와 웃음을 잃지 말아야 한다. 미국에서 대통령이 되려면 대중과 친화적인 소통을 위해 유머감각은 필수적인 자질이고, 백악관의 연설비서관 중에 유머담당이 있다고 들었다. 유머는 인간의 삶을 풍요롭게 하는 차원 높은 경지다. 동양인은 유가적 전통으로 인해 서양인에 비하여 평소에 잘 웃지 않는 경향이 있다. 그러나 웃음은 오장육부에 긍정적 시그널을 주어 면역력을 높여 오래 전부터 의학적 치료수단이 되고 있다. 영국에서는 유머감각이 없는 사람은 불완전한 사람으로 간주된다. 유머감각이 있다는 것은 파격의 미를 갖추어, 사물을 독창적이고 창발적으로 사고하는 능력을 갖추었다는 것을 의미한다. 이러한 유머와 웃음이 사회 저변에 널리 확산되어 어둡고 부정적인 분위기나 환경을 일신하여 긍정적이고 밝은 사회를 지향해 나갈 필요가 있다.

유머에 있어서는 시간(*Timing*), 장소(*Place*) 및 상황(*Occation*)이 중요하므로, 유머의 허용 시기와 한계를 고려해야 한다. 유머를 구사하기 위해서는 순발력과 두뇌회전이 요청되기 때문에 적절한 타이밍을 놓치면 유머가 빛이 바랜다. 때와 장소를 가리지 않고 경건한 장소나 상가에 문상을 가서 분위기에 어울리지 않는 폭소를 자아내는 유머는 금물이다. 대머리가 어느 모임에서 스스로 자신을 전대협(전국대머리협회) 준회원으로 소개하면서, 주머니에서 빗을 꺼내 머리를 손질하며 "저는 싱가포르의 국부 리콴유(李光曜)가 아니라, 빛나지만 번쩍거리지는 않는 광이불요(光而不曜)입니다"라고 자학적 유머를 하는 것 정도는 용인될 수 있다. 왜냐하면 유머의 우월성이론(*superiority theory*)이나 불일치이론(*incongruity theory*)에 비추어 대머리가 아닌 사람에게 우월감을 부여하여 웃음을 유발할 가능성이 높기 때문이다.

웃음은 여러 관점으로 분류할 수 있으나. 여기서는 자연적 웃음과 전략적 웃음의 2가지로 구분하기로 한다. 웃음이 넘치는 집의 문으로 만가지 복이 들어온다는 의미의 소문만복래(笑門萬福來)에서의 웃음은 자연적 웃음인 반면에, 웃음 뒤에 칼을 숨긴다는 뜻의 소리장도(笑裏藏刀)에서의 웃음은 전략적 웃음이다. 자연적 웃음은 게임에서 승리하거나 무의식적으로 기분 좋은 상황에서 웃게 되는 심리적 웃음, 유머 등에 의해 몰아의 경지에서 웃게 되는 재미있어 웃는 웃음이 해당한다. 이와 같은 자연적 웃음은 파안대소, 박장대소, 포복절도, 온화한 미소 등 다양한 형태로 나타난다. 한편 전략적 웃음은 사회적 활동을 하는 가운데 상대방을 배려하거나 호의나 협력을 도출하기 위한 수단으로 꾸며진 웃음이라고 할 수 있다. 이와 같은 전략적 웃음을 모두 부정적으로 볼 것은 아니지만, 부정적 웃음이라고 볼 수 있는 냉소적 웃음, 비웃음, 간사한 웃음 등을 포함하고 있다. 미국의 심리학자인 마리안 파프랑스는 '웃음의 심리학'이라는 책에서 웃음 속에 감추어진 실체를 파악하여 전략적 웃음에 속지 말 것을 경고한다.

유머와 웃음은 유쾌함과 즐거움의 심리상태와 밀접한 관계가 있다. 유쾌함과 즐거움은 삶의 행복의 원천이 된다. 유머란 행복의 바이러스인 웃음을 유발하는 기제 중의 하나이다. 창조적 사고를 특징으로 하는 유머에도 다양한 층위가 있다. 대화의 상대방이 싫어하는 내용이나 불편한 소재는 유머가 될 수 없기 때문에 가학적 유머나 차별적 유머는 차원이 낮은 유머라고 볼 것이다. 유머가 교훈적인 내용을 담으면 높은 품격의 유머가 된다. 마크 트웨인은 "천국에는 유머라는 것이 존재하지 않기 때문에 천국에 가고 싶지 않다"고 말했다. 아리스토텔레스는 "동물 중에서 인간만이 웃는다"고 하였다. 따라서 유머는 인간적인 차원의 문제로, 영어의 유머(*Humour*)라는 단어는 인간(*Human*)과 어원상의 연관성이 있다. 인간에 대한 깊은 애정을 간직한 사람만이 품격 있는 유머가 가능하다.

이처럼 유머는 서먹하고 어색한 상황을 허무는 아이스 브레이킹(*Ice Breaking*)과 협상의 효과적인 수단으로 갈등 당사자 간의 긴장 국면을 해소하여 분쟁을 원만히 해결하는 윤활유 역할을 하기도 한다. 유머는 치열한 경쟁으로 긴장과 스트레스가 지속되는 오늘날 불안과 두려움을 해소하고 변화와 혁신을 통해 삶의 균형을 유지하는 평형추가 되고 있다. 현대사회에서 유머와 웃음은 정보를 전달하는 의사소통의 효과적인 수단이 되고 있음을 간과하지 말아야 한다. 유머는 웃음을 통해 엔돌핀이 돌게 만들고, 삶에 활력과 의욕을 갖게 한다. 좋은 유머는 좋은 와인처럼 잔잔한 미소와 좋은 여운 그리고 아름다운 반향을 남긴다. 유머감각은 하나의 스킬이므로 자연스럽게 이를 몸에 지니기 위해서 지속적으로 연마하고 반복할 필요가 있다. 그러나 긍정적이고 낙천적인 열린 마음에서 유머와 웃음이 나온다는 사실을 잊지 말아야 한다. 아무리 어려운 시기라고 할지라도 함께 웃을 수 있는 사람과 보내는 시간이야말로 웃음꽃 만발한 즐거운 봄날(笑樂春日)이라고 할 것이다.

(출처: 법률방송뉴스 칼럼, 2021.04.22.)

7 시기심과 처세론

법조인을 비롯해 모든 사람은 삶 속에서 승승장구만 하거나 실패만 거듭하지 않는다. 누구나 어려움에 봉착해 일이 잘 안 풀리거나 고통을 겪기도 하고, 계획한 대로 일이 순조롭게 진행되어 성취의 기쁨을 맛보기도 한다. 우리는 살아가면서 혼자 살아갈 수는 없고, 다양한 사람과의 의미있는 관계를 맺으며 살아가게 된다. 한자의 사람 인(人) 자는 서로 의존하는 형상을 보여주므로, 인간은 '함께 사는 사람'(*Mitmensch*)일 수밖에 없다.

우리 격언 중에 '잘나갈 때를 조심하라'는 말이 있다. 득의하여 크게 역량을 발휘할 때일수록 덕(德)을 널리 베풀어 신망을 두텁게 하는 것이 중요하다. 덕이 있는 사람은 외롭지 않고 반드시 이웃이 있다(德不孤 必有隣). 고위직에 있으면서 덕을 베풀지 않고 매정하고 야박하게 처신할 경우 주위 사람들의 시기심이 작동하여 '르상티망'(*ressentiment*)을 표출할 수 있다. 르상티망은 니체가 말한 철학 개념으로, 잘나가는 사람에 대하여 험담하거나 깎아내리는 것으로 약자가 강자에 대해 갖는 질투와 분노, 시기 또는 질시와 같은 감정을 말한다. 이러한 부정적 감정을 벗어나는 묘책은 스스로 자신을 낮추는 겸손의 미덕을 함양하는 것이다.

평소 득세하여 잘나가던 사람이 그 지위를 잃거나 일이 순조롭지 않아 역경에 처한 경우 주위 사람들이 애써 외면하는 경우가 많다. 그 이유로 권세가 있을 때는 문전성시를 이루다가 권세가 없으면 썰렁해지는 염량세태(炎凉世態)를 들기도 하지만 그보다는 평소 인덕을 베풀지 않았거나 오만하였기 때문인 경우가 많다. 이와 관련하여 주변 사람의 실패나 고통해 대하여 측은지심이나 동병상련의 마음을 갖기보다는 다른 사람의 실패나 고통에 대하여 기쁨의 감정이 표출되기도 한다. 이러한 쌤통 심리를 '샤덴프로이데'(*Schadenfreude*)라고 한다. 독일어로 피해를 의미하는 '샤덴'(*Schaden*)과 즐거움을 의미하는 '프로이데'(*Freude*)의 합성어로, 낭패를 본 주변 사람에 대하여 느끼는 희열감이나 기쁨의 감정을 말한다.

이와 같은 인간의 시기심은 다른 사람이 누리는 지위, 명성 등에 대해 느끼는 악감정이라고 할 것이다. 시기심의 근원이 되는 인간 본성의 양대 축은 명리(名利)라고 할 것이다. 사람이 명예를 좋아하는 호명지성(好名之性)과 이익을 좋아하는 호리지성(好利之性)이 바로 그것이다. 사람이 명리에 눈이 멀면 인지상정에 반하는 행태를 보이거나 무리를 하게 마련이다. 그런데 인간의 시기심이 인간의 근원적 본성에 속하는지 논란이 제기된다.

이와 관련하여 작가 로버트 그린은 '인간본성의 법칙'이라는 책에서 인간 본성의 하나로 시기심의 법칙을 들고 있다. 그는 상대의 분노에는 시기심이 자리잡고 있어, 자신을 낮추는 겸손의 미덕이 시기심에 휩싸일 수 있는 상대방의 분노를 완화시킬 수 있다고 설명하고 있다.

다른 직업인과 마찬가지로 법조인의 삶은 희비(喜悲)와 궁달(窮達)이 교차하는 것이 일반적이다. 맹자(孟子) '진심상(盡心上)' 편에는 "궁즉독선기신(窮則獨善其身) 달즉겸선천하(達則兼善天下)"라는 표현이 있다. 이는 일이 잘 풀리지 않을 경우에는 홀로 자신을 수양하고, 잘나갈 때에는 사람들과 함께 천하를 위하여 큰 뜻을 펼친다는 의미다. 또 굴원(屈原)의 '어부사'에 나오는 "창랑지수청혜 가이탁오영(滄浪之水淸兮 可以濯吾纓), 창랑지수탁혜 가이탁오족(滄浪之水濁兮 可以濯吾足)"이라는 표현은 창랑의 물이 맑을 때에는 나의 갓끈을 씻고, 창랑의 물이 흐릴 때에는 나의 발을 씻는다는 자세로 중심축이 흔들리지 않고 상황에 맞추어 주체적으로 살아가는 것을 말한다. 이와 같은 동양의 지혜는 자신을 둘러싸고 있는 외부적 환경이나 여건을 탓하지 않는 긍정적 삶의 자세를 일깨워 준다.

사법부나 검찰은 높은 도덕성과 청렴성이 요구되는 청요직(淸要職)에 해당한다. 법조인은 다른 품성과 더불어 정직과 겸손의 덕목을 갖출 필요가 있다. 법조인은 입신출세를 위해 급급할 것이 아니라 정도(正道)에 입각한 선비와 군자의 삶을 지향해야 한다. '예기'에 '삼읍일사(三揖一辭)'라는 문구가 있다. 군자는 세 번 읍하여 어렵게 출사하고, 한 번 사양하고 물러난다는 의미이다. 법조인을 비롯해 누구나 벼슬길인 공직에 나아갈 때에는 신중하게 임하고, 잘못이 있을 때는 스스로 그 자리를 빠르게 물러나는 품격있는 전통을 이어나갈 필요가 있다.

(출처: 법률방송뉴스 칼럼, 2021.02.25.)

8 법률가와 음악

법이 천지(天地)의 질서라면, 음악은 천지의 풍류(風流)이다. 법과 음악이 서로 분야는 다르지만, 법률과 음율에서 보는 바와 같이 율(律)이라는 한자를 함께 사용하고 있다. 법에 입법자가 있듯이 음악에는 작곡가가 있다. 법해석자나 연주자는 입법자나 작곡가의 의도에 엄격히 구속되는 것이 아니고 독창적 해석의 여지가 있다. 연주자에게 악보의 암기와 반복적 연습이 요구되듯이 법률가의 경우 법의 기본 개념과 법리에 대한 암기와 실습은 필수적이다. 음악가는 물론 법률가에게 필요한 역량은 인내력, 집중력 및 암기력이라고 본다.

법과 음악의 세계와 관련하여, 대학에서 법학을 전공한 후 음악가로 변신하여 활동한 작곡가로는 독일의 슈만, 러시아의 차이코프스키, 핀란드의 시벨리우스를 들 수 있다. 우리나라의 경우 가야금 대표곡 침향무 작곡과 연주가로 유명한 황병기가 있다. 한편 법대를 졸업하고 1960년대부터 활동한 대중가수 중에는 대표곡 하숙생을 부른 최희준과 대머리 총각을 부른 김상희가 있다.

이와는 달리 법률가이면서 음악가로 활동하며 이색적 행보를 보인 대표자가 독일의 에른스트 호프만(*E. T. A. Hoffmann*, 1776-1822)이다. 그는 판사로 활동하였으며 작곡가, 소설가, 화가로도 유명한 폴리매스(*polymath*)형 법률가이다. 또한 미국의 변호사로 활동한 후 미국인을 위한 발라드(*Ballad for Americans*)를 처음으로 부른 흑인 가수 폴 롭슨(*Paul Robeson*, 1898-1976)과 이탈리아의 변호사이면서 세계적인 팝페라 가수로 활동하는 안드레아 보첼리는 전업 가수로 유명하다. 독일 만하임 법대 헌법학 교수를 거쳐 현재 쾰른대 법대에 소속된 오르간 연주가로 유명한 데펜호이어(*Otto Depenheuer*) 교수도 법률가이면서 음악가에 속하고, 독일에는 적지 않은 법률가가 음악가로 활동하고 있다.

우리의 경우 대학에서 음악을 전공하고 로스쿨을 통해 법률가의 길을 개척하고 있는 사례가 있다. 예고와 음대를 졸업하고 전북대 로스쿨 3기로 악보를 암기하듯이 놀라운 집중력으로 변호사시험에 합격한 후 지방경찰청 범죄수사대에서 팀장으로 활동 중인 윤안나 변호사가 있다. 이 밖에도 바이올린을 전공하고 로스쿨에 입학하여 로클럭을 거친 변호사도 있고, 피아니스트로 활동하다가 로스쿨 졸업 후 문화예술의 전문영역을 개척하여 활동 중인 변호사도 있다. 이러한 사례는 우리 로스쿨 제도가 이루어 낸 성과 중의 하나이다.

음악이 없는 삶은 오류라는 니체의 언명을 의식한 것은 아니겠지만, 오늘날 많은 법률가가 취미로서 악기를 연주하거나 클래식 감상 또는 성악 활동 등을 하기도 한다. 법질서의 엄격성만으로는 사회가 유지될 수 없고, 음악이라는 정서적 요소가 필요하다는 동양의 예악사상은 법과 음악이 사회적 활동을 하는 인간에게 필요한 상보적 요소로 설명하고 있다. 오늘날 바쁜 일상의 법률가는 업무적 스트레스 환경에서 벗어나 음악을 통해 영혼을 치유하고 심신의 안정을 도모할 필요가 있다. 그리하여 법률가가 음악을 함께하여 사회 구성원과의 불협화음(不協和音)을 야기하지 않는 풍류를 간직한 진정한 율사(律士)가 되기를 염원한다.

(출처: 법률신문 서초포럼, 2022. 2. 17.)

대팽두부과강채 고회부처아녀손

훌륭한 음식은 두부, 오이, 생강, 채소와 같은 소소한 것이고,
최고의 모임은 부부와 자녀 그리고 손자의 3대가 함께 하는 것이다.

(추사 대팽고회 대련)

제3편

객설(客說)의 오솔길에서

제1장

자화상

Ⅰ. 나의 독일유학기

나의 독일유학기–만하임대 법대 박사과정 졸업('92.7.15 ~ '95.1.14.)

1 처음에

필자는 총무처 국비장기훈련계획의 일환으로 1992년 7월 14일부터 1995년 1월 14일까지의 공식적인 파견기간동안 독일 하이델베르크의 막스플랑크 공법연구소와 만하임 법대의 로엘레케 공법 및 법철학 연구소에서 공법을 연구하고 최근에 귀국하였다.

독일에 파견 유학 중 나의 은사인 로엘레케 교수 밑에서 "한국과 독일에 있어서의 급부행정의 법률유보"라고 하는 박사논문(*Dissertation*)을 써서 학위를 취득할 수 있었는데, 종전에 법제처의 최정일 법제관을 비롯하여 약간명의 공무원이 총무처 국비장기훈련계획에 의거 독일에서 우리의 석사과정에 해당하는 마기스터(*Magister*) 과정을 끝마치고 온 경우가 있었으나 파견기간상의 제약, 독일학제상의 어려움등의 이유로 박사과정을 마치고 학위까지 마친 경우는 처음있는 일이므로, 필자의 주관적 경험을 토대로 앞으로 세계화 실현의 기수로서 독일을 가려고 하는 공무원등을 위하여 어떻게 생활하고 왔는지를 학위목표적 관점에서 소개하는 것도 의미가 있고, 나아가 독일에 적은 정보를 갖고 있는 사람들을 위하여 독일사회의 일부로 소개하는 것도 유의의 하다고 생각되어 부끄럽지만 몇자 적기로 한다.

2 유학경로

축구선수가 독일의 분데스리가에서 자신의 꿈을 실현하고 싶듯이 필자는 그 언제부터인가 법학의 본고장이라고 할 수 있는 독일에 건너가 체계적으로 공법학을 공부할 기회가 있었으면 하는 막연한 동경이 있었다. 그러한 학문에 대한 동경과 더불어 자주 다니던 동숭동의 독일풍의 맥주집에서 느낄 수 있었던 사치스럽지 아니하고 단순한, 그러면서도 기본기가 충실한 그 무엇인가 독일적 분위기가 좋아 보였다.

더구나 당시 유럽통합(*EU*)의 실현을 앞두고 있어서 앞으로 최대 단일시장 유럽에 대한 우리의 이해증진 내지 관심은 지금까지의 미국일변도에서 벗어나 점점 커질 것이라는 생각도 독일유학을 구체화시키는데 한몫 하였다.

그래서 퇴근을 한 후 소주잔을 기울이는 대신 남산에 있는 괴테 인스티투트를 다니면서 기회가 닿으면 필드에 나가려고 인도아에서 골프연습에 골몰하는 사람처럼 어학의 기초를 빠른 속도로 다져나갔다.

그러던 차에 뜻과 길이 병존하기나 한 것처럼 독일 유학을 보다 구체화시킬 수 있는 계기가 마련되었던 바 외국어대학 어학연구소의 독일어 강좌의 수강이 바로 그것이다. 외국어대학 어학연구소를 나가며 월요일에서 금요일까지 저녁나절 매일 3시간 이상씩 강도 높은 훈련을 받았다. 이른바 제1기 야간 독일어과정의 이수를 통하여 독학수준의 독일어를 체계적으로 정리할 수 있어 좋았고, 시험을 앞둔 약 1달 가량을 집 주변 과천독서실에서 새벽 2시까지 독일어 공부를 한 결과 만만치 않기로 소문난 총무처에서 의뢰하여 서울대 어학연구소에서 치르는 독일국 파견 국비유학생시험에 통과된 것도 결코 놀랄 만한 일이 못 되었다. 그 결과 경제적 곤란을 크게 느끼지 않으면서 내가 살던 고향을 벗어나 바깥세상을 내다볼 수 있는 기회를 얻었다.

독일에 특별한 지식(*Ahnung*)이 없는 필자로서는 어디로 갈 것인가의 문제가 중요하면서 결정하기 어려운 문제였다. 그러던 중 주한 독일상공회의소에 들러 연구소에 관한 정보를 얻었다. 공법연구소가 마침 하이델베르크에 있었다. 막스플랑크 공법연구소(*MPI für ausl ändisches Öffentliches Recht und Völkerrecht*)와 접촉을 갖은 것은 1992년 3월경 막스플랑크 공법연구소에 서신을 보내 가능성 여부를 타진하였는데 동연구소 소장(*Leiter*)으로 있는 *Frowein*박사가 객원연구원으로 오라고 서신을 보내와 이를 토대로 가족까지 *Visa*신청을 할 수 있었다. 독일로 출발하기 전에 가족*Visa*까지 막스플랑크연구소를 통하여 말끔히 해결되었는데, 요즈음 외국인의 유입을 막으려는 독일정부의 방침에 *Visa*문제가 생각보다 어렵다는 이야기를 듣는다. 언제, 어디로 유학을 갈 것인가의 문제는 전적으로 각자에게 처해진 구체적인 상황조건적 결정에 따를 사항이라고 본다. 어쨌건 필자의 경우 한국에서 대학원 박사과정을 수료하였으므로, 하이델베르크에 있는 막스플랑크연구소에 가서 자료를 모으고 한국에 와서 논문을 낼까도 생각하였다. 그러나 일단 독일에서 박사과정에 적을 두면서 대학의 분위기를 익히고 가능하면 독일에서 박사논문(*Dissertation*)의 작성완료를 목표로 두어 생활하는 것도 긴장감을 더해주고 의미있는 생활이 되리라는 판단아래 만하임 법대로 서신을 보냈던 바, 당시 학장이던 *Burkhardt* 형법교수로부터 지도교수(*Doktorvater*)를 *Gerd Roellecke* 교수가 떠맡기로 했다는 내용의 답신을 받게되어 만하임대학교 법과대학 및 로엘레케선생과 인연을 맺을 수 있게 되었다.

3 독일에 대한 첫인상

마치 알프스정복을 꿈꾸는 산악인 같은 느낌을 가지고 1992년 7월 21일 당시 4살된 큰애 세희(世熹)의 의연하고, 담담한 모습을 새기면서 가족과의 이별을 뒤로 한채 독일 프랑크푸르트발 비행기에 혼자 몸을 실었다.

외국을 여러 번 나가본 경험이 있는 사람은 어쩌면 비행기를 타면서 그리 특별한 생각이 안 들지도 모르겠지만, 그 당시 처음 외국을 가는데다가 정든 가족, 친구, 삶의 주변환경과의 멀어짐에서 오는 아쉬움과 미지의 세계에 대한 일말의 두려움이 상호교차 하였다. 그럼에도 불구하고 설명하기 어려운 가슴 가득한 희망과 기대가 주조를 이루었다고 해야 할 것이다.

다시 말하면 그 무엇인가 설정한 목표를 꼭 이루어 내고야 말겠다는 생각 내지 의지가 12시간여 동안 계속되는 비행기의 주행동안 머리속을 떠나지 않았다. 마침 창가쪽에 자리를 잡은 데다가 날씨가 쾌청하여 창가쪽으로 시선을 던지곤 하였다. 내가 탄 비행기가 시베리아 상공을 지나 스칸디나비아반도를 따라 내려 오면서 필자가 꿈에 그리고 동경해 마지않던 독일 상공에 진입한 후 얼마되지 않아 영롱한 무지개가 창 밖으로 펼쳐져 매우 고무되었다. 무엇인가 좋은 예감이 들었으며 하나의 수호신처럼 독일에서 생활하면서 어려움에 봉착하였을 때 위로가 되었다.

어쨌든 비행기가 고공을 낮추어 독일의 마을과 도시를 창 밖으로 내려다 볼 때 질서정연하게 잘 정돈된 촌락형태와 도시와 도시를 잇는 아우토반, 넓고 푸른 목초지가 한 눈에 들어왔다. 이것이 독일땅에 도착하기 전에 위에서 내려다 본 첫인상이다. 사람의 첫인상이 중요하듯이 국가도 첫인상이 중요하다는 것은 다언을 요하지 않을 것이다. 좋은 인상을 갖고 독일 땅에 내려 유고인이 경영하는 허름한 호텔에 임시 거처를 정하고 만하임에서 시내를 오가며 거리에서 만나는 사람에게 길을 물었을 때 하나같이 자신의 시간을 아껴가며 친절함을 가지고 대해주던 미지의 독일시민들, 지도교수 및 학장과의 면담을 통하여 느낄 수 있었던 외국인에 대한 배려와 인간적 따뜻함을 느끼면서 당초 가졌던 첫인상이 편견이 아님을 확인할 수 있었다.

4 만하임에의 정착

앞서 말한 바와 같이 하이델베르크에 있는 막스플랑크공법연구소, 정확이 말하여 막스플랑크 외국공법 및 국제법연구소에 나가면서 각종 문헌과 자료를 이용할 수 있는 데다가 만하임대학교 법대 박사과정에 적을 둘 수 있었기 때문에 어학장소를 만하임 괴테인스티투트로 정하였다. 참고적으로 만하임대학교에는 외국학생의 입학시험인 *PNDS*를 위한 어학코스를 개설하지 않고 입학 후의 외국학생들을 위하여 중급 내지 고급과정을 두고 있을 뿐이다. 만하임과 하이델베르크는 인접한 도시로서 *Autobahn*으로 약 20분가량 걸린다.

독일에 도착한 후 하이델베르크와 만하임 어느 쪽에 방(*Wohnung*)을 구할 것인가를 놓고 고심을 하였다. 연구소는 하이델베르크에 있지만, 괴테인스티투트와 대학은 만하임에 있는 데다가 하이델베르크는 관광지라서 물가와 집세가 매우 비싼 반면 만하임은 물가가 상대적으로 저렴할 뿐만 아니라 집 사정도 좋아 결구 만하임에 정착하기로 작정하였다. 지금 생각해 보아도 만하임으로 주된 활동공간을 잡기를 잘 했다는 생각이 든다. 하이델베르크는 차분히 앉아서 공부하기에는 주변환경이 너무 좋고, 한국관광객의 끊이지 않는 발걸음은 유학생의 처지를 우울하게 할 수도 있기 때문이다.

만하임은 프랑크푸르트에서 남쪽으로 약 100㎞가량 떨어진 지점에 위치하고 있는 도시로서 대학이 도시의 중심점에 위치하고 있으며, 독일에서 가장 긴 바로크식의 성건물을 모두 대학건물로 쓰고 있다.

만하임의 의미를 문자적으로 이해하면 "남자(*Mann*)의 고향(*Heim*)"

이 되는데 나의 경우만 놓고 보면 그 곳에 정착한 후 둘째아이 세중(世中)이를 그 곳에서 득하였으니 아들 낳고자 원하는 사람은 그 곳으로 유학을 가라고 추천해도 될지 모르겠다. *Ohne Gewähr.* 다만, 그 곳 유학생의 많은 사람이 딸을 낳는 것을 보면 도시의 이름이 무색해진다. 어쨌건 도시 자체의 분위기가 하이델베르크와는 달라 남성적인 것은 부인할 수 없다.

독일에 도착하자마자 만하임에 있는 유고인호텔에서 10일간 묵으면서 유고내전으로 그들이 느껴야 했던 고국에 대한 걱정스러운 모습을 지켜볼 수 있는 기회를 가졌고, 주말이면 함께 모여 춤추고 노는 그들, 그리고 집을 구한다고 하니까 직접 따라 나섰던 한 유고인 할아버지가 생각이 난다. 그는 비록 짧은 기간동안 만났지만 맥주를 너무 자주 마신다는 것을 빼놓고는 순수함을 갖고 있었다.

그 곳에 있으면서 하이델베르크 막스플랑크연구소를 들러 오는 길에 하이델베르크 대학식당(*Mensa*)에 붙어 있는 광고를 보고 20년 가량된 빨간색 *Volkswagen* 골프를 사가지고 만하임으로 운전하고 왔다. 이 차는 오래되었음에도 귀국할 때까지 큰 고장 없이 잘 굴러갔으며 괴테인스티투트를 다니던 시절 안 타본 유학생이 없을 정도로 인기가 있었다.

그 곳에서 약 10일간 지내다가 만하임 시내에 있는 대학기숙사로 옮겼다. *Alfred-Delp-Haus*라고 하는 카톨릭계통의 대학기숙사였는데 여름방학동안 임차해 주어 약 1달 가량 그 곳에서 독일대학생들과 지낼 수 있었다. 대학기숙사비는 대략 한달에 250마르크(한국돈 약 13만원)을 내는 것으로 기억되는데, 학비가 전액면제되는 독일대학에서 생활비를 벌려고 아르바이트하는 독일대학생들에 비하여 우리의 부모들은 너무 자식들을 위하여 헌신적이라는 생각이 들었다. 결국 그들은 부모로부터 일찍 독립하여 자신의 삶을 개척해 나가고 있었으며, 그러다보니 자연 검소하게 살아갈 수밖에 없었고, 필자가 그 곳에 있는 동안 한번도 여학생이 제대로 꾸미거나 남학생이 양복을 입는 것을 본 적이 없는 것도 놀랄 일은 아닐 것이다.

토론하기를 좋아하고, 한편 책을 많이 읽으면서 영화, 오페라등을 감상하고 평소 아끼고 절약하여 방학 중 어디론가 여행을 다녀오는 그들은 내적 충실을 위해 애쓰는 것을 알 수 있었다.

그 곳에서 보름가량 있은 후 신문의 광고(*Anzeige*)를 보고 혼자서 방(*Wohnung*)을 구하였다. 처음에 주인과 전화로 통화하여 언제 방을 보러 갈 수 있느냐고 사전예약(*Termin*)을 하여 약속날짜에 그 곳에 가보니 경쟁자가 5명이나 있었다.

처음 독일 가는 사람들에게 조언을 한다면 독일전역에 걸쳐서 주거사정이 안 좋다. 그들은 이를 "*Wohnungsnot*"이라고 말한다. 가족과 함께 출발하여 고생하는 것보다 방을 구할 때까지 먼저 가서 방을 마련한 후 가족을 입국시키는 것이 보다 낫다고 여겨진다. 처음에 방을 구하는 것도 공부이므로 유학생에 의존하지 않고 직접 구하는 것이 둑일 사회를 이해하는데 도움이 된다. 한국에 있으면서 독일의 집을 구해 달라는 부탁은 독일적 상황하에서는 몇주 걸리는 어려운 부탁에 속한다는 것을 아는 사람은 별로 많지 않은 것으로 안다.

집주인 *Kanzian*은 내가 그 집을 들어가야 하는 이유에 대한 공감과 한국정부의 장학금지급이 갖는 재정상의 신뢰도를 감안하여 나에게 그 집을 세 주었다고 생각한다. 그는 줄곧 독일체류기간동안 큰 부담과 불편을 느끼지 아니하고 지낼 수 있도록 배려해 주었고 지금껏 좋은 친구로 남아 있다. 필자의 경험에 비추어 볼 때 좋은 집주인을 만나는 것도 성공적인 유학생활에 있어서 하나의 무시할 수 없는 조건이 될 수 있다.

5 만하임 괴테인스티투트에서의 어학코스

만하임의 괴테인스티투트는 그 곳에서 실시하는 *PNDS*시험(독일대학입학어학시험)을 통과한 경우 독일 국내의 대학의 어학코스를 거치지 아니하고 독일 대학에서 실시하는 *PNDS*시험과 마찬가지의 효력을 인정하는 몇 안되는 괴테인스티튜트 중의 하나이다. 그래서 그런지 다른 괴테인스티튜트에 비하여 *PNDS*를 준비하기 위하여 각국에서 몰려온 학생들이 많았다. 한국에서도 아데나워 장학생이라든지 *DAAD* 장학생등 비교적 성실한 한국유학생들이 그 곳에서 어학을 다져나가고, 더군다나 한국의 우수한 공무원들이 그곳에서 성공적인 어학연수를 마쳐 한국에 대하여 좋은 인상을 갖고 있다는 것을 감지할 수 있을 것이다. 어학이 안되고 전공공부를 한다는 것은 연습을 안하고 축구장에 나가는 것과 별로 다르지 않을 것이다. 관찰을 해 보면 일본의 교수나 상사주재원들은 어학코스에 상당히 비중을 두고 언어를 철저히 익히는데 반하여 간혹 우리의 교수나 상사직원 같은 경우 어학코스를 등한히 하는 것 같은 인상을 받았다. 독일의 일상생활이 아침 일찍 시작되는 관계도 있어 아침 8시부터 강의가 시작되므로 일찍 일어나서 가야 하며, 숙제(*Hausaufgabe*)를 많이 내주어 고등학생으로 전락한 기분을 느낄 때가 많았다.

한국에 있을 때 문법이나 독해를 많이 준비하였으나, 일상회화라든지 청취력·작문등의 기회가 적어 처음에는 부자연스럽고 어색하기도 하였다. 열심히 하였다는 생각말고는 안든다.

괴테인스티튜트 과정 중에 치른 *ZDAF*라는 중급과정의 어학시험의 구술고사에서 최고점수(*Schr gut*)로 통과하였을 때 자신감이 붙었다. 만하임 괴테인스티투트에 나가면서 지도교수인 *Roellecke* 교수가 배려를 해 주어 박사과정에 등록을 할 수 있었기 때문에 오전에 괴테인스티투트를 나가고 오후에는 세미나(*Semina*)나 강의(*Vorlesung*)에 참석해서 전문용어를 익히는데도 게을리 하지 않았다.

각국에서 몰려든 학생들과 교류하면서 각국의 문화나 풍습을 익힐 수 있었고, 가급적 독일어를 사용하려고 국적을 불문하고 아부 적극적으로 생활하였다. 한국유학생들과는 돌아가면서 주말 같은 때 음식을 같이 준비하여 담소하고 놀기도 하였다. 3월 중순에 실시한 *PNDS*시험을 무사히 통과할 때까지 하이델베르크 공법연구소를 오가면서 가벼운 마음으로 앞으로 쓸 논문의 자료도 모으고 만하임대학뿐만 아니라 가까이에 있는 하이델베르크, 슈파이어대학등 여러 독일 교수(예컨대 하이델베르크의 *Brugger* 교수, 슈파이어의 *Hill* 교수등)도 만나면서 폭넓게 현지적응을 해 나갔다. 어쨌든 부담이 그리 크지 않으면서 다방면으로 여유 있게 생활한 것 같다.

만하임 괴테인스티투트에 다니던 중 둘째 아이를 출산하였다.

3월 중순경에 *PNDS*시험을 보기로 되어 있는데 아이는 2월 26일에 출산하였으므로 어려움이 없지 않았다. 독일에는 출산의 전 비용이 의료보험에서 부담되어 큰 문제는 없었다.

독일 자국민의 경우 출산률이 떨어져, 외국인 특히 결혼=출산이 등식화된 한국인과 같은 외국인이 잘 정비된 독일 산부인과의 시스템의 혜택을 보는 것 같다. 어쨌든 산모와 아기가 건강할 경우에도 최소한 6일 가량을 병원에 머무르도록 되어 있어 건강한 아이를 낳고도 충분히 병원에서 쉬다가 나올 수 있어 좋았다. 그 당시 괴테인스티투트를 같이 다니던 한국유학생이 10명 넘게 몰려 와서 축하해 주었으며, 둘째 아이를 건강하게 이국에서 낳은 기쁨을 감추고 싶지 않아 와인을 더불어 마시면서 함께 기뻐하던 얼굴이 아직도 아련히 추억으로 남아 있다.

나는 오전에는 괴테인스티투트에 갔다가 유치원에 다니는 큰 애 세희를 데리고 집에 들러 미역국을 끓여 병원으로 가서 가족과 같이 보내다 밤 늦게 다시 집에 돌아 오는 일인 다역의 순간이 주마등처럼 스쳐 지나간다. 그렇기 때문에 지금도 어렵고 단란했던 순간으로 회상되는 그 시절이 유학생활 중에서 오래 기억되는 부분 중의 하나로 남아 있다.

6 하이델베르크의 막스플랑크 공법연구소 시절

만하임을 모르는 한국인은 많이 있어도 아마 하이델베르크를 모르는 한국인은 별로 많지 않을 것이다. 하이델베르크는 독일에서도 가장 오래된 대학이 있는 데다가 네카강을 끼고 있고 경관이 수려하여 관광객의 발길이 끊이지 않고 있다. 그 곳을 찾는 관광객의 수가 일년의 약 300만명 가량 된다는 내용의 보고서를 읽은 적이 있다. 만하임에서는 별 감흥이 없더라도 하이델베르크에만 가며는 왠지 모르게 정취와 낭만을 느끼게 되는 것은 필자만의 느낌은 아닐 것이다.

독일에서는 관광지로서는 거의 압권에 속한다고 해도 과언이 아니다.

고성에서 한눈에 들어오는 *Neckar*강의 잔잔한 물줄기와 고요하게 가지런히 놓여 있는 옛 도시의 모습이 조화를 이루었으며 성 그 자체의 일부분이 헐어져 내려와 부서진 가운데 폐허의 아쉬움을 느낄 수 있으며, *Alte Brücke*(넥카강의 옛 다리)에서 올려다 보는 성의 위용과 자태를 바라다 볼 수도 있지만 성 건너편 언덕에 있는 철학자의 길에서 성을 건너다 본다면 성의 모습속에 유유히 흐르는 강물과 대비되어 권력의 무상을 느낄 수 있을 것이다.

넥카강 다리 건너 신시가지쪽으로 건너가면 전차(*Strassenbahn*)의 종점에 다다른다. 우측 도로변 가로수 속에 놓여 얼핏 눈에 잘 안들어 오는 건물이 바로 *Berliner Strasse* 48번지에 위치하고 있는 막스플랑크 공법연구소이다. 현재 동 연구소소장은 3인으로 되어 있다.

Frowein, Wolfsrum, Steinberg 교수로 모두 하이델베르크 법대교수이면서 공법과 국제법의 권위자들로 평가받고 있다. 물론 그 곳에 여러 명의 법학박사들이 연구원으로 활동하고 있으며, 각국에서 온 공법학자와 실무가들이 그 곳에서 짧게는 1개월 내지 2개월간, 길게는 2년 내지 3년 가량을 머물면서 연구하는 것을 볼 수 있었으며 가끔 세미나를 개최하여 서로 토론에 참가하기도 하는 등 학문연구의 공간으로 탓할 수 없을 정도로 괜찮은 곳이다. 우리나라의 학자는 별로 다녀간 사람이 없는 것으로 알고 있다.

필자는 막스플랑크로 이끈 *Frowein* 교수는 권위있는 공법잡지인 *AR*의 편집인 중의 하나로서 그의 세미나 진행은 명쾌한 논리와 거침없는 해박한 지식으로 가득 차 있었음을 솔직히 고백하지 않을 수 없다. 그리고 가끔 접촉을 한 바 있는 *Wolfsrum* 교수로부터는 친절하고 따뜻한 인간애를 느낄 수 있었다.

그 곳의 연구원인 *Dr. Nolte*와 대화를 나눌 기회가 있었으며, 이름을 잊어버린 프로바인 선생의 조수가 유럽법에 관한 각종 자료를 필자에게 제공해 주는 친절함을 잊을 수가 없다.

그 곳에 소장된 공법 및 국제법관계책자가 약 50만권 가량이 되어 독일 각지는 물론 이태리, 영국등지에서 자료를 얻기 위해 그 곳으로 오는 것을 보고 그 곳이 공법분야의 유럽 최대의 연구소라는 직원의 이야기가 허황된 이야기가 아니라는 것을 확인할 수 있었다.

독일에서 공법학이나 국제법을 전공하고 박사학위를 받은 한국교수들의 학위논문의 대부분을 확보하고 있는 반면, 한글로 된 우리나라의 책자는 약간 낡았으며 단지 서고의 한 칸을 장식하고 있는데, 최근까지 가제작업이 된 영문 대한민국현행법령집도 구비하고 있는데 놀랐다.

만하임과 하이델베르크를 오가면서 많은 좋은 추억들이 가슴속에 새겨졌으며 특히나 막스플랑크연구소 연구실의 고정멤버들 예컨대, 마틴, 스테판, 게오그, 콘스탄틴 등이 점심시간에 이공계대학 멘자까지 걸어 가면서 함께 식사하고, 식후 돌아가면서 *Kaffee*에 초대(*Einladung*)를 하여 잔디밭에 앉아 여러 가지 내용의 주제로 토론을 하고 나서 막스플랑크로 되돌아오던 것이 선명히 떠오른다. 더운 여름 나절에도 선선한 연구실에서 모두 열심히 자신의 전공분야를 파고 들었으며, 가끔씩 무리를 지어 하이델베르크 뒷산으로 산책을 하거나 아니면 막스플랑크연구소의 문 닫는 시간인 저녁 7시까지 책을 보다가 시내에 나가서 밤늦게까지 맥주를 마시면서 이야기를 나눈 것이 짧은 유학시절이지만 독일어를 어느 정도 구사하는데 큰 도움을 준 것으로 생각된다.

막스플랑크연구소에 나가는 동안 때때로 한국에서 법대를 오래전에 마친 박병관 선생한테서 가끔씩 고견을 듣는 기회도 갖었다. 그는 요즈음도 거의 매일 오전 중에 막스플랑크에 나와 독서를 하고 있다.

늦게까지 *Heidelberg*에서 토론을 하고 밤늦게 어둠이 자욱이 깔린 만하임까지의 *Autobahn*을 20년된 나의 애차 폭스바겐골프(*Golf*)를 몰고 넘어 오던 생각, 독일 친구들과 늦게까지 성 위에 올라가 놀다가 오던 생각, 하이델베르크 *Wiese*라고 하는 잔디밭에서 더위를 피해 우리 애들과 집사람을 데리고 함께 가서 밤 12시 넘도록 놀다가 오던 생각, 가족과 함께 하이델베르크동물원(*Zoo*)에 가서 동물 구경을 하면서 거닐던 생각, *Neckar*강변을 따라 언덕에 있는 집들은 보면서 드라이브하던 생각, 오덴발트라는 숲속에 수시로 놀러 가 물을 떠가지고 오던 생각... 이루 헤아릴 수 없는 많은 추억들이 하이델베르크와 어울어져 있다.

7 목표로서의 논문완성

특별한 예외적인 경우를 제외하고 대부분의 독일의 법과대학에서 외국인 학생, 특히 한국학생에게 우리의 법학석사과정에 해당되는 마기스타 과정을 할 것을 요구하고 있다. 마기스타 과정은 미국의 *L.L.M.* 과정을 도입한 것으로 보아 무방하다. 다시 말해서 박사학위과정의 전단계에서 독일법 전반의 기초적인 지식을 습득하기 위하여 2 내지 3학기의 기긴 동안 소정의 세미나 학점을 따고 약 80페이지 진후의 마기스타아르바이트를 쓰고 간단한 구술고사를 통과하면 마기스타학위를 받을 수 있다. 필자의 경우 마기스타의 작성이 면제되어 일정기간의 시간적 절약을 꾀할 수 있었다. 중요한 것은 각 대학의 박사과정규정(*Promotionsordnung*)

을 자세히 살펴보는 것이 중요하다. 본인이 박사과정의 입학허용요건에 해당하는지 어떠한 사전요건(예컨대, 마기스타, *Klausur*)을 충족하여야 하는지를 모르고 서는 시행착오를 겪거나 독일유학생활이 오래 걸릴 수 있다는 점을 알아 둘 필요가 있다. 지도교수의 선정은 그 다음으로 중요하다고 본다. 왜냐 하면 박사과정규정은 지도교수도 지켜야 하는 한계규정이기 때문이다. 단순도식하의 위험을 무릅쓰고, 학위과정의 이수는 유학생의 근본목표라고 할 수 있다. 어쨌든 유학은 그렇게 낭만적인 것은 아니다. 줄곧 그 곳에서 논문완성을 위해 동분서주하면서도 유학은 독일 사회보다도 한국사회를 보다 잘 알 수 있는 기회를 제공한다는 생각이 들었다.

학위논문의 완성에 있어서 지도교수가 얼마나 열심히 지도하는가 하는 주관적, 인적측면이 매우 중요하다. 지도교수와 박사과정학생(*Doktorand*)과의 관계는 마치 도제적인 관계이면서도 독일의 교수는 함부로 박사학위를 남발하지 않는다는 점이다. 법대졸업생 중 가장 우수한 자들이 박사학위논문과 더불어 교수자격인정논문인 하빌리타찌온을 작성한 후 법대교수가 되어 후진을 양성하는 독일을 우리는 그저 부러운 눈으로 바라보아야만 할 것인가 독일에서 박사논문의 경우 일반적으로 2개의 징표를 논문통과의 요건으로 본다. 첫째로 독창적으로 학문발전에 기여하였는가, 둘째로 그 논문을 책으로 출판할 가치가 있는가를 본다.

어쨌든 필자는 괴테인스티투트의 어학과정이 끝나기 무섭게 지도교수를 찾아가 논문제목을 정했다. 당초 정한 것은 "급부행정의 행위형식과 이에 대한 법원의 통제"라는 테마였는데 자료를 읽어 나가면서 너무 광범위한 테마라는데 착안 도저히 2-3년 내에 끝내기 어려운 테마라는 생각이 들었다. 논문제목의 선정 후 교수가 좋다라는 말이 나오면 논문의 반은 완성되었다고 말해도 좋다. 그만치 논문의 제목을 잡기가 용이하지 않다는 이야기이다.

그러던 차에 당초 제출한 목차(*Gliederung*)의 한 부분인 "급부행정의 법률유보"에 한정하는 것이 좋겠다는 조수인 *Huba*의 의견을 반영, 지도교수에게 말하자 본인도 그렇게 생각한다고 하면서 좋은 생각이라고 흔쾌히 허락하였다.

그래서 비교법적으로 논문작성을 하려고 하여 한국에 관한 자료도 찾아보았으나 이 분야에 대하여 깊이 있는 연구는 없고 독일법의 부분적 소개차원에 머물고 있어 우리의 학문적 현주소를 보는 것 같아 다소의 실망감을 감출 수 없었다. 따라서 논문의 목표와 방향도 비교를 해나가되 한국의 법률유보가 갖고 있는 문제지적과 독일의 사례를 통하여 본 새로운 이론전개의 가능성을 모색하는데 촛점을 맞추었으며 , 나름대로 새로운 이론을 전개해 보았다. 이른바 "분별화된 정당성유보이론"(*Differenzierte Legitimationsvorbehalte*)이 바로 그것이다.

필자는 머지 않아 장래에 이에 관하여 논문발표등의 형식을 통하여 독자적으로 수립한 이론을 한국에도 소개할 계획을 갖고 있다.

어쨌든 독일의 자료를 밤늦게까지 도서관에 남아 읽어 가면서 10여년 전 고시공부하던 대학시절로의 회귀를 느낄 수 있었다. 커다란 만하임 빕대 건물에서 밤늦게까지 공부하였으며, 그들의 휴일인 도요일, 일요일도 계속 나왔다.

행정법의 대가 *Schenke* 교수가 가끔 내려와 열심히 공부한다고 용기도 주었으며, 몇 년 전 한국에도 다녀간 바 있는 한국통 *Taupitz* 교수는 학장으로 있으면서 친형님처럼 잘 대해 주었다.

주로 나가는 공부장소는 일주일에 한두번씩 나가는 하이델베르크 막스플랑크 공법연구, 그리고 낮 동안에는 만하임의 A3도서관, 저녁식사 후에는 길 건너편 만하임대 법대 도서관에서 책을 보고, 집에 돌아와 밤중에 애들 재워 놓고 컴퓨터 작성으로 이어지는 단순 반복의 생활이었다.

논문을 준비하는 동안 어디 여행 한번 제대로 가지 못하였다. 고작해야 가끔 주말에 만하임에 있는 잘 가꾸어진 공원에 가서 쉬다가 오는 것이 그 전부였다.

막스플랑크에 있는 독일친구들한테 여행은 학창시설과 노인들이 다니는 것이지 우리 나이에는 여행을 다니는 것이 적합하지 않다고 농담을 건네곤 하였다.

물론 논문이 마쳐지면 여행할 계획은 당초 유보되어 있었다. 문제는 논문을 다 마치고 가족을 위하여 그리고 나 자신의 견문을 위하여 여행을 할 시간이 있을 것인지가 불확실하였다.

논문의 작성과 완성에 이르는 순서는 정해져 있지 않다. 그렇지만 일련의 단계를 거쳐 완성해 나가는 것 같다.

앞으로 독일에서 박사학위를 하려고 계획하거나 관심있는 독자를 위하여 하나의 참고적 조언을 주기 위해 이에 대해 언급해 보기로 한다.

테마선정이전에 기초적인 자료의 확보가 중요하며 너무 연구자료가 부족하던지 너무 많던지 하는 테마는 그리 좋은 테마가 아닌 것 같다. 가능하면 독일 문헌을 국내에서 확보할 수 있으므로 큰 방향설정은 독일 출국 전에 교수와의 서면접촉단계에서 논의되는 것이 가장 이상적이다.

그 다음이 목차의 작성이다. 목차는 논문을 작성하면서 여러 차례 바

꿔면서 세분화될 수밖에 없는데 목차라는 큰 윤곽 없이 글을 쓴다는 것은 나침판 없이 항해하는 것과도 흡사하다.

상세한 목차의 작성에 앞서 논문이 다루고자 하는 영역의 범위를 개관할 수 있도록 가급적 관련논문을 빨리 읽어야 할 줄 안다.

필자의 경험에 비추어 볼 때 처음부터 한 가지 문헌만을 가지고 완벽하게 해석하고 이해하려고 한다면 짧은 기간 내에 도저히 논문의 완성을 기할 수 없기 때문이다. 일년동안에도 한 분야에 엄청난 분량의 물량이 독일학자들의 저술활동 속에 나타난다.

언젠가 느꼈지만 자신의 복사량 만큼을 매일 읽는다고 해도 새로운 문헌의 양을 도저히 따라갈 수는 없는 것 아닌가 하는 회의도 들었다. 목차가 작성이 되고 나면 정독을 하면서 논점별로 주요한 논문을 생각하면서 읽는 과정이 필요하다.

개인적인 경험에 비추어 볼 때 자료를 읽어 나가면서 2가지 노트가 필요하다고 생각한다.

첫째는 형식적 측면에서 독일어 어법 내지 표현방식을 기재하는 노트이다. 왜냐하면 아무리 중요내용을 갖고 있더라도 이를 실을 수 있는 화차가 필요하기 때문이다. 자주 쓰는 표현의 모방은 아무리 강조해도 지나치지 않다.

둘째 좋은 착상이나 생각 및 다른 입장에 대한 비판 내지 고유한 생각을 기재해 두는 노드가 바로 그것이다.

독일어가 외국어인데다가 책을 읽으면서 스쳐 지나가는 생각 중에 적절히 메모해 두는 것이 나중에 기억의 재생을 돕고 실제 논문작성단계에서 많은 도움을 가져다 준다.

자료를 어느 정도 읽고 나름대로 방향이 설정되면 논문을 작성하는 단계에 돌입한다.

필자의 경우 '93년말부터 실제 논문을 작성하기 시작하였다. 처음에는 무척이나 어려웠다. 왜냐하면 법률적 문장을 독일어로 써 본 적이 없기 때문이었다. 생각보다 진도도 안 나가고 엄두가 나지 않았다.

큰 욕심을 안 내고 우리말로 쓸려고 하는 요점적인 내용을 일단 적어 두고 이를 토대로 글을 작문하는 방식으로 써 나갔다. 그 사이사이에 독일학자들의 주장과 논증을 정리해 나갔다. 중요한 것은 하나의 타이틀 속에 자신이 쓰려고 하는 내용이었다. 크게 도식화한다면 문제의 설정, 다른 사람들의 견해, 자신의 입장이 주된 논리의 진행방식이었다. 문제의 설정이 처방보다 어려운 과제였다.

독일의 경우 박사논문완성을 해 나가는 과정에서 지도교수에 따라 크게 나누어 두 가지 유형이 있다. 글을 써 나가면서 일정 부분을 쓰면 지도교수에게 제출하여 평가를 받고 교정하거나 보충하는 방법과 아예 끝까지 다 쓴 다음에 제출하는 방법이 있다. 교수의 방식에 따라 달라지므로 일률적으로 말할 수 없다. 필자의 경우에는 전자의 방법이었으므로 최소한 한달에 2번 정도씩 지도교수와 만나면서 토론하고 보완하면서 논문을 진행해 나갔다.

후자는 근본적으로 방향이 틀렸거나 교수가 의도하는 방향과 상치될 때 많은 부분을 새로 써야 하기 때문에 위험부담(*Risiko*)이 크다. 이에 반하여 전자의 전자의 방법은 써 나가면서 방향수정을 신속하게 할 수 있어 순간적 대처가 가능하나, 계속 줄기차게 진도를 내야 하는 심리적 부담감을 무시할 수 없다. 일찍 마치려는 의지가 확고할 때에는 가능한 한 전자의 방법을 취하는 것이 권장할 만하다. 지도교수는 본인이 적극적으로 하고자 할 때 도와주지 그렇지 않는 한 별로 관심을 두지 않는 것이 보통의 경우라고 보면 틀림없을 것이다

필자의 경우 '92년 7월에 총무처에서의 파견기간이 2년의 기간이 만료되는데 그 기간까지논문을 통과하는 것은 물리적으로 도저히 불가능하였다. 그래서 '94년 5월경에 파견기간 연장신청을 하여 이의 승인을 얻었다.

이제 남은 기간은 '95년 1월 15일까지 쓸 수 있는 기간이었다. '94년 여름은 무척이나 더웠지만 더위도 잊은채 막판 초읽기에 들어갔다.

계산상 10월 말일까지 제출이 되어야 지도교수가 논문을 읽고 주심교수의 평가서(*Erstegutachten*)를 써 주고 제2심사교수의 평가서(*Zweitegutachten*)가 붙어야만 구술고사(*M ndliche Doktorpr fung*)를 치를 수 있었다.

막스플랑크 공법연구소와 만하임대학 도서관, 집을 오가면서 10월 20일 논문의 초고를 완성할 때까지 그야말로 힘든 시련의 연속이었다. 힘들면서도 불러오는 산모의 배처럼 논문이 어느 정도 두꺼워지는 것을 보면서 뿌듯함도 있었다.

문제도 지도교수가 잘 썼다 하는 말이 떨어지는 것이었다. 그 말은 수도승에게 하산할 준비를 하라는 말이나 다름없을 것이다. 그 해 9월말 이미 나의 지도교수는 150여 페이지 가량을 읽고는 조금 더 분발하라고 하고는 끝가지 다 쓰고 나서 가지고 오면은 박사논문의 통과여부를 말하겠다고 하여 무척이나 긴장이 되었었다. 10월 30일 약속이 되어 있어 지도교수에게 가니까 비서를 통하여 *Herr* 김 커피 한잔을 갖다 주라고 하면서 밝은 모습의 얼굴을 띠었다.

지도교수가 논문을 심사·지도하면서 그 날처럼 밝은 모습을 띤 적도 없었다. 언제나 부족한 점을 지적하고 한국부분이 왜소하여 이를 보충하여야 하지 않느냐고 지적하는 경우가 많았던 것에 비하면 놀랄만한 태도의 변화였다.

단지 로엘레케 선생은 “잘 했다”, “수고했다”라고만 말했다. 그리고 그는 학장실에 3부를 공식적으로 제출하라고 알려 주었다. 데펜호이어 교수의 평가서가 빠른 속도로 이루러 졌고, 94년 12월 1일로 구술고사의 일정이 잡혔다. 구술시험위원으로 있는 쿠울렌 교수의 일정상 약 1주일가량 빨리 잡힌 셈이다. 이제는 무슨 일이 있어도 구술고사에 매달려야할 판이었다. 그럼에도 불구하고 가족에게 논문제출하고 나면 독일 몇 도시를 돌아보자는 약속을 하였기 때문에 주말을 이용하여 베를린과 드레스덴을 돌아보지 않을 수 없었다. 12월 1일 독일 법전을 휴대하고 1시간 동안 4과목의 교수가 출제하는 과목당 2 내지 4개의 케이스문제를 계속되는 질문과 대답형식으로 풀어 나갔다. 모든 일이 잘 끝났다. 구술고사를 합격한 날이 우리의 졸업식에 해당하는 날인 셈이다. 독일에는 특별한 학위수여식이 없다. 까운을 입는 법도 없다. 박사학위모자도 없다. 싱겁기도 하지만 실질적인 그들의 모습 속에 우리가 배워야 할 것도 많다고 본다. 구술고사는 박사학위취득의 본질적 요건으로서 대학마다 시험방식이 약간씩 다른데 필자가 속해있던 만하임 법대의 경우 구술시험과목이 공법(헌법, 행정법), 형사법, 민법 그리고 선택과목(법철학, 유럽법, 경제행정법 *etc*)으로 되어 있다. 구술고사를 보기 15일전부터 독일친구와 점심식사 후 토론을 하는 등 이에 대비하는데 소홀히 하지 않았다. 결과는 만족할만 했다.

구술고사를 치른 후 프랑크푸르트 한국떡집에서 주문한 떡을 가지고 온 민사소송법을 전공하는 김상일 선생 덕분에 로엘레케연구소에서 독일의 관례대로 한국 유학생, 구술시험 교수, 중국출신 유학생 친구, 비서 그리고 우리 가족과 가벼운 파티를 하면서 짧고도 긴 여정에의 성공적인 매듭을 지을 수 있었다.

8 글을 마치며

두서 없이 글을 쓰다보니 너무나 주관적 경험의 편린을 나열하지 않았나 여겨진다. 어쨌든 외국유학은 전공분야에 대한 시야의 본질적 확장을 가져올 뿐만 아니라 인간적인 삶의 폭도 넓혀 준다고 하는 점에 대하여 의심을 가질 필요는 없겠다. 나의 독일체류는 매우 진지하면서도 집약적으로 하나의 목표를 향하여 조직적, 체계적으로 움직여 나갔다고 말할 수 있다.하나의 논문의 완성을 위하여 동분서주하여 나가는 과정에서 나의 은사인 로엘레케 교수의 고마움을 잊을 수가 없다. 그는 폭넓은 지원과 수많은 조언을 아끼지 않았을 뿐 아니라 지칠 줄 모르는 대화용의(*Gesprächbereitschaft*)를 보여 주었다. 나의 사랑하는 가족들에게 시간을 많이 보낼 수 없었기 때문에 제대로 역할을 충실히 못한 점을 부인할 수 없으며, 독일 체류기간 동안의 장학금을 지원하여 준 대한민국정부를 비롯하여 연구공간으로서의 박스플랑크 연구소 일일이 열거하기 힘들 정도의 고마운 존재들을 떠올리지 않을 수 없다. 삶의 한 단면 속에 개인적으로 짧지만 응축된 추억을 가지고 귀국하였는 바 지금도 가끔 고향을 떠나온 사람처럼 지금도 낯익은 정열과 힘의 도시 만하임의 추억과 낭만의 도시 하이델베르크의 거리거리가 뇌리 속에 뚜렷이 각인 되어 살아 숨쉬고 있다.

(출처: 법제처 법제, 1995.)

Ⅱ. 스포츠법과 나[1)]

1 회상

서초동은 나의 유년시절의 꿈이 아지랑이처럼 피어나는 곳이다. 어린 시절에 품었던 꿈은 인생의 궤적을 그려 나가는 이정표 역할을 한다. 내가 태어날 당시만 해도 서초동은 대자연의 시골이었다. 아주 어려서 한글과 한문을 깨우쳐서 신동 소리를 들었던 것 말고는 다른 아이들과 마찬가지로 어울려서 축구하고, 비오는 날에는 냇가로 달려가 고기잡이를 하고, 동산에서 신나게 뛰어 놀았으며, 권투, 레슬링, 축구 중계를 즐겨 보았던 기억이 있다. 어려서 막연하나마 무엇인가 남다른 독특한 세계를 구축해야겠다는 생각을 품었는데, 지금도 그러한 생각에는 크게 변함이 없다.

사법시험을 마치고 전통적인 법조 직역인 법원, 검찰, 변호사라고 하는 전형적인 길을 가지 않고, 행정 부처와 대학의 언덕에 머물다가 뒤늦게

1) 〈편집자주〉 대한변협신문은 법조계에서 독특한 분야의 법을 연구하고 계시거나 그 분야의 전문 변호사로 활동하고 계신 분들로부터 그 분야를 천착하게 된 동기와 특별한 경험을 듣는 기회를 마련하였다. 이번에는 스포츠법 분야에서 맹활약중인 김용섭 변호사의 이야기를 싣는다.

법조의 상징마을인 서초동 고향으로 돌아온 셈이다. 골프치는 사람들이 결국에는 보기 플레이어(*bogey player*)로 만나듯이 법조인은 다른 직역에서 활동을 하다가도 결국은 변호사로 돌아와서 만나게 되는 게 아닌가 싶다.

지금까지 살아오면서 새로운 분야에 대한 관심과 호기심이 많았다. 두 마리의 토끼를 동시에 쫓으면 한 마리도 못 잡을 수도 있겠지만, 두 마리 다 잡거나 한 마리를 보다 확실히 잡을 가능성이 크다는 지론을 갖고 있다. 이러한 관점에서 나는 행정법을 평생의 학문연구의 대상으로 삼으면서 스포츠법이라는 새로운 분야를 연구의 대상으로 삼아 도전하려는 열의를 불태우고 있다. 한 분야의 연구에 일평생을 바치는 분들이 그저 존경스러울 뿐이다. 사법시험을 마친 후 새로운 방향을 모색하고 도전할 때마다 어려움이 없었던 것은 아니나 "하나의 문이 닫히면 그 대신 다른 하나의 문이 열리는 것이 인생의 법칙" 이라는 앙드레 지드의 말이 위로가 되었다.

2 연구동기와 탐구

내가 스포츠법이라는 새로운 분야에 관심을 갖게 된 것은 경희대 법과대학에서 행정법 전임교수로 있던 1998년 12월경 같은 대학의 체대에서 다음 학기 스포츠법 강의를 해 달라는 요청을 받게 되면서부터 비롯되었다. 처음에는 나 자신도 스포츠법이 생소하여 어떤 것을 강의할지 막막하였다. 그러나 언제든지 어떤 제안이 오거나 별로 거절하지 않는 성격이라서 덥석 수락하고, 인터넷도 검색해 보고 기존에 나와 있는 자료등을 검색하면서 법학자들은 이에 관해 무관심한 반면에 체육대학에 계시는 선생들이 스포츠법이라는 책을 발간하여 애쓰고 있는 것을 보고 법학자의 한 사람으로 부끄러움을 느꼈다.

스포츠법에 관한 대강의 윤곽을 잡고는 내가 유학을 마치고 온 독일에 가면 체계적인 문헌이 필시 있을 것이므로 지도교수님도 뵙고 자료수집도 하고 와야겠다고 생각하여 방학을 이용해 유럽으로 갔다. 그 해 겨울에 2주 정도의 일정으로 독일과 스위스, 영국을 빠른 걸음으로 둘러보고 왔다. 유럽을 종횡무진한 것이 아니라 종종무진한 셈이다. 내가 유학을 한 독일 만하임 대학의 지도교수인 로엘레케 교수와 타웃피츠 교수를 만나서 조언을 들었다. 또 내가 객원 연구원으로 있던 하이델베르크의 막스플랑크 공법연구소에 들러 스포츠법에 관한 자료를 뒤졌고, 그 부근에 있는 하이델베르크 대학교 스포츠 대학에 들러서도 많은 도움을 얻었다.

그 당시 때마침 스위스 로잔느에서 안티도핑(*anti-doping*)에 관한 국제회의가 열리는 것을 알고 옵저버로 참석하였으며, 로잔느에 있는 *IOC* 본부도 둘러보았다. 그 곳에서 개최된 안티도핑 국제회의 분위기를 통해 체육계 인사들보다는 스포츠법에 관심이 있는 유럽 변호사들의 활약이 큰 것을 느꼈다. 유럽에 가면서 스포츠의 종주국이라고 할 수 있는 영국을 들러야겠다고 생각하였으며, 런던에 머물면서 캠브리지 대학과 옥스퍼드 대학의 법대 도서관을 방문해 관련 자료도 복사했고 서점도 들러 보았다. 그 기간 동안 혼자 스포츠법이라는 새로운 분야를 개척한다는 사명감과 열정으로 똘똘 무장하여 유럽을 탐방하였는바, 생각보다 성과가 많은 스포츠법 탐구여행이 되었다.

그래서 그 다음 해 체대에서 스포츠법 강의를 하면서 새로운 교재를 만든다는 의욕을 불태웠지만, 당초의 의욕만큼 잘 진행이 되지 못하였다.

그것은 나의 게으름에도 원인이 있지만 체대생들이 법에 대한 기본 개념이 정립되어 있지 아니하여 크게 자극을 못 받았기 때문이기도 하다. 다만, 그 당시에 법학자의 명예를 걸고 체계적인 스포츠법에 관한 종합서를 출간해야겠다는 야물찬 계획을 세웠고, 그 실천을 위한 나와의 약속은 아직도 유효하다.

아무튼 2002년에 한일변호사축구대회에 참가하러 일본 동경에 들르는 길에 며칠 더 머물면서 와세다 대학과 동경 대학을 방문하여 자료도 수집하고 스포츠법을 전공하는 와세다 대학의 우라가와 교수도 만나 볼 수 있었다.

3 인연의 경로

시간적으로 거슬러 올라가서 나와 스포츠법과의 작은 인연은 사법연수원과 군복무를 마치고 1990년에 법제처에 특채되어 근무하는 동안 교육부 및 체육청소년부 담당법제관실의 법제심사 업무를 하면서 체육에 관한 법령을 심사하는 기회로부터 비롯되었다. 그 당시 체육시설의설치이용에관한법령을 심사하였으며, 특히 경륜경정법을 제정하는 과정에서 과천에 있는 한국마사회를 방문하여 투표권 발매 방식 등에 관한 설명도 듣고, 경륜경정법 초안을 성안하는 과정에서 큰 도움이 되었다.

한편 경희대에서 법내 강의 도중에 스포츠법에 관한 강의를 한다는 것을 알고 *YTN*에서 인터뷰를 하자고 하여 모처럼 공중파를 타기도 하였으며, 몇 차례 마치 스포츠법 전문가처럼 행세하면서 라디오 방송이나 *TV*에서 인터뷰 요청이 들어와서 응하기도 하였다.

지금 생각해 보면 학창시절에도 운동을 좋아했지만 독일에서 유학하는 기간 동안 법제처에서 공무원으로 재직하면서 축구와 테니스를 많이 하였다. 경희대에서 재직할 당시에 법대 축구부 지도교수로 학생들과 함께 축구경기를 많이 하여 지금도 변호사 활동을 하면서 체력에는 큰 문제 없이 생활하는 것이 아닌가 여겨진다. 축구할 때 주로 전방 공격수로 뛰었는데, 우리 팀이 코너킥을 찰 때에는 마치 나의 지단형 머리로 헤딩슛이라도 할까 봐서 전담 마크맨이 따라 붙기도 하였다.

지난 2000년 축구를 좋아하는 변호사들과 함께 서울지방변호사회 축구단을 창단하고 한일변호사축구대회도 3차례 참가하는 등 축구에 대한 열의를 아직도 갖고 있지만, 요즈음은 테니스, 등산, 골프 등으로 체력관리를 하고 있다.

❹ 연구활동 및 사건수행

사실 변호사 활동을 하면서 스포츠법 사건을 주된 영역으로 해보겠다고 표방하였지만 학문으로서 연구하는 것과 이를 토대로 사건을 수임하는 것과는 별개가 아닌가 생각한다. 아직 이 분야가 법률시장에서는 초기 단계에 있는 것은 분명하다. 그 대신 역량비축적 차원에서 연세대에서 "스포츠법 및 정책" 강의를 2년간 해 왔다.

여기서 한국스포츠법학회 창립과 관련된 이야기를 해야 할 것 같다. 사실 스포츠법에 관한 자료수집차 유럽을 다녀오고 스포츠법에 관한 연구를 본격화하던 차에 1999년 12월경 독일 유학파 법대 교수를 중심으로 한국스포츠법학회를 창립하자고 하여 적극적으로 참여하였다.

그 당시까지만 해도 국내에서 스포츠법의 연구상황은 황무지나 마찬가지였다. 내가 한국스포츠법학회의 연구이사로 있었던 2년 동안에 여러 차례의 학술대회를 개최하면서 스포츠법의 현안 문제들에 대한 발표회를 가질 수 있었다. 그 연구 성과물이 전문학술지인 “스포츠와 법” 창간호에서 3권까지 다수의 논문으로 수록되어 있다. 그동안 필자도 틈틈이 “스포츠 행정법의 현황과 과제”, “스포츠 보조금의 법률문제”, “드래프트의 법률문제” 등 스포츠법에 관한 논문을 발표하였으며, 2002년에는 일본의 “스포츠법률상담”이란 책을 “문답스포츠법”이라는 제목으로 우리 말로 공역해 출간하기도 하였다. 현재는 금년 연말에 개최할 예정인 국제학술대회에서 “스포츠 에이전트의 문제점과 향후 과제”에 대하여 발표하려고 논문을 준비중에 있다. 그럼에도 불구하고 스포츠법의 전문가로 자처하기에는 아직은 부끄러운 수준이다.

지금까지 골프장 관련 자문과 골프용품 관련 소송 사건 등 몇몇 사건을 수행하였고 현재 자동차 경주대회와 관련한 소송 사건을 수행하는 등 아직은 만족할 수준은 아니지만 스포츠의 상업화, 프로화의 경향에 따라 스포츠 분쟁과 그 해결에 대한 법적 수요가 늘어날 경우를 내다보고 있다. 다만, 스포츠 분쟁이 극단적인 소송으로 나아가지 않고 사전 절충과 교섭을 통하여 서로 원만히 해결하려는 경향이 많기 때문에 무리하게 소송으로 연결하는 것은 바람직하지 않은 측면이 있다. 스포츠 사건의 상담과정에서 스포츠계는 좁기 때문이기도 하지만 서로 관계를 좋게 유지하면서 계속 이어 나가려고 하기 때문에 가급적 소송으로 연결하기를 꺼리는 경향이 있다는 것을 감지할 수 있었다.

5 기대

사회가 급격히 변화하고 있고 경쟁이 치열한 오늘날 법조시장에서는 새로운 분야에 대한 도전과 지칠 줄 모르는 열정을 가진 사람들에게 보다 많은 기회가 부여된다. 다만, 우리가 스포츠로부터 배울 수 있는 소중한 가치의 하나인 페어 플레이(*fair play*) 정신이 법조사회는 물론 우리 사회 저변에 확산되기를 바라면서 여러모로 부족한 이 글을 마치고자 한다.

6 추가 사항

지은이가 변호사로 활동하던 2002년도에 대한변협신문(법조신문)에 기고한 것이다. 그후 법무법인 아람에서 변호사 활동을 하고 전북대 로스쿨에 행정법과 스포츠엔터테인먼트법을 강의하였다.

Ⅲ. 나의 기통철학 - 일기통천(一氣通天)과 기통화평(氣通和平)

매년 정초에 나는 만년필로 한자 덕담을 써서 지인과 제자에게 보내곤 한다. 올해의 덕담은 '기통화평(氣通和平)'이다. 검은 토끼해의 역동성으로 기의 흐름이 원활하고 만사 화평한 한 해가 되기를 희망한다는 의미이다. 토끼해라 기(氣)를 택했는데, '끼가 있다'라고 할 때의 끼가 바로 기(氣)이기 때문이다.

나는 대학에서 법학을 전공하였지만, 불혹(不惑)을 넘기면서 문사철(文史哲)에 관심을 갖고 전공 서적 이외의 다양한 책을 읽고 있다. 약 10년 전에는 아들이 군에 입대하였는데, 그 시기에 나는 산간마을 옆집의 강아지와 약 1년 동안 함께 보낼 기회가 있었다. 땅의 기운인 지기(地氣)를 몸으로 느끼기 위해서 오래된 농가에 '동하재(東河齋)'라는 서재를 만들어 독서하며 지내곤 하였다. 그 당시 나의 머릿속을 지배한 것은 무소유의 사상적 뿌리인 헨리 데이비드 소로의 《월든》에서처럼 도회지가 아닌 조용한 자연 속의 한적한 삶을 사는 것이었다. 백거이가 40대 중반 무렵 지방으로 좌천되어 관직과 은둔을 적절히 결합한 중은(中隱) 철학으로 한적하며 유유자적한 삶을 살았듯이 나도 그런 유의 삶을 보내고 싶었다.

친구처럼 지내던 아들이 군에 입대하여 허전하던 어느 날, 이웃집에서 기르던 진돗개 잡종견인 어린 강아지가 서재가 있는 마당 울타리 밑으로 자주 넘어와서 가까이 사귀게 되었다. 이웃집 주인이 풀어놓으면 우리 집 앞마당으로 놀러와 주인이 불러도 가지 않을 정도로 나와 친해졌다. 이웃집 주인보다 나를 더 좋아해서 무안했는데, 나중에는 그 강아지를 아예 양도받아 눈치 보지 않고 키우게 되었다. 나는 그 개를 산책시킨다고 아침마다 동네를 데리고 다녔지만, 오히려 그 개가 운동이 부족한 나를 이 마을 저 마을로 데리고 다닌 셈이다.

그 개를 키우던 어느 날 '일기통천(一氣通天)'이라는 네 글자가 불현듯 머리에 떠올랐다. 한 사람의 기는 초끈으로 연결되어 대우주인 하늘과 통하게 된다는 뜻이다. 이는 간절히 원하면 이루어진다는 《시크릿》의 끌어당김의 법칙과 같은 발상이다. 결국 개와의 인연이 나의 기통철학을 형성하는 계기가 되었다. 기통은 기가 통한다는 말로 '기똥차다'라고 말할 때의 의미와 같다고 할 수 있다. 기통(氣通)의 반대는 기절(氣絶)이다. 즉, 기가 막히는 것이다. 하나의 개체의 기가 우주의 기와 통하고 인간 사이는 물론 인간과 동물 심지어 일체의 사물에 내재된 기의 감응이 있다고 할 것이다. 기가 막히는 것은 자연의 흐름에 장애가 생기는 것을 말한다.

기(氣)는 자연과학적인 차원에서도 우주의 본질이고 개체와 우주에 공통적으로 있는 요소라고 할 것이다. 산에 가면 기가 느껴지고 모든 물체 심지어 동물은 물론 무생물인 바위에서도 기가 나온다. 이러한 자연으로부터 우리는 생명의 에너지를 충전하기도 한다. '개에게 불성이 있는가'라는 화두도 있지만, 그 당시 나는 함께 지내는 개를 불교와 인연을 닿게 해주려고 인근 절에 갈 때 함께 가기도 하였다. 지금은 대부분의 사찰에서 반려견을 동반하지 못하도록 하지만, 당시는 이러한 제한이 없어 여러 번 절에 데리고 다녔다. 언젠가 그 개가 환생하여 다시 만날 날이 있을 것이라는 확신으로 친구처럼 지냈다.

그 당시 개와 관련하여 하나의 딜레마가 있었다. 개의 행복을 생각하면 줄을 풀어주어 자유롭게 다니도록 하는 것이고, 다른 하나는 줄을 풀어줄 경우 개와 사람의 안전이었다. 대부분 시골에 있는 개의 역할은 군인이 불침번을 서는 것처럼 집을 지키는 것이었다. 아들이 군 입대 후 부대 인근 절에서 일요일에 종교행사에 참여하는 것을 알고 그 절에 보시를 조금 하였더니 그 부대에서 답례로 건빵을 한 상자 보내왔다. 당시 받았던 건빵 대부분을 나의 서재를 지키는 개에게 주었던 기억이 있다. 아들이 나라(國)를 위해 군대에서 보초를 서듯이, 나의 서재인 집(家)을 지키기 위해 불침번을 서는 개는 건빵을 먹을 자격이 있다고 보았다.

그렇게 관심을 쏟던 개였는데 어느 주말 서울 갔다 온 사이에 사라져

버린 일이 생겼다. 그 후로 어떻게 되었는지 소식은 알 수 없었다. 이상한 것은 처음에 그 개가 우리 집 담 밑으로 넘어오던 곳에 장미가 크게 자란 것이다. 그 개가 나의 곁을 떠났지만 크게 자란 장미를 보면서 이것은 그 개가 나에게 준 선물이 아닌가 싶다.

우주는 모두 하나의 세계라고 할 수 있다. 그야말로 화장세계(華藏世界)요 세계일화(世界一花)라 할 수 있다. 우주와 세계가 하나로 이루어졌다는 것을 느끼는 사람은 니체가 말한 초인(*Übermensch*)이라고 할 수 있다. 기의 세계는 현재와 미래를 연결하고, 과거와 현재를 연결하기도 한다. 기를 통하여 소통하는 것을 기통이라고 할 수 있다. 소통은 의사표시를 매개로 하지만 기통은 언어가 없이 침묵 속에서도 미소만으로 의미의 전달이 가능하다. 이처럼 기통의 경지는 불교의 이심전심(以心傳心)의 묘법과 맥을 같이한다고 할 수 있다.

나는 휴일이면 가까운 산에 자주 올라간다. 산에 있는 나무와 친구가 되었기 때문이다. 산에 오르는 사람들은 대개 나무를 지나치고 숲의 차원에서 바라본다. 그러나 나는 특정 나무에 관심을 기울이며 친해지려고 노력한다. 이렇게 어떤 나무에 관심을 갖고 대하면 그 나무는 자신이 지닌 생명의 기운을 우리에게 전해준다고 확신한다. 그래서 나는 산에 가면 자주 가는 나무 곁에서 팔로 포옹하기도 하고 기대어 하늘을 쳐다보며 휴식을 취하기도 한다.

이러한 사인과의 친밀함은 자연과 일체가 되는 기통의 과정이다. 이처럼 기통은 의기투합(意氣投合)할 수 있는 사람뿐만 아니라 친구처럼 지내는 개나 고양이와 같은 동물과도 가능하다. 여기서 더 나아가 나무와 꽃과 같은 식물은 물론, 바위와 강의 경우에도 그곳에서 기가 뿜어져 나오는 것을 느끼기도 한다. 자연 속에 존재하는 각 개체는 다른 개체와 에너지의 환류가 이루어지는데, 바로 기통이라고 할 수 있다. 그러나 오늘날의 소통은 형식적 대화만이 오가는 경우가 많다.

이러한 개체와 개체 간의 말 없는 교감과 생명의 순환인 기통의 원리는 개인의 내적인 마음챙김(*mindfulness*) 차원을 넘어 국가사회의 운영 원리가 될 필요가 있다. 그리하여 사회 안에서 억울하거나 기가 막히는 일이 없고 기의 흐름이 치우치거나 경색되지 않으며 유무상통(有無相通)하는 화평한 사회가 실현되기를 기대해 본다.

(출처: 불교평론, 2023. 3. 법조인 불자 특집)

직필(直筆)과 객설(客說)

직필(直筆)과 객설(客說)

제2장
가치관과 관심사

Ⅰ. 바둑

1 바둑의 세계- 원방각(圓方角)의 향연

항조우 아시안게임 남자바둑 단체전에서 대한민국은 중국을 4-1로 누르고 정상을 차지하였다. 2010년 광저우 아시안게임에서도 금메달로 우승을 하여 연속 2연패의 위업을 달성하였다. 이는 한국인의 두뇌의 우수성과 자긍심을 갖게 하는 국가적인 경사이며 쾌거이다. 바둑은 흑과 백이 번갈아 두어 상대방 보다 반집 이상 더 크게 차지한 대국자가 승리하는 경기라고 할 수 있다. 바둑은 소우주인 반상(盤上)에 펼쳐진 여러 선택지 중에서 최선의 수를 찾는 과정이다. 세상사의 축소판인 바둑의 세계에서 흥망성쇠와 희노애락의 파노라마가 펼쳐진다. 바둑이 초반에 좋다고 우쭐대다가 유리하던 바둑을 후반에 망치는 경우가 종종 있다.

바둑은 흑백의 돌이 사각형으로 된 바둑판위에서 펼치는 원방각(圓方角)의 향연이다. 바둑알은 둥글다. 따라서 원(圓)을 의미한다. 원은 둥근 하늘을 상징한다. 바둑알은 흑백으로 나뉘며 이는 음양을 상징한다. 바둑판은 네모나기 때문에 방(方)이다. 네모난 바둑판은 땅을 상징한다. 바둑판에 그려진 가로 19, 세로 19칸으로 되어 있는 361칸은 일년을 의미한다. 바둑판의 4면은 춘하추동, 동서남북을 의미한다. 바둑판의 정중앙의 가운데 점을 천원(天元)이라고도 하고 북극성을 상징한다고도 한다. 바둑의 3요소는 바둑알(圓)과 바둑판(方) 그리고 바둑을 두는 사람(角)으로 본다. 이런 관점에서 바둑은 천지인과 원방각의 정신이 함께 들어 있는 우주와 인간의 원리와 맥을 같이한다고 할 것이다.

북송의 대학자이며 시인인 소동파는 관기(觀棋)라는 시에서 "바둑을 이기면 즐겁고 바둑에 져도 역시 기쁘다"라는 뜻의 '승고흔연 패역가희(勝固欣然 敗亦可喜)'라는 명문을 남겼다. 그는 바둑을 잘 두지 못하는 처지에서 바둑의 즐거움을 흥미롭게 표현하고 있어 그 이해하는 경지가 높다. 바둑을 승부로만 바라보던 차원에서 함께 즐기는 동락(同樂)의 세계로 파악한 것이다. 바둑은 유구한 전통을 이어온 동양문화의 일종이다. 바둑은 승부를 떠나 구도(求道)의 수단이 될 수 있다. 그런 의미에서 바둑이 승부에 집착하기 보다 바둑의 이치와 원리인 기리(棋理)에 합당한 수를 두어 나갈 필요가 있다. 바둑은 조화와 절제 그리고 균형의 예술이다. 바둑판은 네 귀퉁이를 근거로 하여 중앙에서 사슴을 사냥하는 중원축록(中原逐鹿)의 자기실현의 꿈을 펼지는 놀이터이다.

우선 바둑에서 난국타개의 기법을 배울 수 있다. 바둑에서 적지 않은 실수를 범하기도 한다. 이로 인해 어려운 국면에 처하는 경우가 많다. 골치 아프면 손을 뺀다는 바둑의 격언은 실제로 안 풀리는 국면에는 계속 그 문제에 골몰하지 말고 새로운 전기를 마련하라는 말이다. 한 부분의 실책을 크게 의식하면 전체 바둑에 안 좋은 영향을 미치기 때문이다. 우선 복잡한 문제로부터 벗어나서 다른 곳에서부터 새롭게 바둑을 두어나가다 보면 그 문제가 쉽게 해결되는 경우가 많다. 일정한 거리를 두고 자신을 객관화하여 바라볼 수 있게 되면 문제해결의 방법론이 도출되기도 하기 때문이다. 바둑은 대국 후 승패를 떠나 복기(復棋)를 통해 실수의 재발을 막는 중요한 피드백 수단이 있어 반성적 성찰이 가능하다.

그런데 승부에서 이기려면 평정심과 부동심의 유지가 중요하다. 경적필패(輕敵必敗)라는 말은 바둑에서 상대방을 우습게 알고 얕잡아 보면 반드시 패한다는 경구이다. 상대방이 실리를 좋아하면 작은 양보로 더 큰 이익을 가져오는 사석작전(捨石作戰)이 주요할 수 있다. 따라서 대국자는 소탐대실(小貪大失)을 경계할 필요가 있다. 바둑에 있어서 수읽기도 중요하지만 어느 지점에 놓는 것이 최선인지 비교형량과 대소득실을 정확히 하는 것이 관건이다. 상대방의 수에 감정적으로 대응하기 보다 평정심을 유지하면서 냉정하게 접근하는 것이 좋다. 처음에 바둑이 밀리더라도 후반전 바둑의 끝내기를 잘하면 역전하는 경우가 적지 않다.

다음으로 자신만의 독특한 스타일의 바둑인 기풍(棋風)을 유지할 필요가 있다. 우주류로 중원에 두텁게 방대한 세력을 쌓는 일본의 다케미야 마사키(武宮正樹)의 바둑은 웅혼한 스케일에 도취된다. 다케미야는 이러한 우주류의 바둑을 낭만여행이라고 말하고 있다. 오늘날 자신의 색깔을 드러내지 않는 균질화된 삶에서 개성 있는 삶은 그 자체로 소중하다. 한판의 바둑을 어떻게 둘 것인지의 문제는 인생을 어떻게 살 것인지와도 관련된다. 바둑에서 허세를 부릴 것인지 알차게 바둑을 내실있게 탄탄히 둘 것인지가 인생에도 그대로 적용된다. 바둑은 실리와 세력의 조화로 볼 수도 있다. 공격적 바둑은 실패에 그치기도 하지만 공격을 하면서 부수적으로 집을 확보하는 이점이 있다. 상대방 말을 포획하여 공격하는 것은 일종의 사냥본능을 충족하는 것이다. 상대방의 말을 잡는다고 바둑에서 이기는 것은 아니지만 공격형 바둑의 장점은 적극적 도전과 성취의 기쁨이다.

바둑이건 인생이건 고정관념의 틀에서 과감히 벗어나야 한다. 정석(定石)도 중요하지만, 정석을 다 배운 뒤에서 새로운 수를 시도할 필요가 있다. 효능감이 떨어지고 돌이 뭉쳐있기 때문에 '빈삼각을 두지 말라'는 바둑 격언도 있지만 경우에 따라서 빈삼각을 둘 수 있어야 한다. 특수한 상황에서 빈삼각이 고육지책으로 묘수가 되거나 신의 한수가 되어 기사회생하거나 국면 전환을 도모하기도 한다. 비상약이 통상의 경우에는 안 좋지만 극약처방을 할 때도 있는 것이다. 고수는 기존의 틀을 유지하지 않고 형식을 파괴하여 불계공졸(不計工拙)의 경지에 올라선 사람이다. 고정관념에 사로잡혀 기존의 틀을 고수하는 것을 경계한다. 비상적 상황에는 비상적인 수를 두어 국면을 타개해 나가는 결단이 필요하다.

"남의 집이 커보이면 바둑진다"는 바둑격언이 있다. 자신이 갖고 있는 소중한 가치를 뒤로 하고 남의 것을 부러워하는 경향을 경계하는 말이다. *AI*의 등장은 바둑기사의 직감에 의한 수보다는 과학적 데이터에 기반한 최적수를 두기 때문에 인간이 *AI*를 상대로 이기기는 어렵다. 그런 의미에서 오늘날 *AI*는 감정을 초월한 싸움 닭의 최절정인 목계(木鷄)라고 할 수 있다. 오늘날 *AI*는 바둑의 기사가 되기도 하지만, 바둑해설에 도움을 주거나 교육용으로 활용되고 있다.

바둑과 인생에 있어서도 기리와 원칙에 반하는 착수 중에 상대방의 수에 대한 감정적 대응으로 상식에 어긋나는 무리수가 있다. 아마추어 바둑에서는 무리수가 빈번하다. 그러나 프로기사는 기리에 맞지 않는 무리수를 잘 두지않고 순리대로 두는 경향이 있다. 프로기사는 냉엄한 승부세계의 직업적 활동이 수반되지만 아마추어 바둑의 세계에서는 내기를 하지 않아도 즐거운 노소동락(老少同樂)의 품격 있는 여가활동이라고 할 것이다. 바둑에서 부분적 전투에서 이기더라도 대국에서 전체적으로 뒤지면 바둑이 종국적으로 패하게 된다. 따라서 국면의 부분적 실수에 흔들리지 말고 국면의 전체적인 형세판단을 하면서 전략과 전술상 효능감이 높은 최선의 수를 찾아 적극적으로 공격하고 도전하는 진취적인 자세를 견지할 필요가 있다.

(출처: 뉴스퀘스트 법과 인문학 단상, 2023.10.13.)

2 바둑-인생의 철리와 망우청락의 세계

바둑은 수담(手談)이라고 하지만 좌은(坐隱)이라고도 한다. 이는 세상의 복잡한 일상사를 잠시 벗어나 은일(隱逸)의 경지에 도달할 수 있다는 의미이다. 바둑은 흑백 간에 자기영역의 확장을 위한 치열한 공방전으로 초반전 포석(철학의 세계), 중반전 행마와 사활(과학의 세계), 종반전 끝내기(수학의 세계)로 이어지는 한 편의 드라마이다. 한판의 바둑판에

희노애락과 영고성쇠(榮枯盛衰)가 담겨 있다.

동양사회에서 바둑은 시서화금기(詩書畵琴棋)의 하나로 선비들이 세상의 근심을 잊고 깨끗한 즐거움을 추구하는 망우청락(忘憂淸樂)의 세계이다.

인공지능(AI)의 등장으로 인해 포석과 행마 그리고 바둑의 해설에 있어 많은 변화가 이루어진 것도 사실이다. 그러나 바둑의 본질이 변한 것은 없다. 북송의 문인이자 정치가인 소동파는 '세사기일국(世事棋一局)'이라고 하여 바둑은 한판의 인생과 같다고 했다. "남의 집이 커 보이면 바둑 진다"는 바둑 격언이 있다. 바둑의 세계에서는 독립된 두 집을 갖고 있어야 완생(完生)이 되고, 집이 한 채인 경우에는 미생(未生)의 삶이라는 것을 역설적으로 일깨워 주고 있다. 바둑은 바둑판이라는 우주 속에서 자신의 꿈을 실현해 간다는 점에서 인생의 축소판이다. 한판의 바둑 속에 세력과 실리의 조화라고 하는 인생의 철리(哲理)가 그 속에 담겨 있다.

바둑을 두고 난 후 복기(復棋)를 통하여 자신의 잘못을 성찰하는 계기로 작용한다. 나아갈 때를 알고 나아가고, 물러날 때를 알고 물러나는 처세의 법칙이 바둑에서 터득된다. 이러한 의미에서 바둑은 노소동락(老少同樂)의 단순한 취미를 넘어 도와 예를 추구하는 격조 있는 활동이다.

바둑을 두면서 지속적으로 형세판단을 하여 자신이 어떤 처지에 놓여 있는지를 아는 것이 매우 중요하다. 자신의 처지와 형편을 살피지 않고 무리한 수를 두는 것은 누울 자리를 보지 않고 발을 뻗는 것과 마찬가지이다. 승부의 세계는 냉정하다. 승부에 모든 것이 정향된 인공지능(AI)은 싸움 닭의 절정 고수인 목계(木鷄)처럼 냉정하다. 바둑의 고수가 되는 길은 평상심과 절제력에 달려있다. 평상심을 잃고 욕심을 내면 바둑에서 이기기 어렵다(不得貪勝).

'승고흔연(勝固欣然), 패역가희(敗亦可喜)' 라는 말도 있듯이, 바둑은 내기를 하지 않아도 즐거운 도락에 속한다. 바둑은 절제력과 집중력, 스스로 생각하는 힘, 몇 수 앞을 내다보는 미래 조망력을 길러주어 치매 예방은 물론 노후의 외로움까지도 달랠 수 있다.

바쁜 현대생활 속에서 가끔씩 바둑을 두면서 세속의 잡사를 잊고 최선의 수를 찾아가면서 몰아(沒我)의 경지를 맛보는 사람들의 삶의 여유를 상찬하고 싶다.

(출처: 법조신문 법조나침반, 2020.11.16.)

3 바둑과 정치

바둑은 대국자가 바둑판의 공간과 시간적 제약 속에서 최선의 길을 찾아가는 구도(求道)의 과정이다. 일본에서는 바둑을 기도(棋道)라고 칭한다.

한편으로 바둑은 내기를 하지 않아도 즐길 수 있는 노소동락(老少同樂)의 여가활동으로, 사고력 증진, 향상심(向上心)과 난국타개 등 긍정적 기능을 수행한다. 기성(棋聖) 오청원은 '바둑은 조화'라는 유명한 말을 남겼다.

바둑이 전쟁이나 싸움이 아닌 함께 명국을 만들어간다는 의미에서 조화라고 할 수 있지만, 바둑의 지향점인 두터움과 실리의 조화로도 해석할 수 있다. 정치인 *DJ*가 생전에 강조한 그의 정치철학인 서생적 문제의식(두터움, 이념)과 상인적 현실감각(실리, 실용성)의 조화로도 파악할 수 있다.

바둑을 영어로 고(*Go*)라고 한다. 이세돌과 세기의 대결을 펼쳐 인공지능(*AI*)의 시대를 연 알파고는 알파(*Alpha*)와 고(*Go*)의 합성어이다. 바둑을 손으로 나누는 대화라는 의미에서 수담(手談)이라고도 한다. 그 밖에 좌은(坐隱), 위기(圍碁), 오로(烏鷺), 난가(爛柯), 망우청락(忘憂淸樂) 등 다양한 별칭이 있다.

두 사람의 대국자가 반상(盤床)에서 펼치는 한 집이라도 더 큰 영토 확보를 위한 쌍방향적 두뇌 스포츠라고 할 수 있다. 바둑에서는 반집이라도 누가 더 많은 집을 확보하는가에 따라 승패가 엇갈린다. 그래서 부분적 전투에서 이기더라도 나중에 전체적으로 집수가 적으면 대국에서 지게 되므로 형세판단이 중요하다.

오는 4월 10일 국회의원 선거를 앞두고 있다. 여야간에 과반수의 확보를 둘러싼 물러설 수 없는 진검승부를 위해 경쟁력이 있는 입후보자를 정하는 공천절차가 막바지를 향해 치닫고 있다. 전국적으로 공천을 둘러싼 파열음과 경선 불복의 후유증을 앓고 있다. 시스템 공천이라는 말이 무색할 정도로 국가사회에 기여할 역량 있는 새로운 입후보자를 정하는 공천과정의 공정성에 대해 비판과 논란이 있는 것도 사실이다. 여야 정치권은 선거가 한달 앞으로 다가오 시점에서 공천과정의 갈등과 불만을 해소하고 봉합하는 것이 승패의 관건이 되고 있다.

정치의 영역이건 바둑의 세계이건 어려움에 직면하였을 때 고수는 최선의 수를 찾지만, 하수는 어려운 국면에서 해법을 찾지 못하고 우왕좌

왕하기 십상이다. 배우 안성기가 조연으로 출연한 '신의 한수'라는 영화에서 "고수에게는 인생이 놀이터요, 하수에게는 인생이 생지옥이다" 라는 명대사가 나온다. 고수는 삶의 다양한 어려움에 대처할 수 있는 역량을 갖추어 놀이를 하듯이 해법을 쉽게 찾는 반면에 하수는 어려움에 봉착하여 갈피를 못잡고 쩔쩔매게 된다는 의미이다.

바둑과 정치는 변화무상쌍이라는 점이 공통점이다. 포석이 좋으면 바둑을 승리할 가능성이 높다. 국회의원 선거는 입후보자의 역량만에 의하여 승패가 결정되는 것이 아니라 조직과 정책과 정당에 대한 국민적 신뢰 내지 지지가 더해야 한다. 이번 국회의원 선거의 공천은 포석에 해당할 수 있다. 경쟁력이 있는 후보의 공천을 잘 한 정당이 우세할 가능성이 높다.

가난한 집안에 태어나서 어린 시절 힘든 과정을 거친 정치인은 일견 포석이 나쁜 것으로 볼 수 있다. 그러나 초반 인생에 해당하는 포석이 나쁘더라도 얼마든지 중반전과 마무리 단계인 끝내기를 잘하여 승부를 뒤집는 경우가 다반사이다.

이처럼 한판의 바둑 속에 승패의 희비가 있고, 화국(和局)의 묘미도 있다. 바둑에서 처럼 정치에서도 상황에 대처하는 유연성이 중요하므로 정치인은 이념에만 집착하지 말고 깊은 수읽기를 토대로 변화하는 상황에 맞춰 실용적으로 대처할 필요가 있다.

오늘날 국민의 정치불신을 초래하는 이전투구(泥田鬪狗)의 극한대립은 꼼수와 저급한 수를 두고 있는 바둑의 대국을 관전하는 것과 다름이 없다. 정치인은 승부를 떠나 바둑의 프로기사처럼 품격 있는 태도와 자세를 견지할 필요가 있다.

바둑으로부터 정치가 배워야 할 점은 무엇인가. 첫째로, 평점심과 부동심을 유지하는 것이다. 부분적 전투에서 이기더라도 대국 전체로 볼 때 지게 될 경우 승부에서 패하게 되므로 정치인은 선거의 특정 이슈에 있어 일희일비(一喜一悲)하지 않고 평정심을 유지하는 것이 중요하다. 또한 규칙위반, 패착이나 악수를 경계하여야 한다. 바둑이나 정치는 자신이 잘 두어서 승리하기도 하지만, 상대방의 실수와 패착에 편승하여 이기는 경우가 적지 않다. 바둑이나 정치 모두 초·중반에 형세가 좋다고 방심하다 보면 역전드라마가 펼쳐지기도 한다.

둘째로, 장기적인 관점에서 전략적 사고가 필요하다. 선거에 임하는 후보는 선거 초반에 열세이더라도 반칙을 범하지 않고 장기적인 전략적 사고를 하면 좋은 성과를 도출할 수 있다. 바둑에서는 당장의 수보다는 멀리 내다보고 착수를 하듯이 전체 국민과 국익에 도움이 되는 지속가능성이 있는 비전을 제시할 필요가 있다.

이처럼 단기적인 응급처방이나 국지적 정책 보다는 장기적인 관점에서 접근할 필요가 있다. 바둑에서처럼 정치의 영역에서도 한수 한수에 최선을 다할 필요가 있다. 전략적 구도와 설정한 수순에 따라 국민에게 다가가는 실현가능성이 높은 좋은 정책을 제시하여 상대 진영에 대한 비교 우위를 확보할 필요가 있다.

셋째로, 사석작전과 부득탐승의 자세이다. 바둑이나 정치에서 작은 양보로 더 큰 이익을 가져오는 경우가 적지 않다. 이를 살을 내주고 뼈를 자른다는 의미로 육참골단(肉斬骨斷)으로 거칠게 표현하기 보다, 바둑의 점잖은 표현인 사석작전(捨石作戰)이라는 말이 어울린다. 정치에 있어서 요석이 아닌 폐석에 대하여 과감히 버리고 다른 큰 곳을 차지하는 전략을 바둑에서 배울 수 있다. 바둑의 십계명이라고 할 수 있는 위기십결(圍棋十訣) 중 첫 번째가 부득탐승(不得貪勝)이다. 이는 바둑에서 승리를 탐하면 이길 수 없다는 뜻이다. 선거에서 더 많은 의석 수를 차지하려고 과욕을 부리다가 낭패를 볼 수 있다는 말이다.

끝으로, 바둑에서 프로기사는 바둑판 위에서 치열한 경쟁을 벌이면서도 상대에 대한 예의를 다한다. 이와 마찬가지로 정치에서는 서로 상대방의 다른 관점을 인정하고 타협하는 것이 중요하다. 선거에서 상대진영의 흑색선전 등 상대방의 약점을 물고 늘어지는 네거티브 선거전략보다 당락을 떠나 좋은 정책을 가지고 대결하는 성숙한 정치지형을 만들어 나갈 필요가 있다.

정치도 바둑도 상대방이 있고 이를 지켜 보는 관전자가 있다. 정치인의 행보는 바둑의 프로기사가 상대방을 존중하듯이 무리수를 두지 않고 최적의 수를 가지고 선의의 경쟁을 펼칠 필요가 있다. 이번에 제22대 국회의원선거 입후보자들은 공정한 선거운동을 펼쳐 당당하게 국회에 입성(入城)하게 되기를 기원한다.

(출처: 뉴스퀘스트 법과 인문학 단상, 2024. 3. 11.)

Ⅱ. 전통사상으로서의 유교

1 경주 옥산서원과 독락당(獨樂堂)에서 논어 학이(學而)편을 떠올리며

우리 정신문화의 원류를 찾고 성리학에 대한 올바른 이해를 위해 필자를 비롯 4인의 로스쿨교수는 지난 8월 말 천년고도(千年古都) 경주를 여행하였다.

전국적으로 비가 내린다는 일기예보가 있었고 차량 이동 도중에 비가 많이 내렸으나 비가 갤 것이라는 희망으로 전주에서 경주로 이동하는 여정은 멈출 수 없었다. 경주 안강 뜰을 지나서 자옥산, 무학산, 도덕산 그리고 화개산의 위용이 자태를 드러내는 4개의 산이 둘러싸고 있는 풍광이 수려한 옥산서원에 도착하니 다행히 비가 그쳤다.

저녁에 숙소 부근의 첨성대에서 밝은 달을 감상할 수 있었고 여행을 마치고 돌아올 때까지 쾌청한 날씨가 지속되었다. 나의 사주의 일간(日干)이 태양의 화를 의미하는 병(丙)이고, 비가 오더라도 목적지에 가면 날씨가 쾌청해지는 경우가 많아 '하레오토코(晴男)'라는 별명이 무색하지 않았다.

옥산서원은 회재(晦齋) 이언적(1491-1553) 선생의 학문과 뜻을 기리는 서원으로 조선시대 성리학의 연구와 실천 그리고 입신양명을 위한 강학과 제사공간이 있는 곳이다.

경주는 70년대 수학여행으로 처음 방문한 이래 80년대, 90년대, 2000년대 각각 한두 차례씩 수차례 사찰과 명승 유적지를 방문하여 낯설지 않았다. 그런데 이번에 20년 만에 경주의 불국사와 석굴암 그리고 첨성대를 돌아보면서 예전에 방문하였던 일들이 회상되어 추억의 시간여행도 겸하였다.

경주 일대는 대한민국 국보와 보물의 전시장이라고 할 수 있는 최고의 관광지이며 찬란한 전통문화유산이 모여 있는 한국인의 정신적 원류를 느낄 수 있는 곳이라는 생각이 들었다.

이번 경주 여행에서 옥산서원과 양동마을이 가장 인상적이었다. 옥산서원 부근에는 국보 13층석탑으로 유명한 정혜사라는 조그마한 절이 있다. 옥산서원과 그 맞은 편에 위치한 독락당과 회재 선생이 태어난 양동마을의 방문을 통하여 회재 선생의 학문과 삶의 발자취를 조명해 볼 수 있었다.

회재 이언적 선생은 조선 문묘에 배향된 동국 18현 중의 한 분으로 조선 중기의 문신이며 학자로 어린 시절 부친이 일찍 세상을 떠서 외가에 의탁하여 외삼촌 우재 손중돈의 가르침을 많이 받았다.

경주 양동마을은 여주 이씨와 월성 손씨의 양대 씨족의 집성촌으로 회재의 외가인 손소의 집인 송첨종택이 있다. 이곳은 '하루에 참을 인(忍)자를 백번 쓴다'는 의미의 서백당(書百堂)으로 칭하기도 하는데 그곳에서 청백리 우재 손중돈 선생과 회재 이언적 선생이 태어난 생가이기도 하다.

회재선생은 문과에 급제한 후 세자시강원에서 인종의 사부가 되었고, 의정부 검상과 청백리 녹선, 홍문관 직제학, 전주 부윤, 이조, 예조, 형조판서와 경상도관찰사, 한성부 판윤, 성균관 대사성, 사헌부 대사헌, 의정부 우찬성 겸 판의금부사를 거쳐 의정부 좌찬성 등 고위직을 승승장구하며 파직과 복직, 그리고 양재역벽서사건에 무고하게 연루되면서 평안북도 강계에 유배를 가서 그곳에서 구인록 등 많은 저서를 남기었다.

그는 추위를 이기지 못하고 유배지인 강계에서 별세하였다. 이번 여행에서 개인적으로 회재 이언적 선생의 족적과 혼이 서려있는 옥산서원의 여라문과 옥산정사 독락당에서 나는 논어의 맨 앞 학이편 제1장의 3구절을 떠올리지 않을 수 없다.

학이시습지 불역열호(學而時習之 不亦說乎) 즉, 배우고 때로 익히면 이 또한 기쁘지 아니한가. 유붕자원방래 불역낙호(有朋自遠方來 不亦樂乎) 즉, 멀리 있는 친구가 있어 찾아오니 이 또한 즐겁지 아니한가. 인부지불온 불역군자호(人不知而不慍 不亦君子乎) 즉, 다른 사람이 나를 알아주지 않아도 개의치 않으면 이 또한 군자가 아니겠는가. 이 구절은 누구나 다 아는 내용이라 쉽지만 이를 실천하는 것은 어렵다.

첫째 구절과 관련하여, 열(悅)이라는 한자는 정신적 기쁨이나 희열을 말한다. 이는 혼자서 느끼는 즐거움으로 독락(獨樂)이라고 할 수 있다. 회재 이언적 선생은 사간원의 사간으로 있으며 권신(權臣) 김안로의 중임을 반대하며 직간하다가 파직당하고 물러나서 혼자 6년간 독서하면서 내공을 쌓은 열락의 공간이 바로 독락당인 것이다.

정치적 화마가 가족에게 미치지 않도록 양동마을에서 떨어져서 은일(隱逸)하면서 조선초 유학자 양촌 권근의 독락당기와 북송시기 사마광의 독락원기를 참고하여 독락당이라고 당호를 정하여 자신의 공간에서 회재선생은 어지러운 정국에서 물러나서 독서와 성찰을 하면서 풍류를 즐기는 명칠보신(明哲保身)의 처세를 보여주고 있다.

독락당은 혼자 책을 보거나 계곡에서 내려오는 물과 풍광을 감상하면서 신독(愼獨)으로 몸을 삼가면서 자신을 성찰할 수 있는 최적의 공간이다. 대덕(大德)의 유학자 회재 선생이 거처한 독락당에 인근 정혜사의 스님이 거처할 수 있도록 한 불교의 암자인 양진암이 있는 것은 그가 유교라는 좁은 세계에 갇혀 있지 않았다는 것을 보여준다. 이렇듯이 독락당은 양진암을 통해 유교와 불교의 소통이 이루어지고, 계정(溪亭)이라는 계곡을 바라볼 수 있는 열린공간에서 인간과 자연이 소통하는 동락당(同樂堂)으로 기능하였다.

둘째 구절에서 낙(樂)이라는 한자의 의미는 즐긴다는 의미로 서로 뜻이 맞는 친구나 동료와 담소 나누는 즐거움을 말한다. 멀리서 온 뜻을 같이하는 친구와의 교류는 도반(道伴)의 관계를 의미한다.

옥산서원의 입구의 역락문(亦樂門)이 이러한 관계의 즐거움을 말해주고 있다. 우리 일행은 경주여행을 마치고 돌아오는 길에 신경주역 부근의 앞이 탁 트인 시원한 전망의 시인 박목월의 생가도 둘러보았다.

경주에 살던 박목월은 같은 청록파 시인인 조지훈을 경주로 초청하여 역에 마중나가 만나서 보름 동안 친구와 함께 경주에 머물며, 불국사와 석굴암은 물론 옥산서원과 옥산정사 독락당에도 들리기도 하였다.

조지훈은 박목월의 초청에 대한 감사의 답례로 완화삼(琓花衫)이라는 시를 친구인 박목월에게 지어주었다. 박목월은 완화삼이라는 시를 받아서 “길은 외줄기 남도 삼백리 술 익는 마을마다 타는 저녁 놀 구름에 달 가듯이 가는 나그네”라는 싯귀로 화답하였다. 이와 같은 박목월의 나그네라는 명시가 탄생한 것이 멀리서 친구를 만나는 즐거움을 표현하고 있는 경주 옥산서원의 역락문을 방문한 함께 같은 길을 가는 도반인 조지훈과의 역락(亦樂)과 전혀 무관하지 않다.

셋째 구절에서 불온(不慍))이란 원망하거나 화내지 않는다는 뜻이다. 오늘날 많은 사람이 칭찬과 사회적 인정을 받기를 원한다. 자신이 인정받지 못하고 있으면서 건설적 조언을 주는 경험 많은 선배나 상급자를 꼰대로 탓하거나 타인을 원망하기도 한다.

제3자가 나를 알아주지 않는다고 탓하기 전에 자신을 되돌아 볼 필요가 있다. 이 구절은 오늘날 자기애의 과잉과 지나치게 타인을 의식하는 현상에 대한 해법을 제시할 수 있다고 본다. 이는 자신의 중심축을 유지하면서 외부적 환경에 흔들리지 않는 마음을 갖는 것이 군자의 길이라는 것을 나타내 주기 때문이다.

외부적 환경이나 평가에 연연하지 않고 내면적 만족을 취하는 군자와 선비의 자기 만족적 삶의 모습이 무엇인지를 회재 이언적 선생의 삶이 보여주고 있다. 옥산서원의 누각명칭이 무변루(無邊樓)이다. 끝이 없다는 이야기이다. 따라서 학문의 세계는 광대무변하다는 것을 알게 된다면 묵묵히 수기치인(修己治人)이라는 군자의 길을 우보(牛步)처럼 뚜벅뚜벅 가면 될 일이다.

공자가 논어를 통해 밝히려고 했던 핵심적 사상은 사람을 사랑하고 사람답게 대하는 의미의 어질 인(仁)이라고 할 수 있다. 이러한 인은 수제(修齊)와 치평(治平)의 요체이다.

옥산서원의 강당 이름이 인을 찾으라는 구인당(求仁堂)이라는 것도 이 점을 보여주고 있다. 옥산서원과 옥산정사 독락당에 들리면 회재 이언적의 서자인 잠계 이전인이 추운지방인 평안북도 강계에서 유배생활을 하는 아버지를 돌보고 객지에서 돌아가신 후 제사를 지내기 위해 그곳에서 산길로 포항과 경주까지 시신을 대나무로 운구하고 온 행적을 듣고 부자지간의 깊은 정을 느끼게 된다. 그의 아들은 부친의 서책을 모아 이를 출간하도록 하여 후대에 남기기도 하였다.

회재선생 사후에 독락당은 효자인 잠계(潛溪) 이전인과 그의 후손이 물려받았다. 퇴계 선생은 회재 이언적의 공적에 대하여 "잠계없이 회재없다"는 말을 하였을 정도로 잠계 이전인의 효행에 대하여 상찬하고 있다.

옥산서원에는 조선시대 명필의 글씨를 한눈에 감상할 수 있는 공간이다. 추사 김정희, 석봉 한호, 아계 이산해, 퇴계 이황 등의 글씨가 남아 있다. 조선시대 석학과 명필이 펼치는 격조 있는 필체는 그 뜻과 함께 오늘을 사는 후학들에게 많은 것을 일깨워 주고 있다.

경주 옥산서원과 양동마을을 다녀오면서 사마천의 사기에 나오는 '도리불언 하자성혜(桃李不言 下自成蹊)'라는 말이 연상된다. 이는 복숭아 도(桃)와 오얏 이(李)는 굳이 말을 하지 않아도 찾아오는 사람이 많아 그 나무 밑에는 길이 생기듯이 이러한 유서 깊은 공간에 대하여는 더 이상 설명이 필요없다고 본다.

생전에 회재 이언적 선생은 이기론(理氣論) 중에 주리론의 관점에서 원칙을 중시하여 자신의 올곧음을 견지하는 유학자임에도 홀로 칩거하는 독락당 옆에 퇴계 이황 선생이 쓴 양진암이라는 편액을 내건 암자를 지어 인근 정혜사의 열악한 처지에 있는 스님들이 그곳에 기거하며 이용할 수 있도록 배려하고 있는 대목에서 그의 삶의 깊이와 훈훈함을 느끼게 된다.

이번 경주여행을 통해서 느낀 나의 개인적 감상과 평가는 다음의 2가지로 요약될 수 있다. 하나는 최근 성리학 망국론의 논조가 고개를 들고 있으나, 오늘날 법학이나 법치주의와 유사한 기능을 하였던 성리학에 대한 폄하로 이어져 대한민국의 전통문화에 대한 치명적 손상과 훼손으로 이어질 수 있다는 점이다.

다른 하나는 회재 이언적 선생의 생애 발자취와 성리학적 실천이론은 기호학파 율곡 이이 선생과 쌍벽을 이루는 영남학파의 퇴계 이황 선생의 주리론(主理論) 형성에 지대한 영향을 미쳐 대한민국의 정신적 원류인 선비문화를 형성하는데 크게 기여하였다는 점이다.

(출처: 뉴스퀘스트 법과 인문학 단상, 2023.09.11.)

2 파주기행-기호유학 사승관계(師承關係) 학맥의 원류(原流)를 찾아

기호 유학의 발상지는 파주이다. 파주는 한강과 임진강이 만나는 교하(交河)지방이다. 지난 11월 1일과 2일 경기도 파주로 4인의 동료 교수 금화(琴和), 송백(松柏), 우경(又經), 가산(佳山)이 함께 1박 2일 일정으로 역사문화 탐방을 다녀왔다.

올 봄과 여름에 영남 유학의 산실인 함양의 남계서원과 산청의 덕천서원 그리고 경주의 옥산서원을 돌아보면서 일두 정여창, 남명 조식과 회재 이언적 선생의 삶과 행적을 살펴보았다.

우경은 일정상 그날 저녁에 합류하기로 하여, 금화, 가산, 송백 3인이 오전에 용산역에서 만나 가산의 승용차로 자유로를 달려 점심 나절에 파주의 자운서원(紫雲書院)에 도착하였다.

금강산도 식후경이라고 우선 식당을 찾았다. 자운서원 부근 허름한 곳에 '콩시랑'이라는 상호의 팻말이 걸려있어 들어갈까 말까 망설였다. 때마침 점심을 먹고 나오는 여성들이 있어 그곳이 식당이려니 하고 들어갔다. 그런데 식당 전체를 남근목(男根木)으로 장식하고 있는데 놀랐고, 음식은 주인이 직접 만든 것으로 정갈하고 맛있어서 또 한번 놀랐다.

기호유학의 성지인 자운서원과 율곡선생 유적지 부근에 이런 식당이 있어 흥미로왔다. 고매한 성리학의 세계도 먹고 사는 문제인 음식남녀(飮食男女)에서 벗어날 수 없어 이곳이 명소(名所)일 수 밖에 없다고 하면서 호계삼소(虎溪三笑)처럼 함께 웃었다.

이러한 야한 식당에서도 인간본성을 소홀히 하고 도덕군자연 하는 사람의 위선의 탈을 벗어야만 음식의 참맛을 즐길 수 있다는 생각이 들었다. 자고로 음식남녀는 인지대욕(飮食男女 人之大欲)이 아닐 수 없다. 공자가 예기(禮記)에서 먹고 마시고 남녀가 만나는 것이야 말로 인간의 큰 욕망이라는 점을 밝혔다. 일행은 식사 후에 자운서원 바로 근처 길가의 커피숍에 들려 차를 한잔하고 파주의 역사인물 탐방을 시작하였다.

자운서원 주변은 산세가 부드럽고 단풍이 아름답기로 유명하다. 이 서원 역시 강학공간과 제사공간으로 나뉘어져 있다. 대원군 때 서원철폐령에 따라 훼철되었다가 1965년에 다시 복원되었다. 율곡 이이, 사계 김장생 그리고 남계 박세채 3인의 대학자의 위패를 모셔놓고 배향하고 있다.

자운서원에 들어가기 전에 율곡기념관에 들려 영상을 시청하고 율곡의 삶과 행적에 대하여 살펴보았다. 율곡은 13세에 진사 초시에 장원(수석)으로 합격한 후 29세에 대과에 장원으로 최종합격할 때 까지 9차례의 시험에 장원을 하여 구도장원공으로 불려지고 있다.

그는 성리학에서 이기일원론(理氣一元論), 이통기국론(理通氣局論), 기발이승일도설(氣發理乘一途說)을 전개하고, 성의정심(誠意正心)의 자세로 실천을 강조하는 등 이기이원론의 퇴계 이황과 쌍벽을 이루는 대학자이다.

율곡은 입지(立志)를 하여 사회의 근본적 개혁인 경장(更張)에 지향점을 두고 선조 왕에게 직언과 직간을 하였고, 이를 바탕으로 동호문답과 만언봉사를 저술하였다. 그리고 제왕학의 교과서인 성학집요와 학생용 입문서인 격몽요결 등의 서책을 발간하였다.

당시 사간원 대사간, 호조판서, 이조판서, 병조판서, 우찬성, 홍문관 대제학 등 청요직(淸要職)을 역임하였으나 벼슬보다는 학문에 더 큰 뜻을 두었고 서인의 영수로 자리매김했다.

그는 수제자인 사계 김장생 등 훌륭한 제자와 후학을 길러냈을 뿐만 아니라 학자의 최고의 영예인 문묘에 배향되었다. 조선은 판서보다는 정승이, 정승보다는 문형(文衡)으로 지칭되는 대제학이, 대제학 보다는 문묘배향자를 더 영예롭게 생각하는 유학의 나라였다.

자운서원 앞의 율곡기념관에는 그의 모친으로 현모양처의 표본인 신사임당이 그린 초충도(草蟲圖)가 전시되어 있다. 자운서원의 뒷편은 그다지 높지 않은 산이 병풍처럼 둥그렇게 둘러싸고 있어 인상적이었다.

자운서원 옆에 있는 율곡선생의 가족묘를 둘러 보았다. 때마침 가을의 단풍이 절정을 약간 지난 시점이지만 노란색의 은행잎과 붉은 색의 단풍으로 인해 가을의 정취를 느끼기에 족했다.

남향집이 풍수적으로 길한 것으로 보는 것이 보편적이지만 전북 고창의 인촌 김성수의 생가나 성북동 만해 한용운이 기거했던 심우장 등 북향집으로 유명하다. 이처럼 율곡의 묘터는 그의 부모 묘터보다 위에 위치하고 있어 역장(逆葬)으로 알려져 있다.

인근의 우계의 묘터도 역장이고, 연산의 사계의 묘터도 역장이다. 이는 정해진 법이 따로 없이 형편에 따라 자유롭게 정하면 된다는 무유정법(無有定法)으로, 명당을 찾는 과정에서 불가피하게 역장이 된 것이므로 예법에 어긋나는 것은 아니다.

자운서원을 지나 화석정(花石亭)을 들렀다. 화석정은 임진강이 내려다 보이는 곳에 위치한 정자이다. 율곡의 선대에서 이를 지었다. 화석정 옆에는 율곡이 8세때 지은 시비가 있다.

정자에는 박정희 대통령이 쓴 화석정 편액이 걸려있다. 선조가 의주로 피난갈 때 화석정에 들렀다. 비가 억수같이 쏟아졌으나 이항복이 정자에 불을 붙여 활활 타올라 선조의 피난길에 도움을 주었다는 이야기가 전해져 온다.

그러나 이곳 화석정은 조선 중기 성리학의 대학자인 율곡, 우계, 구봉이 서로 만나서 교우하면서 학문과 시를 논한 곳으로 유명하다. 구봉과 율곡, 우계는 도의지교(道義之交)로 평생을 함께 하였다. 그들은 서로 생각은 다르나 교학상장(教學相長)하면서 국가사회를 개혁하려는 포부로 우정을 넘어 대학자의 본연의 모습을 보여주었다.

보물로 지정된 삼현수간(三賢手簡)은 세 분이 주고받은 서간을 모아 책으로 엮은 것이다. 파주의 삼현이 서로 오랜 기간 동안 편지를 주고 받은 것을 가장 늦게 까지 살다간 구봉 송익필의 문집에 있던 것을 따로 떼어 삼현수간으로 편집한 것이다. 이것은 현재 삼성 리움 박물관에서 소장하고 있다.

삼현수간에는 '황강사계창주고가(黃岡沙溪滄洲古家)'라는 인문(印文)이 찍혀 있다. 황강은 사계의 부친 김계휘의 호이며, 창주는 사계의 손자인 김익희의 호이다. 사계 후손이 보관해 오던 문서라고 할 것이다.

율곡과 우계는 대학자이자 훌륭한 인품으로 존경받는 인물이다. 구봉 역시 학문적 경지가 높고 당시 8문장가 중의 한분으로 평가받을 정도로 그 위상이 높다. 삼현수간은 이들의 학문에 대한 열정과 진지한 자세, 국가사회를 바로 세우고자 하는 춘추의리정신과 올곧은 자세와 예의염치를 중시하는 선비정신을 엿볼 수 있다. 화석정에서 임진강을 바라보는 정취도 남다르지만 16세기를 치열하게 살다 간 파주 삼현의 우정의 현장에 잠시 머무를 수 있어 좋았다.

첫날 저녁은 파주의 프로방스를 둘러보고 언덕에 있는 커피숍에서 우경을 기다리며 차를 마신 후에 부근의 한식당에서 4인이 함께 식사를 하고 숙소로 옮겨 새벽 2-3시까지 맥주를 마시며 대화를 이어나갔다.

파주를 오가다 보면 식당 중에 두부집이 많은데 놀랐는데 파주의 장단에서 콩이 많이 산출되는 것과 연관이 있어 보인다. 숙소를 당초 예술인 마을 부근에 예약하였는데, 그곳에서 휴대폰으로 확인하는 과정에서 다른 숙소에 예약된 것을 뒤늦게 알게 되는 해프닝이 있었다.

그렇지만 새로운 숙소도 조금 떨어진 곳이라 한적하면서 묵을 만 했다. 여행지에서 겪게되는 이러한 일들도 마치 탱고에서 스텝이 엉기는 것처럼 그 자체가 또 다른 여행의 일부가 되는 것이다.

다음 날 아침에 간단히 조식을 마친 후 우리 일행은 심학산으로 이동하였다. 심학산 중턱에 있는 약천사라는 절에 들렀다. 고려시대의 절터에 1932년 중창된 이 절은 높이가 13미터가 되는 청동좌불상이 있다. 13이라는 숫자가 우연치고는 기묘하다. 율곡이 진사초시에 합격한 나이가 13세이고, 시계가 구봉에게 예학을 배우기 위해 파주로 온 나이가 13세이기 때문이다.

율곡은 모친 신사임당의 죽음에 충격을 받고 3년간 파주에서 시묘살이를 한 후 1년간 금강산에 입산하여 머리를 깎고 승려가 되었던 행적이 있다. 이로 인해 그는 성리학의 탐구에 있어 그 깊이를 더하기도 하였으나, 성리학의 나라에서 동인으로부터 공격을 받는 빌미를 제공하기도 하였다.

그러나 정작 율곡은 유학자로서 당시 충분히 문제가 될 법한 이교(異教)인 불교에의 귀의에 대해 그다지 개의치 않으며 성리학의 고루함을 탈피하였다는 점에서 그의 위선 없는 인간성의 일단을 엿볼 수 있다.

구봉을 떠올리며 우리 일행은 심학산 꼭대기까지 올라갔다. 심학산은 산책코스가 잘 마련되어 있다. 산등성이에 올라서니 강과 바다에서 불어오는 시원한 바람을 느낄 수 있었다. 심학산의 정상에 심학정이라는 정자가 있고, 사방이 탁트여 있어 임진강과 한강이 한눈에 들어왔다.

심학산은 비록 높지는 않지만 거북 모양으로 호연지기(浩然之氣)를 느낄 수 있는 산이다. 비운의 천재 구봉이 심학산 자락에 학당을 개설하여 제자를 양성하였다고 하니 그의 혼이 심학산에 서려있다고 생각했다.

부친의 모함으로 천출의 노비신분으로 전락한 구봉이 자신의 비범한 능력으로 예학의 기초를 형성하고 그의 제자인 사계가 스승의 뜻을 받들어 조선의 예학을 완성하였다. 이곳은 사제지간의 정과 의리의 시발점이 되는 곳이다.

이처럼 구봉이 사계 등 제자를 교육한 곳이 심학산 자락 초가집의 싸리문에 정자가 있었던 곳으로 알려지고 있다. 구봉은 가화(家禍)로 인해 25세의 나이에 초시에 합격하였으나 관직으로 나아갈 수 없는 처지가 된다.

그러나 그는 명석한 두뇌와 뛰어난 문장으로 율곡을 능가한 내공과 학문을 갖춘 것으로 평가된다. 그는 제갈량으로 통했다. 사계 부친 황강은 사헌부 대사헌을 지낸 학자인데, 서울 정동에 거주하던 13세의 어린 사계에게 예학을 체계적으로 배울 수 있도록 파주의 구봉에게 교육을 맡긴 것이다. 자식에 대한 교육을 스스로 하지 않고 친구에게 맡긴 역자지교(易子之教)의 사례이다.

심학산의 다른 이름이 구봉산이다. 송익필의 호를 따서 구봉산이라는 이름이 된 것이 아니라 율곡과 우계가 모두 지명으로 호를 사용한 것과 동일하다. 퇴계로와 율곡로라는 도로명에 학자의 이름이 들어가는 경우가 있으나, 산의 이름에 특정인의 자를 따서 지칭한 사례는 거의 없다.

그러나 전주에서 진안으로 가는 중간에 운장산이 있다. 이 산은 19세기 초까지 명칭이 주줄산이었다. 그 산의 이름이 구봉 송익필의 자인 운장(雲長)을 따서 운장산으로 바뀌게 되었다. 인조반정의 공신들의 상당수가 구봉의 제자라서 한때 구봉은 조선의 숨은 왕으로 평가받기도 하였다.

구봉의 제자인 사계는 노둔하고 평범한 재질이었으나 꾸준히 절차탁마하면서 천재 학자인 구봉으로부터 근사록과 예학을 배웠다. 대다수 천재의 교육방법이 그다지 자세하지 않듯이, 구봉은 분발하지 않으면 학생을 깨우쳐 주지 않고, 한모퉁이를 들어 올려서 나머지 세 모퉁이를 미루어 짐작하지 못한다면 두 번 다시 반복하지 않는다는 논어에 나오는 공자의 교육관에 입각하여 학생을 지도한 것 같다.

사계는 그의 스승인 구봉으로부터 13세에서 20세까지 기초를 튼튼히 한 후 20세부터 30세 초반까지는 율곡으로부터, 33세 이후에는 대학자인 우계로 부터도 학문을 배웠다.

심학산 부근에 출판단지가 있지만 예술인 마을의 방문을 놓칠 수 없어 다시 승용차를 운전하고 그곳으로 향했다. 아름답게 조성된 헤이리를 이곳저곳 산책하면서 둘러 보았다. 인사동에 있었던 귀천(歸天)이라는 커피숍이 있어 반가운 마음에 그곳에 들러 함께 차를 마시며 담소를 나누었다.

귀천이라는 시의 마지막 연 "나 하늘로 돌아가리라. 아름다운 이 세상 소풍 끝내는 날, 가서, 아름다웠다고 말하리라" 라는 대목이 오래 반추된다. 예술가들이 파주에 많이 살고 있고, 그곳은 서울시민이 쉽게 갈 수 있는 근교 여행지로 부상하고 있다.

우리 일행은 마지막 행선지로 출판단지를 둘러보았다. 파주 출판단지에 유명한 출판사 대부분이 한 곳에 모여있다 해도 과언이 아니다. 출판단지의 중심가에 '지혜의 숲'이라는 공동서재가 있어 서가에 꽂혀 있는 오래된 서적을 살펴보았다. "여행은 서서하는 독서이고, 책은 앉아서 하는 여행이다"라는 말이 있지만, 그곳이 여행과 독서가 동시에 가능한 곳이 아닌가 한다.

율곡은 높은 벼슬의 관록도 좋았지만 학문의 경지가 높았다. 우계는 과거시험은 보지 않았으나 학문이 심원하고 후에 관직에 추천되어 이조참판 등 벼슬에 잠시 나아갔다. 구봉은 재능과 학식이 높았지만 신분 때문에 벼슬에 나아가지 못했으나 서인의 지략가로 통했다.

세 사람은 이렇게 서로 다른 상황 속에서도 정치에 직·간접적으로 관여했다. 이들이 공통적으로 추구한 정신세계는 직(直)사상이라고 할 수 있다. 이들은 통상 호를 부르는데, 자(字)를 부르기로 한 것은 특이하다.

율곡의 자는 숙헌(叔獻), 우계의 자는 호원(浩原), 구봉의 자는 운장(雲長)이다. 율곡은 강릉 오죽헌에서 태어나서 서울 청진동 부근에서 살았고, 우계는 그의 부친 청송 성수침과 함께 서울 북악산 아래 서촌에서 성장했다. 구봉 역시 어린 시절 서울에서 성장했고 훗날 파주 심학산에서 후학을 가르쳤다. 이처럼 파주가 이들 삼현의 출생지는 아니다.

율곡, 우계 그리고 구봉이 활동하던 16세기 조선시대에는 과거시험을 보아 출사(出仕)한다는 것이 입신양명의 순로로만 여겨지는 것이 아니었다. 오히려 붕당과 외척의 발호, 권간의 상소에 의하여 벼슬길이 순탄하지 않는 상황에 놓이는 것을 의미하였다.

사계의 스승은 앞서도 밝힌 바 있듯이 대학자인 구봉, 율곡, 우계 3분이다. 사계는 다른 세계에 한눈팔지 않고 학자의 길에 매진하면서 제대로 학문을 전수받았다. 그리하여 아들 신독재 김집을 자신의 제자로 삼아 우암 송시열, 동춘당 송준길 등 국사무쌍(國士無雙)의 인재를 양성하는데 소홀함이 없었다.

사계는 구봉 송익필의 영향을 크게 받아 예학을 연구하고 집대성함과 동시에 가례집람, 상례비요, 의례문해 등 예학서를 저술하였고, 율곡과 우계의 영향을 받아 경서변의 및 근사록석의 등을 저술하였다.

그는 조선예학의 태두가 되었다. 유학의 나라 조선에서 아들 신독재와 함께 부자가 문묘에 배향되었을 뿐만 아니라, 그의 스승인 우율(牛栗)과 그의 제자인 양송(兩宋)과 함께 6분이나 문묘에 배향되는 전무후무한 업적을 보여주고 있다.

세상을 이끌어 가는 것은 구봉과 같은 천재이지만 이것을 완성시키고 계승하는 것은 사계와 같은 평범하지만 오랜 기간 끈질기게 절차탁마한 사람의 몫이다. 사계는 3분 대학자의 학문을 잘 승계하여 기호유학의 사승관계의 큰 흐름을 형성하여 청출어람(靑出於藍)의 경지에 이르렀다고 말할 수 있다. 이번 파주여행의 성과는 파주지방에서 기호유학 학맥의 사승관계(師承關係)의 원류를 찾은 것이다.

이번 파주여행의 또 다른 성과 중의 하나는 선비정신의 탐구에 있다. 선비정신은 우리의 전통문화이다. 이러한 선비정신은 가치관이 혼탁한 오늘날 계승발전하고 재조명할 필요가 있다.

선비는 학식과 덕망을 간직하며 이를 실천하는 사람을 말한다. 선비는 예의염치(禮義廉恥)를 중시하는 사람이다. 예의란 사람으로서 살아가면서 지켜야 할 도리를 말하고, 염치란 잘못을 저질렀을 때 바로 그 잘못을 뉘우치고 부끄러워하는 태도를 말한다.

율곡은 병조판서로 있는 동안 탄핵상소를 받아 여러 차례 사직상소를 내렸으나 당시의 왕인 선조로부터 받아들여지지 않았다. 세 번째 사직상소에서 "전(傳)에 이르기를, 예의염치는 사유(四維)라고 하는데, 사유가 베풀어지지 않으면 나라가 망한다고 하였으니 병조판서는 없을 수 있으나 사유는 없을 수 없습니다"라고 하면서 사직을 간청하였다.

그럼에도 선조는 율곡을 계속 중용하려는 비답을 내렸다. 여섯 번이나 사직상소를 전달한 후에 율곡은 "유학자는 나아가고 물러가기를 구차하게 하지 않아서, 예로써 나아가고 의로써 물러갈 뿐이요, 선비가 되기를 목표로 삼지 않은 적이 없으나 선비로서 염치가 없다면 어찌 선비가 될 수 있겠습니까."라고 아뢰었다. 이처럼 예의염치는 선비의 중요한 덕목이 되고 있음을 알 수 있다.

추사 선생의 대련 중에'대팽부두과강채(大烹豆腐瓜薑菜)'가 있다. 이는 최고의 음식은 두부와 오이, 생강, 채소라는 이다. 파주 여행을 마치고 일행이 서울로, 전주로, 대구로, 군산으로 각자의 집으로 헤어져 돌아가기 전에 심학산 중턱의 두부집에 들렀다. 일정이 있어 파주출판단지에서 먼저 헤어진 송백을 제외한 우경, 가산, 금화 3인이 일미(一味)의 해물두부탕을 들면서 파주기행의 대미(大尾)를 장식하였다.

후기(後記)이지만, 서원 등 한국의 정신문화를 탐구하면서 최근 보수언론을 중심으로 율곡과 퇴계 선생의 성리학 비판론이 등장하고 있어 한마디 언급하지 않을 수 없다. 조선의 성리학을 마치 모화사상으로 치부하고 붕당과 당쟁이 망국의 원인으로 지목하고 있다.

이는 견강부회가 아닐 수 없다. 더구나 성리학은 하늘의 이치와 인간의 도리를 깨우치는 학문이며 조선의 정치이념이다. 사림세력간에 건강하게 공론을 유지하면서 무엇이 옳은 것인가에 관하여 대립하는 동안에는 국가체가 건강하게 유지될 수 있었다.

이러한 측면에서 동인과 서인, 노론과 소론의 정치적 갈등구조가 오히려 조선 정치의 지속가능성을 담보하였다고 할 수도 있다. 영·정조 시대의 탕평책으로 인해 당쟁이 그친 정치적 진공상태에 외척이 발호한 세도정치(勢道政治)가 오히려 망국의 직접적 원인이 되었다.

다시 말해 조선 성리학 그 자체의 문제라기 보다는 고식적인 성리학의 이념에 매몰되어 상대 세력을 용인하지 않고 포용과 개혁개방으로 나아가지 않은 지배층의 무능과 폐쇄성이 조선 패망의 길을 가속화 하였다고 할 수 있다.

(출처: 뉴스퀘스트 법과 인문학 단상, 2023.12.01.)

3 조선예학과 법도의 산실 강경 죽림서원과 논산 돈암서원 탐방

설날은 추석과 함께 우리의 전통명절이다. 설날의 세시풍속은 전통유교문화의 일종이다. 오늘날 설날의 의미가 사라지고 있는 대신 공휴일의 의미가 부각되고 있다. 설날에 차례상을 차리고 스승이나 마을 어른을 찾아 뵙고 세배를 올리는 풍습은 점차 사라지고 있다. 조선시대 서원은 한국 유교의 전통과 정신문화을 간직한 공간이다. 지난해 7월 25일 법률 제19569호로 성균관·향교·서원 전통문화의 계승·발전 및 지원에 관한 법률(약칭 성균관·향교·서원법)이 제정 공포되어, 1월 26일부터 시행되고 있다.

수년전부터 매년 3-4차례 문화탐방을 해온 전북대 로스쿨의 동료교수 4인은 청룡의 해를 맞이하여 1월 16일과 17일 양일간 강경의 죽림서원과 논산의 돈암서원을 중심으로 문화탐방을 하였다. 이번 강경과 논산기행은 지난 가을 기호유학의 산실인 파주의 자운서원, 화석정, 심학산 등 문화탐방에 이은 것이다. 16일 오전 10시에 금화(琴和), 송백(松柏) 그리고 가산(佳山)이 전북대에서 모여 금화가 운전하는 차량으로, 우경(又經)은 군산에서 직접 차량을 몰고 약 1시간 가량 떨어진 강경의 옥녀봉에서 11시에 만났다. 엄동설한임에도 충남 지방 전통 문화의 보고(寶庫)인 서원(書院)을 중심으로 문화탐방하기에 더할 나위 없이 좋은 환경이었다.

유서 깊은 강경의 죽림서원을 방문하기에 앞서 강경의 옥녀봉을 둘러보는 것은 근엄한 세계로 진입하기 위한 일종의 워밍업(*warming-up*)에 해당한다. 금강의 물흐름이 멀리에 까지 펼쳐지고 성황당 나무처럼 생긴 큰 나무와 봉수대가 있는 옥녀봉 밑에 조그만 상점이 눈길을 끌었다. 그곳은 구멍가게라는 상호를 표시하지 않더라도 구멍가게가 분명하다. '옥녀봉 구멍가게'라는 간판이 붙어 있어 놀랐다. 이는 불신의 시대에 솔직함의 징표일 수 있다. 그곳이 일제강점기 신사(神社)의 관리사무실로 쓰던 공간이라는 것을 알고 더욱 놀랐다. 일행은 옥녀봉에 올라가기 전에 구멍가게에 들려 잠시 둘러앉아 따뜻한 커피를 한잔하면서 그곳에서 50 여년간 같은 곳에서 상점을 열고 있는 은진 송씨 구순의 노파와 강경과 옥녀봉에 대하여 가벼운 이야기를 나누었다. 그곳을 나와 옥녀봉 유래비의 내용을 살펴보는 것으로 문화탐방이 시작되었다. 옥녀봉의 풍광은 독일의 로렐라이 언덕에 견주어 손색이 없다. 금강의 물줄기의 흐름과 강가에서 불어오는 청량한 겨울 바람을 마주하며, 논산 출신 박범신 작가의 우리시대 아버지를 주제로 한 〈소금〉의 배경이 된 그 주변을 사진도 찍으며 주마간산 격으로 둘러 보았다.

우선 '금강산도 식후경'이라고 강경읍에 있는'그때 그집'에서 줄을 서서 기다린 후에 경찰 제복을 입은 단체 손님 등이 열심히 식사하고 있는 한쪽 편 만석의 일석을 차지하며 따뜻하고 맛있는 스지국밥과 막걸리로 오찬을 마무리하고, 죽림서원과 그 주변에 있는 임리정과 팔괘정, 황산근린공원으로 이동하였다. 충남 강경과 논산지역은 기호유학자인 율곡 이이, 구봉 송익필 그리고 우계 성혼의 학문적 계통을 이어 받은 조선예학과 법도의 산실이다. 이번 충남 강경과 논산 문화탐방의 중심인물은 최초의 산림(山林)인 사계 김장생과 그의 아들인 신독재 김집이다. 조선후기 산림은 성리학과 예학에 깊은 식견 있는 재야선비로 정치적 영향력을 행사하는 대학자를 지칭한다. 김장생과 김집의 제자인 동춘당 송준길과 우암 송시열을 한 축으로 하고, 이와 대척점에 있는 미촌 윤선거와 그의 아들 명재 윤증이 다른 한 축을 형성한다. 이번 강경과 논산의 기행에서는 죽림서원과 돈암서원을 중심으로 전통문화유산에 담겨 있는 이야기의 실타래를 풀어보려고 한다.

◇ 죽림서원과 임리정, 팔괘정에서 사제관계를 생각하며

충남 강경은 '스승의 날'의 발원지이다. 강경은 행정구역상 논산시에 속한다. 조선시대에 강경은 여산 지방으로 불리어졌다. 율곡 이이를 능가하는 비운의 학자로 김장생의 또 다른 스승이 바로 구봉 송익필이다. 송익필은 여산 송씨이다. 이러한 연유는 사계 김장생이 낙향하여 후학을 기르기 위하여 금강이 내려다 보이는 곳에 황산정을 초막형태로 지었고, 훗날 그 이름을 임리정으로 하면서 인조 4년인 1626년에 설립하여 제자를 양성하는 강학공간으로 활용하였다. 김장생은 같은 해에 황산서원(죽림서원)을 설립하고 그 지역에 연고가 없는 그의 스승인 율곡 이이과 우계 성혼을 배향하였다. 그 후에 정암 조광조, 퇴계 이황, 사계 김장생, 우암 송시열을 포함하여 모두 6현을 모시는 서원으로 발전하였다. 죽림서원은 도학 서원으로 통합적 성격의 서원이라고 할 수 있다.

죽림서원은 물류의 흐름이 원활하였던 금강의 강경포구에 위치하고 있다. 죽림서원에 유도문(由道門)이라는 편액이 걸려있다. 문이 닫혀 있어서 서원안에는 들어가지 못하였으나 김장생이 의례와 주자대전의 제도를 고증하여 직접 설계한 헌장당(憲章堂)이 안내책자에 강당이 아닌 동재로 기록되어 있다. 헌장당에서의 헌장은 도덕과 법의 중간형태인 예(禮)의 일종이라고 할 수 있다. 박정희 대통령이 1968년 12월 5일 공포한"우리는 민족중흥의 역사적 사명을 띠고 이땅에 태어났다."로 시작하는 국민교육헌장이나, 서울시자치헌장조례나 충북대학교 대학헌장 등에 헌장이라는 명칭을 사용하는 있는 점에 비추어 죽림서원의 헌장당은 유교적 헌정주의를 표방하는 이름이라고 볼 여지가 있다. 죽림서원의 헌장당을 기숙사 형태인 동재로 보고 있는 것은 문제가 있다. 황산서원에 관한 자료 등을 토대로 살펴볼 때 강학공간으로 보는 견해가 설득력이 있다. 이와 관련하여 강당이 없은 죽림서원은 강학공간을 외부에 있는 임리정과 팔괘정으로 마련하였다고 오해하는 견해도 있다. 서원의 공적인 강학공간과 임리정과 팔괘정이라는 사적인 공간은 구분할 필요가 있다. 죽림서원은 남인 윤휴의 독자적 중용해석을 둘러싸고 여러 학자가 모인 자리에서 송시열과 윤선거가 치열하게 논쟁한 곳으로 유명하다.

죽림서원을 가운데 두고 우측 언덕 50미터 지점에는 임리정이 위치하고 있다. 임리정의 설립 전 황산정 시절에 김장생의 스승인 송익필이 방문하여 쓴 시가 임리정 안에 걸려 있고 송시열이 쓴 임리정이라는 편액도 그 안에 있는데 문이 닫혀 있어 볼 수가 없었다. 임리정은 '전전긍긍 여림심연 여리박빙(戰戰兢兢 如臨深淵 如履薄氷)'이라는 시경의 문구에서 유래한다. 임리정은 황산의 언덕 위에서 금강의 흐름을 조망할 수 있는 좋은 위치이다. 아마도 그 지형은 파주 심학산의 임진강 변에서 스승인 구봉 송익필한테 학문을 연마한 제자 김장생이 스승을 생각하며 그와 같은 강학공간을 마련한 것으로 짐작된다.

죽림서원의 건너편 바위 밑에 1663년에 우암 송시열이 세운 팔괘정이 있다. 팔괘정이라는 명칭은 주역의 팔괘에 연원하고 있다. 이는 우주와 인간의 변화의 원리를 교육하는 공간이라는 뜻이다. 팔괘정은 송시열이 금강의 수려한 경관을 즐기며, 특히 그의 스승 김장생과 가까이하고 싶은 마음에 임리정과 같은 모양으로 그곳에서 150미터 떨어진 지점에 설립한 강학공간이다. 팔괘정 뒤에 송시열이 가로로 쓴 청초안(青草岸)과 세로로 쓴 몽괘벽(夢挂壁)이 교훈처럼 암벽에 새겨 있다.

이 공간에서 우암 송시열은 그의 제자인 수암 권상하, 외재 이단하, 노봉 민정중, 명재 윤증 등 훌륭한 인물을 길러내고 교육하였다. 송시열의 제자인 외재 이단하는 문형(文衡)으로 칭하는 대제학을 지내고 정승도 거쳤으나 불교와 깊은 연관이 있는 학자이다. 권상하는 스승인 송시열이 정읍에서 사약을 받을 때 끝까지 스승의 곁에서 유지를 받았다. 시대를 뛰어 넘어 남인 출신인 이중환이 택리지를 팔괘정에서 저술하였고, 선교사가 신식교육도 그곳에서 하였다고 하니 역사적으로 의미심장한 곳이기도 하다. 한때 대구, 평양과 함께 조선의 3대시장으로 번화했던 강경이 노인들이 주로 거주하는 쇠락한 도시라는 느낌이 들었다.

◇밤나무 검사 송종의 천고법치문화재단 이사장을 뵙고

일행은 여행길에 한때 검사로 명성을 날리다가 당시 장관급 공직인 법제처장을 마치고 귀거래사를 읊으며 낙향하여 논산에 천고재(天古齋)라는 집을 짓고 영농조합법인을 만든 송종의 전 법제처장을 그의 사무실에서 만났다. 대한민국 검사의 사표(師表)이자 법조계의 큰 어른로 평가받는 그와의 짧은 만남에서 카랑카랑한 평안도 사투리에 소탈한 현자의 모습을 엿볼 수 있었다. 변호사를 개업하지 않고 농업회사법인 써니빌 주식회사를 설립해 농산물 가공공장을 경영하면서 벌은 수익금 등을 출연하여 2014년 천고법치문화재단을 설립하였다. 현재 동 재단의 이사장으로 매년 국법질서의 수호와 법치주의의 기여한 이들을 선정하여 천고법치문화상을 수상하고 있다. 그의 본관은 은진(恩津)으로 송시열의 후손으로 알려지고 있다. 논산의 여행길에 잠시 찾아 뵙고 새해 덕담도 들을 겸 미리 연락을 드렸더니 흔쾌히 시간을 내주셨다. 송 장관께서 직접 집필한 '〈공직회고록〉 밤나무 검사의 자화상'과 '밤나무 검사가 딸에게 쓴 인생연가'에 직접 서명을 하여 선물로 주었고, 공장에서 만든 원료로 제조한 딸기잼에 더하여 가족의 일화가 담겨 있는 "문상익 일대기- 운명과 의지 사이에서"라는 책도 선물받아 여행을 마치고 청렴무사(淸廉無私)의 공직관이 담겨 있는 일련의 서책을 완독할 수 있었다. 천목거사(天目居士) 원종(圓宗)으로 칭하는 그의 글을 읽으며 독실한 불자(佛子)로서 한학의 수준이 높은 경지에 있으며 필력이 웅혼한 것을 느낄 수 있었다.

송 이사장의 덕담을 듣고 서둘러 사계고택(은농재)을 향했다. 오후 5시가 넘어 늦은 시간이라 대문은 닫혀 있는데 옆문이 열렸 있어 그 곳으로 들어가서 김장생과 그의 후손이 생전에 거주하였던 넓은 공간에 머물다 왔다. 저녁에 숙소인 돈암서원 바로 옆의 한옥마을에 도착한다고 연락을 하니 안내하시는 분이 직접 마중나와 친절하게 맞이하여 주었다. 그곳에 여장을 풀고 난 후에 연산에 있는 고향식당에서 저녁을 들었다. 이번 조선일보 신춘문에 시 부문에 〈벽〉으로 송백의 영애가 등단하여 함께 이를 축하하는 저녁자리가 되었다. 식사를 마치고 숙소에 잠시 들른 후 우경은 집안에 바쁜 일정으로 먼저 군산으로 귀가를 하였고, 3인이 숙소에서 맥주를 밤 늦게 까지 들면서 대화를 나누었다. 숙소는 미리 가산이 논산명예시민증을 발급받아 잘 꾸며진 전통가옥의 독채 건물을 저렴하게 예약한 것이다. 마침 저녁 포식에 술도 한잔 마신 터라 따뜻한 온돌방에 누웠더니 쾌적하고 편안했다. 사서삼경(四書三經)을 다 읽어도 '누울 와(臥)자가 최고'라는 이병주의 소설 '산하(山河)'에 나오는 표현처럼 따뜻한 바닥에 온 몸을 지지며 객지에서의 편한 잠을 청할 수 있었다.

◇돈암서원에서 부자관계를 생각하며

다음 날인 17일 오전 8시반에 일어나 아침을 숙소에서 그 전날 옥녀봉 구멍가게에서 구입한 컵라면과 믹스커피로 때우고, 도보로 근처에 있는 돈암서원으로 향했다. 논산 시청에 연락하여 문화해설사를 부탁하여 1시간 넘게 돈암서원의 구석 구석을 함께 돌면서 돈암서원에 관한 상세한 설명을 들었다.

돈암서원의 앞에 위치하고 있는 산앙루(山仰樓)라는 누각이 웅장하였다. 서원 입구의 현판이 입덕문(入德門)으로 되어 있는데 그 밑의 주춧돌을 3군데 원방각으로 놓은 것이 인상적이었다. 천지인의 의미로 둥근 모양의 돌, 네모난 모양의 돌 그 사이에 팔각모양의 돌이 있는 것을 보았다. 원방각이면서 각이 팔각으로 되어 있는 것이 강경의 팔괘정과 연관이 있어 보인다. 돈암서원의 돈은 주역괘인 천산돈(天山遯)에서 유래하는 것으로 은둔하다는 의미의 둔(遯)이라는 뜻으로 읽히고, 주희 선생을 둔옹(遯翁)이라고도 하였다고도 하는 것과 서원의 이름과 맥락을 같이 한다.

이처럼 돈암서원은 주역의 원리와 성리학적 전통에 입각하여 평지에 넓은 공간에 건물이 배치되어 있다. 죽림서원과는 달리 돈암서원은 대원군의 서원철폐령에 의해서도 훼철되지 않았으며, 세계문화유산으로 등재된 9개 서원 중의 하나이다. 인근의 임리에서 현재의 위치로 1880년대에 옮겨 온 것으로 서원의 배치에 다소 변화가 생겼다. 응도당이 위치하여야 하는 곳에 김장생의 강학공간이던 양성당이 위치하게 되었고, 김장생의 부친인 황강 김계휘가 대둔산 고운사 터에서 강학하던 정회당을 그

곳에 위치하고 있는 것도 특징이다. 이곳은 광산김씨 3대가 공존하는 공간이다.

돈암서원은 문묘에 배향된 김장생, 김집 부자와 그의 제자인 양송(兩宋)을 배향하고 있는 서원이다. 인조23년의 인조실록에 나와 있는 젊은 시절의 김집, 송시열, 송준길의 인물평을 보기로 한다. "상이 글을 내려 전 승지 김집과 전 지평 송시열을 불렀다. 김집의 자는 사강(士剛)인데 김장생의 아들이다. 김장생은 이이에게 배웠고, 김집의 학문은 가정에서 닦은 것이다. 사람됨이 온화하고 깨끗하였으며, 예로써 자신을 검속하였다. 소시적에 과거 공부를 하다가 만년에는 그만두고 학문에 마음을 쏟았는데, 늙도록 게을리 하지 않아서 고장 사람들이 모두 존경하였다. 누차 사헌부의 관직을 제수하였으나 모두 부임하지 않다가, 기묘년에 집의로 부름을 받고 서울에 들어와서 승지로 발탁되었으나 곧바로 사직하고 돌아갔다. 송시열의 자는 영보(英甫)이고 송준길의 자는 명보(明甫)인데, 모두 충청도 회덕 사람이다. 두 사람 다 김장생에게 사사하였는데, 김장생이 언젠가 송시열을 두고 말하기를 "이 사람은 독실하여서 반드시 크게 진취할 것이다."고 하였다. 처음에 대군(大君)의 사부가 되었으나 병자 호란 이후로 벼슬길에 뜻을 끊어서, 누차 벼슬을 주었으나 거절하고 부임하지 않았다. 송준길은 사람됨이 단아하고 학문에 뜻을 두어 게을리 하지 않았다. 금년 여름 지평에 제배하였으나 병을 이유로 부임하지 않고 소를 올려서 소현 세자의 상례에 대한 잘못을 논하고 또 원손을 잘 보양하여 국가의 근본을 튼튼히 할 것을 청하였다."

돈암서원의 주배향자는 사계 김장생이다. 김장생은 사계집을 비롯하여 가례집람, 상례비요, 근사록석의 등 여러 저서를 남겼다. 김장생과 그의 아들 김집은 서울의 서소문 정동 구 법원터에서 태어났다. 김장생은 13세에 송익필로부터 근사록과 예학을, 율곡 이이로부터 성리학을 수학하고, 33세에 성혼으로부터 가르침을 받았다. 향리인 충남 연산(連山)을 세거지로 하여 평생을 학문에 정진하였던 조선 예학의 종장(宗匠)이다. 그의 기호유학의 예학사상은 직(直)사상에 기초하여, 한국적 실정에 맞는 가례를 중시하였고 형식주의 보다는 실질에 기반하고 있으며 왕가도 사가와 동일한 인륜적 기초에 있다는 데에서 출발하고 있다는 점에서 한강 정구, 여현 장현광, 미수 허목 등의 영남예학과 다르다. 김장생은 조정에서 여러차례 관직을 제수하여 몇 차례 벼슬길에 나가기도 하였으나 향리에서 학문과 후학 양성에 힘썼다. 사후에 영의정에 추증되고 문묘에 배향되었다. 그의 학문은 아들 김집을 비롯하여 송시열, 송준길, 이유태 등의 제자들에게 계승되었다. 송준길은 영남의 유학자이며 대제학을 지낸 우복 정경세의 사위이다.

김장생과 그의 아들 김집 부자를 통해 조선 예학이 비로소 학문적 수준을 갖추게 되었다고 평가된다. 김장생은 "예는 통서(統緖)를 바르게 하는 것"이라 하고, 그의 아들 김집은 "예란 인욕(人欲)을 억제하여 천리(天理)를 보존케 하는 법칙" 이라 하였다. 이들 부자는 주자가례와 고례의 이상적인 예정신을 회복하는 동시에 천리와 인정이 조화되고 우리 실정에 맞는 시의성과 실용성을 갖춘 예제의 구축을 통하여 사회기강을 확립하고자 하였다. 특히 김장생 부자는 우리 실정에 맞는 종법의 현실적 구현에 포커스를 맞추었다.

기호 유학에서의 노론과 소론의 갈등은 우율(牛栗)의 학술적 관점의 차이에서 비롯된다. 이이는 이황보다는 서경덕이나 기대승과 궤를 같이하고, 이이의 학맥은 김장생을 통해 그의 아들 김집을 거쳐 송시열 등에게 전수되었다. 그 반면에 윤증은 그의 부친 윤선거가 김장생과 김집의 문도이기는 하지만, 현실적인 측면을 고려하였고 남인에 대하여 비교적 우호적인 경향을 띠고 있다. 성리학에 깊이 경도되어 있는 송시열과는 학문적으로 다른 경향을 보여주었다. 송시열과 윤증 사이의 회니논쟁을 통해 노론과 소론의 분당이 이루어졌다. 윤증은 "3년상이면 어떻고 1년상이면 어떠냐, 형식에 집착하거나 몰두할 것은 아니다"라는 취지로 송시열의 입장과는 거리를 두고 있다. 이에 반해 송시열은 스승의 직(直)사상의 영향과 논어에서 말한 아침에 정도(正道)가 행해지고 있다는 말을 들으면 저녁에 죽어도 좋다는 의미의 '조문도 석사가의(朝聞道 夕死可矣)'라는 공자의 유학정신에 철저하였다. 성리학의 나라인 조선에서 노론의 영수인 송시열의 영향력을 막강하였고, 왕명학은 주류 학문이 아니었다. 명재의 제자 중에는 우리나라 왕명학의 체계를 수립한 하곡 정제두가 있다는 점은 주목할 만하다.

율곡 이이의 수제자인 김장생은 인조반정 후에 서인 중에 적극적으로 공직에 출사를 하지 않은 청서파(淸西派)로 분류되어 정치에 직접 참여하지는 않았다. 국가 원로로서 성균관에 사업(司業)이라는 특별직에 제수되어 후학을 양성하기도 하였다. 또한 율곡 이이의 만언봉사에 준하는 분량으로 13조 개혁안을 제시하기도 하였다. 특히 인조가 집권 초기에 부친을 국왕으로 추존하려고 하자 이를 반박하는 원종추종논쟁이 있어 자신의 입장이 받아들여지지 않자 미련없이 충남 연산으로 낙향하였다. 그의 제자 송시열도 1차 예송논쟁에서는 그의 뜻이 받아들여졌으나 2차 예송논쟁에서 허목, 윤선도 등 남인에게 밀려났다. 조선예학은 서인예학과 남인예학으로 나누어지는데 이러한 예학이 정치투쟁의 수단이 된 것은 노론과 남인의 치열한 해석논쟁에서 비롯되었다. 예송논쟁의 본질적인 차이점은 왕가의 윤리에 차별을 둘 것인가와 관련된다. 남인계통의 예학론자는 인륜문제에 있어 왕가와 사가를 달리 취급해야 한다는 논리라면, 서인계통의 예학론자는 직사상에 기초하여 인륜의 문제는 왕가라고 해서 사가와 달리 보아 예외를 둘 수 없다는 것이다.

돈암서원의 중심 건물은 응도당(凝道堂)이라고 할 수 있다. 그러나 현재는 응도당이 서원의 왼쪽에 위치하고 있다. 원래는 주강당인 양성당 자리에 있었던 것이다. 양성당은 원래 돈암서원 안에 있던 건물이 아니다. 김장생이 아한정 터에 세웠던 서재겸 강학공간이다. 돈암서원을 현재의 위치로 이관하면서 응도당을 곧바로 옮겨 올 수 없어 양성당을 위치하게 된 것이다. 응도당의 현판 뒤에 걸려 있는 돈암서원(遯巖書院)이라는 글씨는 송시열이 쓴 것이다. 응도당은 한국의 서원 중에서 가장 큰 규모의 강학공간으로 유명하다. 응도당의 격자 문이 그 크기기 조금씩 다르다는 것을 문화해설사의 설명을 듣고 알 수 있었다. 한편 돈암서원의 배향과 제사공간인 숭례사 내삼문 담장에 문자가 새겨져 있다. 동쪽 편 담장에 지부해함(地負海涵)이라는 전서체의 4자성어가 적혀 있다. 땅은 온갖 것을 다 짊어지고 바다는 모든 물을 다 받아들인다는 의미이다. 군자의 포용력을 말한다. 마치 이사의 간축객서에서 말하는 "태산불양토양 하해불택세류(泰山不讓土壤 河海不擇細流)"의 경지를 말한다. 다음은 서일화풍(瑞日和風)이라는 글귀가 내삼문 서편 담장에 적혀있다. 그 뜻은 상서로운 날과 온화한 바람처럼 평안한 일상을 갈구하라는 것이다. 그리고 내삼문을 사이에 두고 박문약례(博文約禮)의 글자가 나뉘어 새겨져 있다.

박문은 널리 학문을 익히는 것이고, 약례는 핵심적인 예를 실천한다는 의미이다. 돈암서원은 특히 예학자를 길러낸 학술적 공간으로, 율곡 이이와 퇴계 이황이 성리학의 이기논쟁 속에서 박문은 어느 정도 정리되었다고 볼 수 있다. 김장생 부자와 그의 제자인 양송은 박문의 중요성과 함께 당시 사회적으로 정립되지 않고 미흡한 분야인 약례에 주안점을 두고 조선 예학의 바람을 일으켰다.

◇명재고택, 궐리사 그리고 한국유교진흥원을 둘러본 후 문화탐방을 마치며

3인의 일행은 노론계열의 돈암서원을 둘러 본 후에 이와 대척점에 있는 소론계열의 청빈한 윤증의 삶의 모습이 담겨 있는 명재고택에 들렀다. 그 곳에 살았던 백의정승 명재 윤증의 권력과 초연한 모습을 떠올렸다. 명재고택에 대문이 없는 대신에 장독대가 많이 진열되어 있는 것을 쉽게 알 수 있다. 송시열의 친구이며 인척이 윤선거이고, 윤선거의 아들 윤증은 송시열의 제자였다. 그러나 송시열과 윤증의 사제지간의 갈등의 원인의 시발점은 윤선거가 남인 계열의 학자인 윤휴의 편을 드는 것과 관련된다. 송시열과 윤증의 갈등관계는 윤선거의 묘갈명 문제로 인한 것으로 알려져지만, 그것 만이 아니라 송시열이 스승인 김장생의 손자 김익훈의 처리 문제, 박세채에게 보낸 신유의서(辛酉擬書)의 문제로 양자의 관계는 서로 등을 돌리고 노론과 소론의 분당으로 이어지게 되었다. 박세채의 중재로 송시열과 윤증 사이에 화해를 위한 과천회동이 마련되었다. 그러나, 윤증이 내건 3대 조건을 송시열이 들어 주기 어렵다고 박세채가 전하자 윤증은 약속장소에 나타나지 않고 논산으로 내려갔다. 만약에 3인의 대학자 간에 화해가 성사되어 3인이 출사하여 정승직을 나누어 맡았

다면 조선의 역사는 어떤 방향으로 흘러갔을지 알 수 없는 일이다.

송시열은 제자인 권상하에게 궐리사를 노성에 짓도록 유지를 내린 것으로 전해진다. 노론 계열에서 명재고택 옆에 노성향교를 지어 명재고택을 드나드는 사람들을 감시하고 견제하였다는 설이 있다. 이것이 사실인지는 알 수 없으나 건축물의 배치가 명재고택을 양쪽에서 협공하는 형세인 것 만은 틀림 없다. 공자의 사당인 궐리사는 경기 화성과 논산 노성의 2군데만 있다. 노성의 궐리사에 공자를 주배향자로 하면서 송나라 6현인 정호, 정이, 장재, 주돈이, 소옹, 주희를 배향한 것은 권상하에게 그의 스승인 송시열이 유지를 남긴 것으로 보는 것이 맞을 것이다. 이는 송시열이 윤증과의 결별 후에 공자에서 주희의 성리학을 거쳐 율곡 이이, 사계 김장생으로 이어지는 도학의 정통이 송시열에게 있다는 것을 대외적으로 과시하려고 한 것이 아닐까 추측해 본다.

이번 강경과 논산 문화탐방에서 시간제약상 들리지 못한 곳은 종택당과 노강서원 등이다. 노강서원은 성혼의 제자이며 그의 사위인 윤황을 비롯하여, 윤문거, 윤선거 형제와 윤증에 이르기까지 4인의 학자를 배향하고 있다. 노강서원은 대원군의 서원철폐령에서도 훼철되지 않은 파평윤씨 3대가 공존하고 있는 공간이다. 현재는 서원을 공사중이라 내부를 둘러볼 수 없어 아쉬웠다. 최근에 대규모의 유교시설인 한국유교문화진흥원이 파평윤씨 문중에서 체계적으로 과거시험 양성하던 종택당 부근에 위치하고 있다. 유교문화진흥원의 자료실 촉오문(觸悟門)에 들려 직원들의 상세한 설명을 듣고 그곳의 시설을 견학하였다. 그 위치가 논산 유교문화의 중심축인 돈암서원 인근이 아니라 명재고택과 파평윤씨의 종택당 부근이라는 점에서 지역사회에서 다소 논란이 있었던 것도 사실이다. 그러나 파평 윤씨 문중에서 토지를 기부하여 유교문화진흥원의 위치가 그쪽으로 가게 된 것으로 전해 지고 있다.

마무리할 시점에 가는 비가 내리기 시작하였다. 서두에서 밝힌 바와 같이 성균관·향교·서원법이 제정되어 금년 1월 26일부터 본격적으로 시행되므로, 충남 강경과 논산이 새로운 한국유교문화의 중심지로 발전하게 되기를 기원한다. 오늘날 전통적 가치가 외면받고 인륜과 도의가 땅에 떨어지고 있는 현실에서 새로운 법률의 시행으로 강경의 죽림서원과 논산의 돈암서원 등 전통 유교문화의 진흥과 보존을 넘어 선비정신 등 한국의 정신적 가치를 계승·발전하는 계기가 되기를 바란다.

(출처: 뉴스퀘스트 법과 인문학 단상, 2024.02.08.)

4 우암(尤庵) 송시열의 교육관 – 청초안(靑草岸)과 몽괘벽(夢挂壁)

스승의 날의 발원지는 충남 강경이다. 그곳에는 우암(尤庵) 송시열이 설립한 팔괘정(八卦停)이 있다. 송시열의 스승은 조선 예학의 종장(宗匠)인 사계(沙溪) 김장생이다. 김장생은 금강이 내려다 보이는 언덕위에 후학을 양성하고 강학하기 위해 임리정(臨履停)을 지었다. 또한 그곳에서 약 50미터 떨어진 위치에 그의 스승 율곡(栗谷) 이이와 우계(牛溪) 성혼을 배향하기 위하여 죽림서원을 설립한 바 있다.

송시열이 자신의 스승인 김장생을 닮기 위해 임리정과 같은 모양으로 인근에 팔괘정을 짓고 후학을 양성하였다. 이러한 일련의 아름다운 사승관계(師承關係)가 스승의 날 제정의 원동력이 되었다. 팔괘정은 우주와 인간의 변화의 이치와 원리를 나타내는 주역의 팔괘를 염두에 두고 지은 것으로 보인다. 한편 임리정은 깊은 연못을 마주하는 것처럼 얇은 얼음을 밟는 것처럼 조심하여 처신하라는 의미의 시경에 나오는'여림심연 여리박빙(如臨深淵 如履薄氷)의 문구를 따서 지은 것이다.

팔괘정 뒤의 암벽 우측에 횡으로 쓴 청초안(靑草岸)과, 암벽 좌측에 종으로 쓴 몽괘벽(夢挂壁)이라는 글자가 새겨져 있다. 청초안과 몽괘벽은 송시열이 팔괘정을 설립하면서 바위에다 각자한 것으로 송시열의 교육관의 일면을 보여주고 있다.

다만, 그곳을 다녀간 여행객중에 청초안을 청초암(靑草岩)으로 잘못 소개하고 있기도 하다. 멀리서 보면 바위 암(岩)으로 보이지만 자세히 살펴보면 언덕 안(岸)이라는 것을 알 수 있다. 청초안은 횡으로 각자되어 있어 이를 공간적 개념으로, 몽괘벽은 종으로 각자되어 있어 시간적 개념으로 파악할 수 있다.

우선 청초안은 그 뜻이 문자 그대로 푸른 풀이 펼쳐진 언덕이다. 푸른 풀을 뜻하는 청초는 맑은 사람이나 푸르고 깨끗한 세상으로 해석할 수 있다. 그런데 몽괘벽의 의미에 관하여 명확하지 않다. 송시열이 중국의 회향현에 있는 팔괘대를 꿈꾸고 바위에 이를 각인한 것이라는 설명이 있을 뿐이다.

그러나 이는 송시열의 모화사상을 드러내고 있어 탐탁하지 않은 해석이다. 오히려 그렇게 해석할 바에야 전북 진안 마이산의 몽금척(夢金尺) 설화와 유사한 의미로 풀이하는 편이 좋을 것이다.

태조 이성계가 남원의 운봉 전투에 승리한 후에 마이산 입구 주필대에 말을 세워놓고 은수사에 들어가서 금척을 받는 꿈을 꾸었듯이 송시열이 유학과 주자학의 세계에서 최고의 경지로서 나아가기 위한 바위에 몽괘벽을 적어놓은 것으로 해석하는 것이 그럴 듯 하다.

이처럼 몽괘벽은 문자 그대로 희망의 꿈을 벽에 걸었다는 의미로 볼 수 있다. 송시열이 팔괘정이라고 주역을 염두에 두고 명명한 것과 연관하여 생각하면 교육 내지 계몽과 관련된 괘인 산수몽(山水蒙)과 관련이 있다.

꿈 몽은 어둡다는 뜻도 있어 전혀 무관하지 않다. 몽(蒙)괘의 요체는 바른 인재 양성인 양정(養正)이다. 몽괘벽에서의 몽(夢)은 주역의 산수몽에서의 몽(蒙)과 한자는 다르지만 발음이 같아서 이이가 쓴 격몽요결(擊蒙要訣)에서의 몽(蒙)과도 연결된다.

청초안과 결부하여 몽괘벽의 의미를'소년들이여 야망을 가져라(*Boys, be ambitious*)'로 해석할 수 있다. 송시열이 산수몽에서의 몽(蒙)과 달리 빗대어서 꿈 몽(夢)으로 쓰고, 괘(挂)도 팔괘정의 괘(卦)와 다른 한자로 표현한 것은 임리정의 의미와 대비하여 보면 난득호도(難得糊塗)의 경지로 볼 여지가 있다.

이와는 전혀 다른 각도에서 벽을 화씨지벽(和氏之璧)에서의 벽과 같이 얻기가 귀한 보석으로 볼 수도 있다. 정도(正道)와 직(直)을 추구하였던 송시열이 화씨지벽의 고사(古事)에서와 같이 진정한 가치에 도달하는 길이 험난하다는 것을 보여준다.

청초안과 몽괘벽은 푸른 초원이 바라다 보이는 인덕에서 빛나는 보석처럼 참된 인간이 되는 것을 목표로 하는 것을 후학에게 일깨워 주고 있다. 꿈보다 해몽이다. 교육자인 송시열이 후학에게 현실적인 벽에 직면하여 중도에 포기할 것이 아니라 영원히 변치 않는 보석(璧)을 내걸고 꿈을 꾸고 이를 실현하기 위해 절차탁마를 일깨우는 청초안과 몽괘벽을 강학공간인 팔괘정 뒤의 암벽에다 쓴 것이라고 해석하고 싶다.

(출처: 뉴스퀘스트 법과 인문학 단상, 2024.02.01.)

Ⅲ. 불교

1 불교계, 화쟁사상을 기반으로 스스로 갈등·분쟁 해결에 나서라

- 민간조정(民間調停) 활성화를 위한 새로운 불교분쟁조정기구 설치 제언 -

우리 사회가 '갈등공화국'이라는 오명을 벗지 못하고 있다. 국민이 이념적 지형에 따라 서로 반목하고 있고, 사회 구성원 간에 다양한 갈등과 분쟁이 끊임없이 표출되고 있다. 일상적 세속과 거리를 두고 있는 불교계 내부에서도 크고 작은 갈등과 분쟁이 발생하고 있다.

대한불교조계종과 한국불교태고종 사이의 순천 선암사의 토지 소유권을 둘러싼 오랜 기간의 법정공방은 지난해 12월 24일 선고된 대법원 판결로 인해 지리한 분쟁이 해결되기는커녕 이로 인해 불교종단간 심각한 갈등국면이 조성되는 등 불교계가 내분의 수렁에 빠지게 되었다.

일반적으로 갈등이나 분쟁이 있을 경우에 재판상 분쟁해결시스템인 소송에 의한 해결은 중립적 제3권력인 법원을 통한 최종적인 법적 분쟁해결이라고 할 것이다. 그러나 소송절차는 당사자간의 권리를 위한 투쟁이 첨예하게 되어 갈등과 분쟁이 형식적으로는 종식될 수는 있어도, 재판의 결과에 승복을 하지 않는 경우가 종종 발생한다. 소송에서는 승자독식의 완승주의가 지배하고, 시간과 비용의 측면에서 법원의 소송을 통한 분쟁해결은 한계가 있다.

법원의 판결이 항상 정당한 결론을 이끌어 내는 것은 아니다. 순천 선암사의 경우 사찰의 등록이 대한불교조계종 선암사로 되어 있음에도 자율적 의사결정이 결여되어 독립된 사찰로서의 실체가 인정되지 않아 당사자능력이 없다고 판단한 대법원의 법해석과 논리가 비판의 도마 위에 올라있는 실정이다.

그런데 종교계의 분쟁은 대체적 분쟁해결제도(*ADR*)를 활용하여 타협을 모색할 수 있음에도 쉽사리 법원에 소송을 제기하는 문제가 있다. 분쟁과 갈등을 원만히 해결하여 서로 상생적 관계를 도모하지 않고 성급하게 법원의 소송을 통해 분쟁해결을 맡기면 당사자간에 형성된 관계의 회복이 어렵게 되고, 설사 승소를 하고서도 관계가 나빠져 상처뿐인 영광인 경우가 비일비재하다.

협상, 화해, 조정, 중재 등의 *ADR*의 존재이유는 법에 의존하여 일도양단(一刀兩斷)식의 해결이 아니라 다양한 옵션을 갖고 조리와 상식에 따른 원만한 해결과 상호 양보에 의한 분쟁해결이다.

불교계 내부의 문제를 법원에 소송을 제기하여 법해석에 따라 결론을 도출하기보다 상호 양보하여 원만히 분쟁을 해결하는 것이 주체적 삶의 방식일 수 있다. 불교의 기본정신은 '상구보리 하화중생(上求菩提 下化衆生)'을 지향하므로, 진리와 깨달음의 토대 위에서 중생을 구제하는 실천의 장으로 나아가는 데 있다. 협상이나 조정이 자율적 분쟁해결제도라면, 중재와 소송은 타율적 분쟁해결제도이다. 불교의 핵심 원리중에 임제선

사가 말한 '수처작주 입처개진(隨處作主 立處皆眞)'이라는 말처럼 조정에 있어 조정인이 있더라도 당사자가 스스로 분쟁해결의 주인이 되는 것이다. 그리고 불교의 삼독(三毒)인 탐진치(貪瞋癡)에 빠진 사람은 욕망, 분노 그리고 우매하기 때문에 갈등이나 분쟁에서 헤어나지 못하고 그 늪에 빠질 가능성이 높다.

신라의 고승 원효는 어느 한 종파에 치우치지 않고 대승불교 경전 전체를 섭렵하고 파쟁이 심한 불교를 화쟁(和諍)사상을 통하여 자기 분열이 없는 보다 높은 입장에서 불교의 사상체계를 세웠다. 화쟁은 단지 화해(和解)하는 데 그치는 것이 아니라 서로의 만남과 소통을 이어나가는 회통(會通)의 의미를 담고 있다. 이처럼 조정의 기초가 되는 화쟁사상은 당사자 간에 화해가 이루어진 이후에도 서로 소통하면서 지속적인 관계의 유지와 개선이 이루어져야 하는 점까지 내다보는 미래지향적 해결 모색인 것이다. 원효가 화쟁사상에 기초하여 어느 주장과 이념을 고집하지도 버리지도 않으면서도 긍정과 부정의 두 가지 논리를 융합해 더 높은 차원에서 새로운 가치를 찾았던 점에 주목할 필요가 있다.

사회적 현안 앞에서 옳고 그름의 사리분별이나 대화와 타협을 도외시하고 내 편이냐, 네 편이냐만 따지는 오늘날 한국적 갈등구조 속에서 이러한 화쟁사상은 우리 사회에 널리 확산될 가치이다. 그동안 불교계 내부의 분쟁해결기구로 조계종 화쟁위원회가 있어, 원로 스님과 일부 법조인이 참여하여 사회적 주목을 받은 사건의 분쟁해결에 나서 일부 성과를 보이기도 하였으나 그 기능에 한계가 있다. 또한 2013년 초에 불교계가 종단을 넘어서서 불자 법조인들이 스님과 불자간의 법정다툼을 하기에 앞서 *ADR*을 활용하여 분쟁을 해결하기 위하여 대한불법화해중재원을 출범시켜 운영하여 왔다. 그러나 이와 같은 불교계의 기존의 분쟁조정기구가 사찰분쟁을 효율적으로 해결하는 신뢰할 수 있는 민간형 조정기구라고 단언하기 어렵다.

기독교계는 불교계보다 한 발 앞서 한국기독교화해중재원을 설치하여 운영해 오고 있다. 기독교화해중재원은 2008년 3월 21일에 설립되었고, 그 후 2011년 11월에 사단법인 설립허가를 받아 현재에 이르고 있다. 기독교화해중재원은 "기독교 내의 교회 및 교인들 사이의 교회분쟁과 이에 준하는 분쟁을 성경적 원리와 실정법의 적용을 통하여 상담, 교섭, 협상, 조정, 화해 및 중재 등의 방법으로 원만히 해결하고, 이를 위하여 필요한 연구와 교육 및 훈련 등을 시행함"을 목적으로 설립된 분쟁해결기구이다. 교회 및 교인들 사이의 교회분쟁을 기축으로 하면서 법원연계형 조정을 병행하여 처리하고 있다.

따라서 불교계는 향후 사찰분쟁을 넘어 불교인의 일상적인 분쟁과 갈등을 법원의 소송 전에 처리하는 '대한불교분쟁조정센터' 설치에 적극 나서야 할 때이다. 새롭게 불교계에 설치하게 될 민간조정기구에서는 법원연계형 사건에 치중하기보다는 조정신청의 대상을 스님이나 신도간의 사찰분쟁을 넘어 당사자 쌍방이 원하는 분쟁도 사찰분쟁에 준하여 그 대상을 넓히는 등 기독교화해중재원의 운영상의 장점을 벤치마킹할 필요가 있다.

불교계는 화쟁사상에 기반을 두고 종단갈등과 사찰분쟁을 여법(如法)하게 스스로 해결하여 '조정의 시대'를 견인하기를 기대한다.

(출처: 한국불교문학[2021 여름호/ 권두칼럼])

2 불교계, 인간과 동물이 공존하는 생태계 복원에 앞장서야

– 불교철학과 유교사상의 관점에서의 동물보호

동물은 신에 의하여 인간과 함께 창조된 생명체이다. 동물은 인간중심적 차원에서 육식을 위한 식량자원이나 옷을 만드는 수단으로 기능하였다. 그러나 동물 중 개는 특유의 친화력으로 인간과 친밀한 관계를 유지하며 친절한 이웃과 같은 역할을 하기도 한다.

불교에서 개는 인간과 인연이 깊은 동물로 알려져 있다. 불자 중에는 개를 부모나 조상의 환생으로 생각해 개고기를 먹지 않고 금기시하는 전통이 있다. 충직한 반려견은 말은 하지 않지만 앞을 못 보는 맹인에게 길안내 역할을 하고, 시골에서 집을 지키는 수비견은 낯선 사람이 오면 소리를 내어 주인에게 인기척을 알리는 경고장치의 역할을 한다. 자신이 애완동물로 키우는 개를 데리고 산책하다가 이웃과 친해지게 되면 개는 소통과 대화의 중개자가 되는 것이다. 노인이나 외로운 사람들에게는 개나 고양이 등 반려동물은 가족구성원과 같이 외로움을 달래며 함께 정서를 공유하기도 한다.

조주선사가 개에게 불성이 있느냐는 질문에 '무(無)'로 답한 후에 일체중생이 생명이 있는 존재인데 개에게도 불성이 있지 않느냐고 하니까 유(有)라고 하였다. 불자는 이와같은 무(無)자를 화두로 삼아 참선을 수행하기도 한다.

불교에서는 삼라만상이 하나의 생명체로 이루어져 있으며, 연기에 따라 그 생명체가 생성·성장·노화·소멸하는 존재라고 이해하고 있다. 자연생태계를 구성하는 인간과 유사한 생명체라는 점에서 인간과 동물은 불이동체(不二同體)라고 할 것이다. 불교에서 살생하지 말라는 불살생(不殺生)의 계율이 있고, 불살생과 비폭력을 의미하는 아힘사(*ahimsa*-)의 정신이 불교의 바탕이 되고 있다. 아힘사의 가르침은 불교뿐만 아니라 힌두교와 자이나교의 기본교리로 전승되고 있다. 이러한 사상의 바탕에는 모든 살아있는 생명체에 대한 나쁜 감정을 갖지 않는 태도가 자리하고 있다.

또한 법구경에서는 "모든 것은 폭력을 두려워하고 죽음을 두려워한다. 이러한 이치를 자기의 몸에 견주어 남을 죽이거나 죽게 하지 말라"고 되어 있다. 불교의 자비와 구원의 대상은 인간만은 아니고 살아있는 모든 생명체가 되며, 이러한 생명체를 중생이라고 한다. 중생은 그것이 생명체라는 점에서 존중되고 보호받을 필요가 있다. 중생에 대한 연민과 사랑의 자비정신은 인간애를 넘어 모든 생명체를 향하고 있고 생명체인 중생에 대한 공감 속에서 고통을 덜어주고 기쁨을 주는 발고여락(拔苦與樂)을 그 내용으로 하고 있다. 인간이 약자인 동물에까지 배려하고 따뜻한 마음을 베푸는 것은 인간의 품성을 바르게 하여 인격을 고양시키는 데 기여한다. 그동안 불교계가 불살생을 강조하여 동물에 대한 살생을 금지하고 물고기의 방생차원의 소극적 행사에 그치고 있으나 동물보호를 위한 보다 적극적인 방안 모색이 필요하다. 인간과 동물은 대자연 속에서 함께 살아가야 할 운명적 유대관계이다.

한편, 조선시대 성리학의 3대 논쟁은 이기론을 둘러싼 사단칠정 논쟁, 예송논쟁과 호락(湖洛)논쟁을 들 수 있다. 호락논쟁은 노론계열의 송시열의 수제자인 권상하의 문하에서 펼쳐진 동물과 인간과의 관계에 관한 논쟁이다. 호락논쟁은 인간과 동물이 같은 본성을 갖는지 아니면 다른지를 둘러싼 호서(湖西)학자 남당(南塘) 한원진과 한양(洛下)학자 위암

(巍巖) 이간 사이의 인물성동이론변(人物性同異論辨)으로 표출된 철학논쟁이다.

당시 노론계의 주류적 이론은 사람과 동물은 본성이 다르다고 보았다. 성리학의 내부에서 인간의 본성과 동물의 본성은 같다는 동론을 주장한 학자들이 적지 않았다는 점에 주목할 필요가 있다. 이처럼 조선시대의 성리학에서 동물의 본성을 논한 것은 당시 오랑캐로 칭했던 청나라를 인정할 것인가의 정치적 해석과 밀접한 관련이 있다. 이러한 동물과 인간의 본성이 같지 않다는 논리가 구한말 바른 것을 지키고 옳지 못한 것을 배척하는 위정척사(衛正斥邪) 사상으로 표출되기도 하였다.

이처럼 호락논쟁은 임진왜란과 병자호란을 겪은 이후 사회변화에 따른 새로운 성리학의 흐름 속에 동물의 도덕적 위상을 인간과 같은 차원으로 바라보았다는 점에서 동물보호와 관련하여 의미 있는 학술적 논의라고 평가된다.

유교의 동물과 인간의 관계에 관한 논의와 달리 불교의 윤회론은 인간과 동물은 종을 번갈아가며 윤회하기 때문에 인간이 그 업에 따라 동물로 될 수도 있고, 동물 중에서도 인간이 될 수 있는 가능성이 있다는 이론이다. 따라서 동물이 자신과 전생에 인연이 깊은 관계일 수 있다고 생각한다면 동물에 대하여 함부로 대하기 어렵고 동물의 생명을 존중할 당위성이 도출된다.

한국과 중국 등 동양사회는 깊은 산속에서 도를 터득하여 높은 경지에 오른 선승이 호랑이와 같은 동물을 조련하여 반려자로 함께 수행한 일화가 널리 알려지고 있다. 우리는 반려동물과 정서적으로 교감하며 행복한 시간을 보내기도 한다. 이처럼 모든 개체적 생명체가 존중되고 함께 공존하는 세계는 하나의 꽃을 의미하는 '세계일화(世界一花)'에 다름 아니다.

코로나19가 안정화 국면에 있으나, 신종 변이와 생태계 파괴로 인해 인류의 위기가 지속되고 있다. 각종 신종 전염병의 유행과 동물학대 등 인간의 생태계 질서 파괴는 무관하지 않다. 따라서 코로나 신종 변이와 파괴된 생태계의 인류에 대한 보복적 재앙을 막기 위하여 인간중심적 동물관으로부터 벗어날 필요가 있다.

인도의 성인 간디(*Mahatma Gandhi*)는 "한 국가의 위대함과 도덕적 진보는 그 국가가 동물을 대하는 태도로 판단할 수 있다"고 밝힌 바 있다. 동물의 법적 지위를 향상시키기 위해 지난 정부에서 동물은 물건이 아니라는 내용의 민법개정법률안을 국회에 제출한 바 있다. 불교계도 동물보호의 과제를 국가에만 맡길 것이 아니라 세계일화와 자비정신에 입각하여 인간과 동물이 공존하는 생태계의 복원을 위해 적극 나설 필요가 있다.

(출처: 한국불교문학[2023 봄호/ 권두칼럼])

3 나의 불교이야기 – 사찰순례와 방하착(放下著)

많은 사람이 자신을 잊고 바쁘게 생활하고 있다. 디로딩(*Deroading*)은 바쁜 일상에서 벗어나 일상의 부담을 줄이는 내려놓기의 일종으로 불교적 수행방법의 하나인 방하착(放下著)과 유사한 개념이다. 나는 음력 8월 24일에 태어났다. 매달 음력 24일이 관음재일이기 때문에 생일 자체가 불교와 인연이 깊다. 나는 네 살 무렵 부모님을 따라 오대산 월정사 부근 진부에서 2년간 살았고, 횡계에서 대학시절 여름에 고시공부를 하기도 했다. 유년시절에 부모님 따라 월정사에 갔고, 성장한 후에는 강원도 평창이나 용평으로 놀러가면 역시 월정사를 들리곤 했다. 강원도 진부에서 보낸 유년 시절 어느 가을날 집 뒤뜰의 철조망을 친 밭에 고추잠자리가 앉아 있는 것을 좇던 추억이 있다. 당시 고추잠자리를 보면서 느꼈던 것이 제행무상(諸行無常)이나 제법무아(諸法無我) 아닐까 생각한다.

산사(山寺)에 가면 마음이 편안한 것은 세월이 흘러도 변함이 없다. 대학 시절 이래 등산을 좋아해 시간이 나면 전국에 있는 명산대찰(名山大刹)을 찾아다녔다.

우선 나와 불교와의 인연은 서초동 예술의전당 맞은편에 있는 신중초등학교에 다닐 때 부터이다. 삼성동의 봉은사와 사당동의 관음사로 줄지어 걸어서 소풍을 몇차례 다녀왔던 적이 있다. 당시 소풍을 걸어서 오고 가느라 힘들었지만 절 안에서 준비해 간 김밥도 먹고 선생님과 사진도 찍던 아련한 추억이 남아 있다. 고등학교 시절에는 어머니를 따라 사당동 배나무골에 있는 영산법화사(靈山法華寺)라는 절에 다니면서 법고(法鼓)를 치면서 '나무묘법연화경(南無妙法蓮華經)'을 수지독송하던 시간이 떠오른다. 인자한 노스님은 법고를 치면서 새벽이면 배나무골 일원을 크게 한바퀴 도셨는데 우리 집 앞을 지나가는 때가 새벽 5시-6시경이었다. 멀리서 법고 소리를 들리면 일찍 일어났던 기억이 있다. 고등학교 시절 여러 책 중에서 불교서적도 읽었는데, 일본 소림일랑(小林一郎)이 쓰고 이법화가 번역한 '법화경강의(法華經講義)'전 10권을 열심히 읽었던 기억이 있다.

나의 대학시절에 불명(佛名)이 자혜정(慈慧淨)인 어머니는 집에 불전을 모셔놓고 예불을 올리셨다. 아침에 부처님 전에 자식의 성공을 위해

기도를 올리셨다. 나를 불교의 길로 이끈 자애로운 나의 어머니는 지병으로 인해 우리 곁은 떠나셨지만 발고여락(拔苦與樂)의 불교적 생활의 가르침을 일상에서 몸소 보여주셨다. 그 후 사법연수원 시절에는 반야회에 가입했으나 열심히 활동하지 못했다. 다만 불광사에서 지도법사인 무진장 스님의 법문을 들었던 기억이 있다. 사법연수원을 수료한 후 대구에서 육군 장교로 근무하면서 전투체력의 날인 수요일 오후에 팔공산 동화사의 갓바위를 수십 차례 다녀왔던 기억이 있다. 당시 갓바위에 가서 기도하면 한가지 소원은 들어준다는 이야기가 있었었다. 제대하면서 통상적 진로인 변호사의 길이 아닌 법제처 공무원 특채로 진출해 행정법학자의 삶을 살게 된 것이 갓바위의 기도의 힘이 아닐까 생각해 본다. 독일 유학 후 법제처에서 행정심판담당관으로 활동하다가 경희대 교수로 부임한 후 독일 만하임대 유학시절 지도교수인 게어드 로엘레케(*Gerd Roellecke*) 교수님을 초청해 강연회를 마치고 3박 4일 일정으로 불교와 유교의 대표적인 도시인 경주와 안동 그리고 팔만대장경 목판본을 보관하거 있는 해인사를 갔던 적이 있다. 그는 만하임대 총장을 지내기도 했지만 천주교를 신봉하는 법학자임에도 한국 불교와 유교의 찬란한 문화에 깊이 감명을 받고 독일로 돌아가셨다.

2000년대 초반애는 아이들을 데리고 수덕사를 비롯한 서산 지역을 문화 탐당하기 위해 자주 여행했던 기억이 있다. 그 당시 상왕산 개심사의 내웅전을 찾아 잠시 참신을 하는 사이에 함께 간 초등힉교 3힉년 아들이 연필로 아미타불상을 스케치했다. 나는 아들한테 그 그림을 색칠하도록 한 뒤 그것을 액자에 넣어 20년 이상 거실에 걸어두고 있다.

나의 법호를 경월(鏡月)로, 아들의 법호를 금강(金剛)으로 지어주신

도영 큰스님이 주석하고 계셔 자주 찾는 완주 송광사에는 어머니와 아버지의 위패를 지장전에 함께 모셔놓았다.

불교와의 인연으로 여러 사찰을 다니면서 내 육신을 이끄는 마음에 대하여 생각하는 시간을 갖게 되었다. 4년전 혈액암을 진단받고 모든 것을 내려놓는 방하착(放下著)의 마음가짐으로 북한산 숲속을 산책하고 항암치료를 받으며 병마를 극복할 수 있었다. 나는 평소 탐진치(貪瞋痴)의 3독(毒)을 멀리하려고 했다. 내가 분노에 다소 둔감한 것은 불교와 스토아철학의 영향도 있지만 외부적 일로 마음의 평정이 무너지지 않도록 나 나름대로 애쓴 면도 있다. 스스로 우매함을 극복하려 고금(古今)의 독서와 동서(東西) 여행을 통해 식견을 넓혀나갔다. 덕분에 어리석음은 약간 극복한 것 같지만 깨달음의 세계는 아직 요원하다. 더 늦기 전에 염불 독송을 넘어 참선수행을 통해 확철대오(廓徹大悟))의 큰 깨달음의 세계로 나아가고 싶다.

(출처: 월간 불교문화 2022년 12월호)

Ⅳ. 시(詩) 세계

계림 이강

가산(佳山) 김용섭(金容燮)

- 법조 2001. 10월호 통권 541호 게재 -

계림의 아름다움을 마음에 담은 채
이강에 떠있는 작은 배의 궤적을 보니
감추어진 시심이 너울처럼 일고,

양삭에 이르는 이강의 물결따라
병풍처럼 늘어선 기봉이 오고 갈 때
세차게 내리는 비는 풍취를 더해준다.

강가 초동의 물놀이를 뒤로하면
빗줄기 너머 백운 드리워진 산봉우리가
구비구비 선상으로 다가온다.

가을새벽

가산(佳山) 김용섭(金容燮)

- 법조 2002. 12월호 통권 555호 게재 -

찬공기를 가르고 떠오르는
햇살의 영롱한 빛에
잠들었던 숲이 깨어난다.

분주하게 새벽을 나르는
새들의 활기찬 노래소리에
고단한 나무들도 눈을 뜬다.

그렇다. 동녘하늘에 펼쳐진 것은
지난밤 어둠의 무게가 만들어 낸
곱게 물든 하늘의 단풍이다.

사진가 안승일의 산사 풍경과 함께

김용섭 시인의 시로 쓰는 사계

- 한국불교문학(2020 겨울호) -

무지개 펼쳐진 봄날

먼 산에서 들판으로 불어오는 바람은
비온 뒤의 추위를 머금고 있지만
따사로움을 간직한 봄볕으로 인해
대자연은 서서히 활력과 생동감을 찾아간다

시간의 흐름 속에 봄이 오는 길목에서
추위에 얼어붙은 대지는 침묵 속에 잠잠한데
깊은 동면과 인고의 두께를 깨고
엄동설한을 견디어낸 생명체의 움트는 소리가
산속 계곡의 물소리와 어울려 산하에 울려 퍼진다

갑자기 언덕 위로 찬란한 무지개가 떠오르니
지난 날의 삶의 무게가 영롱한 빛깔로 채색되어
뭔가 좋은 일이 일어날 것이라는 예감과 기대를 품으며
차가운 바람과 따사로운 햇살의 오묘한 혼재 속에서
힘든 시간의 애틋한 추억의 편린들은 멀리 사라지고
백화만발(百花滿發)의 현란한 봄날이 가까이 다가온다

여름풍경

봄날이 아무리 아름다워도 계속될 수는 없고
계절의 순환 앞에 순순히 자리를 양보하며
여름은 한동안 자신만의 색깔을 드러낸다

여름은 일광과 폭염이 계속되지만
배롱나무는 따가운 햇살을 견디며 백일간 꽃을 피워
날씨 탓하기 바쁜 우리를 부끄럽게 한다

더위를 참지 못하는 사람은 여름이 빨리 가고
가을이 빨리 왔으면 하면서 여름을 헛되어 보내나
여름만의 묘미가 있으니 날씨 탓할 일은 아니다

한낮의 매미소리가 유난히 슬프게 느껴지고
앞동산의 뻐꾸기 울음소리가 가끔씩 들려와도
앞집 개는 도인(道人)처럼 개의치 않고 낮잠을 잘도 잔다

추운 겨울을 떠올리면 한철 무더위를 견딜 만하고
더운 여름날에도 더위가 물러가는 저녁 무렵에는
산들바람도 불어오니 산책길에 나서면 기분이 상쾌하다

가을바람

높고 푸른 창공에는
하얀 뭉게구름이 두둥실 떠가고
분홍빛 코스모스 길가에 너울거리는
한적한 시골마을을 지나 산사 경내로 향한다
깊은 산골에서 불어오는 바람으로 인해
대웅전 처마 밑에 달려 있는 풍경이 흔들리며
고즈넉한 산사의 적막은 사라진다

들판의 오곡백과가 알알이 익어가는
인적 드문 논길 따라 홀로 정처 없이 걸으며
들녘의 호젓한 가을의 정취를 느끼면서
벌판에서 불어오는 바람을 마주한다
살갗을 스쳐지나가는 그 바람으로 인해
추억의 순간들이 하나둘씩 되살아나고
잊혀졌던 그리운 사람이 떠오른다

겨울에 쓰는 편지

그대의 모습을 머릿속에 떠올리며
텅 빈 들판에 눈 덮인 고요한 겨울 풍경을
마음에 담아 곱게 편지를 쓴다

지금은 찬바람 부는 황량한 벌판에 서 있지만
훈풍이 부는 대지에 들꽃이 만발하는 그 날을 향한
기다림의 미학이 너른 들판 위로 펼쳐진다

이것이 나의 그리움의 실체이고
그것을 표현하는 간절함이며
순백의 마음을 전하려는 절실한 심정이다

한국불교문학(2020년 여름호) 신인상 당선시

- 김용섭 -

봄은 어디에서 오는가

긴 겨울의 종착역이 어디쯤인지 몰랐어
바람이 세차게 불어 겨울 내내 추웠고
그 해 겨울은 유난히 눈이 많이 내렸지
나무는 옷을 벗은 채 인고의 시절을 보냈네

그런 엄혹한 세월이 어느새 물러갔지
서서히 산에 들에 꽃이 피고
새들이 나무에 찾아와 지저귀며
움츠렸던 나무가 기지개를 켜고 희망을 노래하네

이러한 봄은 어디서 오는가
선선한 바람인가 따사로운 햇빛인가 시간의 순환인가
그 어느 것도 아닌 우리의 마음에서 오는 것이 아닐까
그리하여 청춘의 활력으로 새봄을 기쁘게 맞이하자

여름여행 - 용평, 횡계 그리고 진부

용평의 바람은 앞서 불어오는 가을 바람이다.
안개 덮인 산등성 너머로 곤돌라를 타고 오르네
한눈에 횡계마을과 대관령고개가 시야에 들어온다.
용평의 여름은 선선하고 한적해서 좋다.
그냥, 어둠이 짙어갈 때까지 숲길을 산책한다.

횡계의 대관령산장은 어느새 폐허가 되었다.
그 산장에서 고시공부하며 대학시절 두 해 여름을 보냈지
이제는 세월의 흐름 속에 옛 자취가 사라지고 있다.
산장 뒤편에는 옥수수밭이 펼쳐져 옛 일을 떠올린다.
그때, 함께 부르던 노래가 옥수수잎 사이로 들려온다.

진부는 오대산 자락의 조용한 마을이다.
그곳에서의 유년시절이 봄날의 아지랑이처럼 되살아나네
개울가에서 물장구치고 고추잠자리 좇던 추억이 맴돈다.
겨울에 흰눈이 수북하게 덮인 거리가 회상된다.
그런, 아련한 추억이 흑백사진으로 인화된다.

동하재(東河齋)의 만추

나이 오십 즈음 대자연의 품속이 그리워
산으로 둘러싸인 한적한 시골 마을에 혼자 있을 거처로 옮겨 왔네
번잡한 세상잡사 잊고 은일하려고
독서하는 서재를 동하재로 정하니 운치가 절로 일어날세

해가 뉘엿뉘엿 기울 때
늦가을 외로운 기러기 먼 산 너머로 넘어가니 고향생각이 간절하며
이 산 저 산의 울긋불긋한 단풍은 저녁 노을에 비쳐
아쉬운 듯 광휘를 한층 더해가네
어둠이 안개처럼 서서히 시골 마을을 뒤덮고
집집마다 불빛이 창문으로 비쳐질 때까지 자연의 정취를 벗하노니

한밤중에 개가 짖어 앞뜰에 나와 둘러봐도 인적은 전혀 없고
대나무와 오동나무가 세찬 바람에 흔들릴 뿐
고개를 들어 하늘을 올려보니
깜깜한 밤하늘을 수놓은 달과 별들의 향연이
산간마을을 스쳐가는 바람처럼 청량하기만 하네

어디선가 불어오는 세찬 바람

입동이 지난 어느날 오후
오솔길 벤치에 앉아 사색에 잠기려니
오늘 따라 바람이 계속 불어
숲속 나무를 물끄러미 올려다본다.

하나 둘의 잎만이 떨어지는 것이 아니라
자신의 존재를 의식한 장렬한 전사처럼
우수수 일렬지어 한꺼번에 낙하하고 있다.

나무에 매달린 낙엽이 멋진 곡선을 그으며
눈발처럼 거리에 흩날리는 정경이 처연하게 펼쳐진다.

오늘의 바람은 어제 불어오던 잔잔한 바람이 아니며
어디선가 불어오는 세찬 바람은
그저 스쳐지나가는 그 무엇은 아닐 것이다.

그것은 누군가의 마음의 간절한 바람에 화답하여
세차게 불어오는 대자연의 바람이 아니겠는가

그리하여 어디선가 불어오는 세찬 바람으로 인해
그 바람의 의미를 깨친 자는 희망을 되찾아 어디론가 발걸음을 옮긴다.

북한산 숲속에서

대자연(大自然)은 지친 영혼이여 이리 오라 손짓한다.

산속에 오고 가는 사람들 사연도 표정도 본래 모습 그대로다.

숲은 '방하착(放下着)'이라며 짊어진 무거운 짐을 모두 내려놓으라 하네.

병마에 지친 몸을 추스르고

산중턱 바위에 앉아 정좌(正坐)하며 생명의 공기를 호흡한다.

나무 사이로 비추는 햇살에 한 가닥 희망을 품으며

가만히 눈감고 지나온 날에 감사한다.

너른 바위에 누워 푸른 하늘에 떠가는 흰 구름을 바라보며

일체개공(一切皆空)을 떠올려 본다.

세월의 흐름 속에 햇살처럼 빛나던 시간이 바람처럼 사라진다.

그동안 바쁘고 거친 세파(世波)에 잃어버린 마음을

고요한 숲속에서 찾으려 한다.

{ 신인문학상 - 심사평 }

사계를 돌아보며 윤회를 생각하는 선시(禪詩)

『한국불교문학』 편집부의 예심을 거쳐 본심에 넘어온 김용섭 시인의 작품 중 〈봄은 어디에서 오는가〉 〈여름여행〉 〈동하재(東河齋)의 만추〉 〈어디선가 불어오는 세찬 바람〉 〈북한산 숲속에서〉 등 5편의 시를 신인상 당선작으로 선한다. 어디서부터인지 근원을 알 수 없는 계절의 변화와 함께 돌고 도는 자연에 순응하며 마음 속에 잠재해 있는 모든 욕심을 내려놓고 사는 삶은 과연 존재하는 것일까. 또 마음의 짐을 내려놓는다면 육신의 무게는 가벼워지는 것인가. 그야말로 마음먹기에 달려 있는 삶의 무게를 '방하착(放下着)'을 빌어 모두 내려놓고 비워버리라고 설하는 김용섭 시인의 담담한 선(禪)적 모습에서 그가 깊이 성찰해 온 삶의 단면을 보게 된다.

어쩌면 〈북한산 숲속에서〉라는 시에서 사계의 일상을 결론적으로 함축시킨 바대로 김용섭 시인의 일상이 "나무 사이로 비추는 햇살에 한 가닥 희망을 품으며/ 가만히 눈감고 지나온 날에 감사"하면서 "너른 바위에 누워 푸른 하늘에 떠가는 흰 구름을 바라보며/ 일체개공(一切皆空)을 떠올려"보는 것으로 귀결된다. 바로 현상계에서 "햇살처럼 빛나던 시간이 바람처럼 사라"지는 심상을 체득했다고나 할까. '세상사 마음먹은 대로 되는 것이 있는가'를 화두로 마음의 짐을 모두 내려놓으라고 노래하는 김용섭 시인의 선(禪)적인 삶에 순수서정미 또한 자연스럽게 투영시킨 시 〈북한산 숲속에서〉야말로 그의 시적 역량을 충분히 표출하고 있어 상찬(賞讚)하고 싶다.

이와 함께, 윤회(輪廻)를 논하기에 앞서 우리가 통상의 사계(四季)로 인식하여 시작점에 위치하는 봄의 시원을 "옷을 벗은 채 인고의 시절을 보"낸 나무가 "기지개를 켜고 희망을 노래하"는 시점으로 설정하고 "선선한 바람인가 따사로운 햇빛인가 시간의 순환인가"에 의문부호를 던지며 봄은 "우리의 마음에서 오는 것이 아닐까"로 귀결시키는 시적 묘미가 절묘한 〈봄은 어디에서 오는가〉를 대하며 우리는 "청춘의 활력으로 새봄을 기쁘게 맞이"할 일일 터. 같은 연장선에서 강원도 '용평, 횡계, 진부'에서의 삶을 회억하며 특별한 시점을 '흑백사진'으로 뽑아 올려 아련한 추억의 감흥을 불러일으키는 〈여름여행〉, "해가 뉘엿뉘엿 기울 때/ 늦가을 외로운 기러기 먼 산 너머로 넘어가니 고향생각이 간절"하다고 노래한 〈동하재의 만추〉, "자신의 존재를 의식한 장렬한 전사처럼/ 우수수 일렬지어 한꺼번에 낙하하"는 낙엽을 보며, 삶의 끝자락에서 새 삶을 기대하면서 "그 바람의 의미를 깨친 자는 희망을 되찾아 어디론가 발걸음을 옮긴다"고 겨울의 양면성을 노래한 〈어디선가 불어오는 세찬 바람〉에서 인생의 사계 또한 체감하게 된다. 김용섭 시인의 대성을 기대하면서….

심사위원 : 홍윤기·이혜선·이희정

신인문학상 – 당선소감

눈을 감고 지나온 시간을 되돌리면, "광음여일풍(光陰如一風)"이 화두처럼 떠오른다. 비록 2년 정도의 시간이지만, 병마와 씨름하며 북한산 숲속에 머물며 사색하던 순간이 주마등처럼 지나간다. 성취의 순간으로 점철되는 왕성한 활동을 하던 시간은 서서히 삶의 저편으로 가고, 이제는 많은 것을 내려놓고 지난날의 추억을 회상하는 시간이 늘어난다.

세월은 한 줄기 바람처럼 빠르게 지나가고, 인간의 삶은 바로 그 바람에 떨어지는 하나의 낙엽 같은 존재인지 모른다. 나는 중고등학교 시절 어머니를 따라 절에 자주 갔고, 나는 그 덕에 '법화경' 등 불교서적을 탐독하기도 하였다.

어린 시절 외갓집에 가면 볼 수 있는 시골마을의 저녁 무렵 밥을 짓기 위해 연기가 피어오르던 모습과 시골 개가 낯선 인기척에 짖어대는 소리는 정겨운 풍경이다. 코흘리개 유년시절 외할아버지가 만들어 준 멋진 연타래와 방패연을 추운 겨울날 동네 언덕에서 날리던 그 정경과 낙하산이 떨어진 곳이 멀지 않은 곳인 줄 알고 달려가던 어린 시절의 풍경은 나를 문학에 관심을 갖게 하였는지 모른다. 시의 세계를 시경(詩境)이라고 할 수 있다. 나는 과연 시경에 들어왔는지 자문자답하게 만든다. 나의 전공인 법학의 무미건조함을 벗어나려고 시간나면 바둑을 두고 클래식을 즐겨 들으며, 시와 수필 그리고 소설 등 문학작품을 열심히 읽었다. 경희대 법대 교수시절 동료 교수들과 중국 계림 이강을 관광하면서 기기묘묘

(奇奇妙妙)한 봉우리에 시심(詩心)이 작동하여 '계림 이강'이라는 시를 처음으로 지었고, 그 후 변호사 시절 '가을 새벽'이라는 시와 함께 법무부에서 간행하는『법주』지에 발표하기도 하였다.

그동안 문사철(文史哲)에 관심을 많이 갖고 있었지만 바쁜 일상에 시를 쓰는 것을 까맣게 잊고 있었다. 약 2년 전부터 림프종의 암 투병 중에 많은 것을 내려놓고 병원 치료를 하면서 집 근처에 있는 북한산 숲속에 자주 올라가 혼자 있는 시간 속에 다시금 시를 쓰게 되었다. 나는 삶과 죽음의 경계에서 마치 깨우친 사람처럼 바쁜 일상의 짐들을 내려놓고 마음을 비운 상태로 사물과 시간의 순환을 관조하려고 하였다. 북한산 숲에서 봄, 여름, 가을, 겨울의 사계와 그리고 봄으로 이어지는 계절의 순환 속에서 좌망(坐忘)과 성찰의 시간을 갖고 건강도 회복하게 되었다. 언어적 표현이나 시적 배열이 서툴지만, 인생의 철리(哲理)를 시적 언어를 통해 표현하고자 하였다. 스스로 많이 부족한 것을 알고 있어 등단을 주저하고 있었는데, 지난해 문학평론가로 등단하여 활동 중인 지국(智國) 김태진 거사께서 하신 격려와 성원에 힘입어 용기를 갖고 도전하게 되었다. 지국 거사를 비롯한 그동안 삶의 여러 경로에서 마주했던 소중한 인연에 감사드린다.

김용섭 합장